ALASKA

Mehr wissen – besser reisen

☐ **Tipp** Die persönlichen Tipps der National Geographic Experten laden zum Entdecken ein

☐ Wissen Hintergründe und Fakten zu Geschichte, Kultur, Gesellschaft, um das Land besser zu verstehen

☐ Erlebnis Erlebnisse und Aktivitäten, die Sie sich nicht entgehen lassen sollten

ALASKA

INHALT

Seite 2/3: Vor der majestätischen Kulisse des Mendenhall-Gletschers blühen Weidenröschen
❮ Auf Expedition in einer Gletscherhöhle

Eine junge Tänzerin in traditioneller Tracht

Ein Walrossschädel zwischen Wildblumen in der Tundra der entlegenen
Pribilof Islands

RÜCKSICHTSVOLL REISEN

Umsichtige Urlauber brechen voller Neugierde auf und kehren reich an Erfahrungen nach Hause zurück. Wer dabei rücksichtsvoll reist, kann seinen Teil zum Schutz der Tierwelt, zur Bewahrung historischer Stätten und zur Bereicherung der Kultur vor Ort beitragen. Und er wird selbst reich beschenkt mit unvergesslichen Erlebnissen.

Möchten nicht auch Sie verantwortungsbewusst und rücksichtsvoll reisen? Dann sollten Sie folgende Hinweise beachten:

- Vergessen Sie nie, dass Ihre Anwesenheit einen Einfluss auf die Orte ausübt, die Sie besuchen.
- Verwenden Sie Ihre Zeit und Ihr Geld nur auf eine Weise, die dazu beiträgt, den ursprünglichen Charakter eines Ortes zu bewahren. (Auf diesem Weg lernen Sie ein Land auch sehr viel besser kennen.)
- Entwickeln Sie ein Gespür für die ganz besondere Natur und das kulturelle Erbe Ihres Urlaubslandes.
- Respektieren Sie die heimischen Bräuche und Traditionen.
- Zeigen Sie den Einheimischen ruhig, wie sehr Sie das, was den besonderen Reiz ihres Landes ausmacht, zu schätzen wissen: die Natur und die Landschaft, Musik, typische Gerichte, historische Dörfer oder Bauwerke.
- Scheuen Sie sich nicht, mit Ihrem Geldbeutel Einfluss zu nehmen: Unterstützen Sie möglichst solche Einrichtungen oder Personen, die sich um die Bewahrung des Typischen und Althergebrachten bemühen. Entscheiden Sie sich für Läden, Restaurants, Gaststätten oder Reiseanbieter, denen offensichtlich an der Bewahrung ihrer Heimat gelegen ist. Und meiden Sie Geschäfte, die den Charakter eines Ortes stören.
- Wer auf diese Weise reist, hat mehr von seinem Urlaub, und er kann sicher sein, dass er seinen Teil zum Erhalt und zur Verbesserung eines Ortes oder einer Landschaft beigetragen hat.

Diese Art des Reisens gilt als zeitgemäße Form eines sanften, auf Nachhaltigkeit bedachten Tourismus; NATIONAL GEOGRAPHIC verwendet dafür auch den Begriff des »Geo-Tourismus«. Gemeint ist damit ein Tourismus, der den Charakter eines Ortes – seine Umwelt, seine Kultur, seine natürliche Schönheit und das Wohlergehen seiner Bewohner – nicht aus den Augen verliert. Weitere Informationen zum Thema gibt es im National Geographic's Center for Sustainable Destinations unter *www.nationalgeographic.com/maps/geotourism/about.*

ÜBER DEN AUTOR UND DEN FOTOGRAFEN

Bob Devine schreibt von seiner Heimat in Oregon aus über Umweltthemen, Naturkunde und Reisen. National Geographic hat viele seiner Arbeiten veröffentlicht, u. a. *Guide to America's Outdoors: Western Canada* und *Alien Invasion: America's Battle with Non-native Animals and Plants*. Bob Devine reiste erstmals 1987 nach Alaska und kehrt seither immer wieder dorthin zurück.

Michael Melford ist ein angesehener Fotograf, der neben seinen sonstigen Aufträgen schon eine Reihe von Reisebänden bebildert hat. Seine preisgekrönten Arbeiten erschienen in vielen US-amerikanischen Publikationen, darunter *National Geographic Traveler, Travel and Leisure, Life, Fortune* und *Newsweek*. Seine Fotos erscheinen auch häufig in der Zeitschrift *National Geographic*. Er lebt mit seiner Familie in Mystic, Connecticut.

Diese Ausgabe wurde aktualisiert von **Ole Helmhausen**. Nach dem Studium der Völkerkunde und Soziologie verschlug es ihn nach Kanada. Ein Jahr später siedelte er der Liebe wegen über. Inzwischen kennt er das Land und 40 der 50 US-Bundesstaaten wie seine Westentasche. Helmhausen ist (Co-)Autor von über 60 Reiseführern und Bildbänden über Nordamerika.

Blick vom Flattop, einem beliebten Ziel östlich von Anchorage

WAS SIE NICHT VERPASSEN SOLLTEN

1
Seekajakfahren vor wilden Küsten

Noch näher dran geht nicht: Man sitzt nicht nur Zentimeter über dem eiskalten Wasser, sondern sieht, spürt und hört Alaskas kaum gebändigte Natur wie sonst nur noch beim Hiking in menschenleerer Wildnis. Die Fjorde rund um Juneau im landschaftlich abwechslungsreichen Südostalaska eignen sich ganz besonders für Seekajakfahrten. Zahlreiche Anbieter (siehe S. 74) organisieren hier Touren zu Gletschern und Wasserfällen. Begegnungen mit Walen sind dabei nicht selten.

2
Durch die Inside Passage

Nebelschleier, aus denen sich schneebedeckte Berge schälen, undurchdringliche Regenwälder und Tausende Inseln, Fjorde und Kanäle: Die Inside Passage (siehe S. 78f), der knapp 1700 km lange Wasserweg von Vancouver nach Skagway, führt, geschützt vor den stürmischen Launen der offenen See, durch eine labyrinthartige, märchenhafte Welt zwischen Bergen und Pazifik. Man kann diese maritime Verkehrsader an Bord von Segeljachten, luxuriösen Kreuzfahrtschiffen oder Fähren bereisen.

3

Unter Braunbären

Es gibt nichts Aufwühlenderes, als einem der größten Landraubtiere der Welt in die Augen zu schauen – aus respektvoller Entfernung natürlich: Eine Begegnung mit Braunbären (siehe S. 152f) erweckt im Menschen längst vergessene Instinkte. Im Katmai National Park erfolgt die Beobachtung der Braunbären in kleinen, von erfahrenen Guides geführten Gruppen.

4

Alaskas Ureinwohner

In Alaska leben über 200 der 562 in den USA anerkannten Stämme. Das sorgt für eine ungewöhnlich hohe kulturelle und sprachliche Vielfalt. Gelegenheiten, tiefer in die Welt der Ureinwohner einzutauchen, gibt es im Alaska Native Heritage Center (siehe S. 123) im Norden von Anchorage. Dort zeigen Ureinwohner aus elf Kulturen ihr Brauchtum und ihren Alltag.

5

Kalbende Gletscher

Es gibt rund 100 000 Gletscher in Alaska. Gut 650 haben einen Namen, und davon kalben Dutzende in Seen und Fjorde. Täglich, ja sogar stündlich kalbt der Margerie Glacier im Glacier Bay National Park (siehe S. 90ff). Von der mehr als 70 Meter hohen Gletscherkante brechen ständig riesige Eisbrocken ab: ein spektakuläres Schauspiel, das man nicht so schnell vergisst.

6

Nordlichter beobachten

Nordlichter (siehe S. 257) in einer sternenklaren Nacht zu beobachten, ist ein erhebendes Erlebnis. Nordlichter können reglos verharren, spektakulär wabern oder munter tanzen. Die beste Zeit für Nordlichter in Alaska ist zwischen September und April, die beste Tageszeit in der Regel nach Mitternacht. Also warm anziehen, Geduld und heiße Getränke mitbringen!

7

Denali voraus!

Mit 6190 m ist der Denali – 2015 erhielt der Mt. McKinley seinen alten Namen zurück – der höchste Berg Nordamerikas und das Aushängeschild des Denali National Park (siehe S. 223ff). Die 148 km lange Denali Park Road (siehe S. 226f), die einzige Straße im Park, nähert sich ihm und führt zu einigen grandiosen Aussichtspunkten: ein faszinierender Leckerbissen für Fotografen.

8

Whale Watching

Das geduldige Warten gehört ebenso dazu wie die Möglichkeit, ohne eine einzige Sichtung an den Pier zurückzukehren. Walsichtungen (siehe S. 83) lassen sich eben nicht vorbestellen. Hat man jedoch Glück, ist alle Anspannung vergessen: Die Atemfontäne oder gar einen tonnenschweren Wal beim Sprung zu beobachten, gehört zu den Highlights jeder Alaskareise.

Alaska

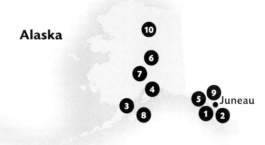

Juneau

9

Die White Pass Railroad

Der legendäre Goldrausch am Klondike und in Skagway gegen Ende des 19. Jahrhunderts: Bei diesen Namen bekommen Jack-London-Fans feuchte Augen. Mit der White Pass & Yukon Route Railway (siehe S. 102f) kann man den Spuren der Goldgräber und mutigen Abenteurer von einst folgen. Die historische Eisenbahn arbeitet sich von Skagway aus die steilen Berge hinauf bis zum 873 m hohen White Pass Summit.

10

Roadtrip auf dem Dalton Highway

Der 667 Kilometer lange Dalton Highway (siehe S. 254f) von Fairbanks über den Polarkreis nach Deadhorse führt durch das leere Backcountry des Bundesstaats und endet bei den Ölfeldern vor der Eismeerküste. Er vermittelt einen Eindruck vom rauen Alltag der Trucker und von der Weite Alaskas. Wer ihn fährt, weiß, was die Einheimischen unter dem »Alaska Factor« verstehen – das Gefühl, dass Alaska endlos ist.

Die NATIONAL GEOGRAPHIC **Your** Shot Community, 2006 gegründet, hat mehr als eine halbe Million Mitglieder aus 196 Ländern. Sie steht allen Interessierten offen, ob Hobbyfotograf oder Profi. Dieses Reisehandbuch präsentiert Ihnen die fünf schönsten Fotos zum Thema Alaska – als Inspiration oder zum Nachfotografieren.

Trekking durch eine Welt aus Eis

Wer den Mendenhall Glacier mit seinen kolossalen Ausmaßen hautnah erleben will, muss sich vom Hubschrauber absetzen lassen. Joseph Sean Harrington fotografierte diese Wanderer vom Westrand des Gletschers aus.

Brennweite: 250 mm – Belichtungszeit: 1/2000 s – Blende: f/6,3 – ISO 160

2

Spaziergang am frühen Morgen

Diese Bärenfamilie war frühmorgens unweit von Anchorage unterwegs.
P. Warner drückte auf den Auslöser, als sich die Bärin gerade umdrehte und
die miteinander rangelnden Jungen sanft, aber nachdrücklich disziplinierte.
Brennweite: 210 mm – Belichtungszeit: 1/4000 s – Blende: f/11 – ISO 1000

3

Windschiefe Hütte in der Wildnis

Im September legt sich in den höheren Lagen Schnee auf die herbstliche
Landschaft und schafft wunderbare Kontraste. In Hatchers Pass fotografier-
te Mark Eastwood mit dieser baufälligen Hütte ein Stück Vergänglichkeit.
Brennweite: 4,15 mm – Belichtungszeit: 1/5650 s – Blende: f/2,2 - ISO 32

Nordlichter über einer Bergkette bei Mondschein

Norio Matsumoto gelang dieses Bild beim Camping in der Alaska Range. Angesichts des launischen Wetters hatte er Glück, überhaupt Nordlichter zu sehen. Bessere Chancen, schreibt er, habe man vom Hotel in Fairbanks aus.
Brennweite: 50 mm – Belichtungszeit: 1/1000 s – Blende: f/1,6 – ISO 2000

Alaska

5

Zärtliche Umarmung im Eis

Die beiden Seeotter im Golf von Alaska schenkten Roman Golubenko einen der schönsten Momente seiner Fotografenkarriere. Die Tiere zeigen sich oft in Küstennähe, tauchen aber unter, wenn man sich zu hastig nähert.

Brennweite: 800 mm – Belichtungszeit: 1/4000 s – Blende: f/10 – ISO 2000

Sie wollen mit Ihren Fotos Teil der Your Shot Community werden? Nähere Infos finden Sie unter yourshot.nationalgeographic.com

Das »Great Land«. Ein passender Spitzname für Alaska, denn das Land, die Landschaft, steht hier eindeutig im Mittelpunkt. Im Rest der Vereinigten Staaten umgibt von Menschen geprägtes Land Naturoasen, in Alaska hingegen schließt ungezähmte Wildnis menschliche Enklaven ein.

Der US-Bundesstaat bietet auch einige kulturelle Sehenswürdigkeiten, aber Sie haben Alaska nicht gesehen, wenn Sie nicht in der Wildnis waren. Das bedeutet nicht zwangsläufig, dass Sie wandern oder campen müssen, obwohl sich das Land auf die Art gut erleben lässt. Sie können auch eine Hütte im Wald mieten, eine einsame Straße fahren, in einer Lodge in der Wildnis bleiben oder im Schiff eine unerschlossene Küste entlangfahren. Ziehen Sie organisierte Touren in Betracht, denn so reisen Sie sicherer; siehe S. 39.

VERKEHRSMITTEL

Für eine Rundreise durch Alaska bieten sich verschiedene Verkehrsmittel an. Sie können ein Auto oder ein Wohnmobil mieten; es gibt Busse, die Alaska Railroad (www.alaskarailroad.com) verkehrt regelmäßig zwischen Seward und Fairbanks; Buschpiloten, die auf Landebahnen, Feldern, Seen, Schotterflächen oder Fjorden landen können, bieten ihre Dienste stundenweise an. Der Staat betreibt einen regelmäßigen Fährservice zwischen den Küstenorten, vor allem an der Inside Passage im Südosten des Staates. Näheres dazu siehe S. 269f.

START IN ANCHORAGE

Wer zum ersten Mal nach Alaska kommt und nicht mehr als eine Woche Zeit hat, sollte in Anchorage beginnen, wo 300 000 von den 740 000 der Bewohner Alaskas leben. Sehen Sie sich unbedingt das Anchorage Museum und das Alaska Native Heritage Center an; Sie werden nicht nur Ihren Spaß daran haben, sondern auch besser auf den Rest des Staates vorbereitet sein. Um einen ersten Eindruck von der Natur zu bekommen, unternehmen Sie eine Radtour auf dem Tony Knowles Coastal Trail im Westen der Stadt oder fahren in den Chugach State Park im Osten.

Totempfahl im Sitka National Historic Park

Wenn Sie von allem, was Alaska bietet, ein bisschen sehen möchten, sollten Sie auf dem Seward Highway zur Kenai Peninsula fahren. Dort gibt es Gelegenheit zum Wandern, Fischen, Rafting, Campen, zur Tierbeobachtung, zum Kanufahren und zum Suchen von Strandgut. Besuchen Sie in Seward das Alaska SeaLife Center, ein herausragendes Museum mit Forschungsbetrieb, das sich dem Ökosystem Meer widmet. Unternehmen Sie dann eine Schifffahrt zum nahe gelegenen Kenai Fjords National Park, wo Sie Weißkopfseeadler, Seeotter, Papageitaucher und kalbende Gletscher sehen werden. Fahren Sie auf der anderen Seite der Halbinsel bis zum Ende des Highways und genießen Sie die Kunstgalerien, Museen und weiteren Reize von Homer. Fahren Sie mit dem Schiff zur berühmten Homer Spit und zur wunderschönen Kachemak Bay und wandern Sie vielleicht im Kachemak Bay State Park. Um das weitläufige Innere Alaskas für einige Tage kennenzulernen, wenden Sie sich von Anchorage 386 Kilometer nach Norden in den riesigen Denali National Park. Zu den Landschaftsformen des Parks zählen breite Flusstäler, windgepeitschte Tundra, Gletscher und die imposante Alaska Range mit dem 6194 Meter hohen Mount McKinley, Nordamerikas höchstem Berg. Besonders faszinierend ist ein Flightseeing-Trip über den Berg. Doch betrachten Sie das Land auch vom Boden aus, bei einer Fahrt mit dem Tourbus des Nationalparks tief in die Wildnis hinein, wo es Karibus, Wölfe, Elche, Dallschafe und Grizzlybären zu sehen gibt.

Eine gute Alternative, um eine Woche in Alaska zu verbringen, ist eine Tour durch Südostalaska mit Fähren durch die Inside Passage. Dieses Labyrinth bewaldeter Inseln, verborgener Buchten und geschützter Gewässer ist eine eigene Welt. Die atemberaubende Kulisse lockt im Sommer viele Kreuzfahrtschiffe an, doch es bringt mehr, eine der staatlichen Fähren zu nehmen und ein- oder zweitägige Zwischenstopps in dem einen oder anderen Hafen zu machen. Alternativ kann man auch eine mehrtägige Bootsfahrt auf einem auf kleine Gruppen ausgelegten Schoner unternehmen.

Wissen

BESUCHERINFORMATIONEN ONLINE

Allgemeine Infos: *www.travelalaska.com*, *www.alaskausa.de* und *www.state.ak.us*
National Park Service: *www.nps.gov/locations/alaska/index.htm*
Alaska Public Lands Information Centers: *www.alaskacenters.gov*
U.S. Fish & Wildlife Service, Region Alaska: *www.fws.gov/alaska/*
Alaska State Parks: *http://dnr.alaska.gov/parks/*
Bureau of Land Management, Alaska: *www.blm.gov/alaska*
U.S. Forest Service (Chugach und Tongass National Forests, Region Alaska):
www.fs.usda.gov/chugach und *www.fs.usda.gov/tongass*

☐ **Wissen**

DIE ALASKA PUBLIC LANDS INFO CENTERS

Wo kann ich im südlichen Zentralalaska wandern? Gibt es in Alaska Giftschlangen? Wo kann ich bei Anchorage gut Lachse fangen? Die Alaska Public Lands Information Centers (APLIC) geben Ihnen gern Antworten auf alle Ihre Fragen. Sie bieten Informationen über das gesamte Gebiet Alaskas, das in staatlichem Besitz ist, das sind etwa 75 Prozent der Gesamtfläche.

Wer eine Reise plant, findet auf der Website von APLIC *(www.alaskacenters. gov)* jede Menge Informationen. Es ist auch möglich, die vier Center anzurufen *(Anchorage Tel. 907/644-3661; Fairbanks Tel. 907/459-3730; Ketchikan Tel. 907/228-6220; Tok Tel. 907/883-5667)*. Sind Sie erst einmal in Alaska eingetroffen, bekommen Sie bei einem der APLIC weitere Informationen.

WENN SIE MEHR ZEIT HABEN

Wenn Sie mehr Zeit haben, sollten Sie darüber nachdenken, ob Sie nicht entlegenere Gegenden ansehen wollen. Sie könnten etwa einige Tage in dem Fischerort Cordova verbringen, der nur per Schiff oder Flugzeug zu erreichen ist. Bummeln Sie durch den Ort, kosten Sie den berühmten Lachs vom Copper River, fahren Sie die 80 Kilometer lange Sackstraße durch das an Tieren reiche Delta des Copper River. Nach einiger Zeit verstehen Sie das Leben der Einheimischen. Es gibt ähnliche Orte im ganzen Staat: Ketchikan und Haines im Südosten, Kodiak auf Kodiak Island, Dillingham im Westen und Sitka im Osten.

WILDNIS UND NOCH MEHR WILDNIS

Oder verbringen Sie ein paar Tage in irgendeinem der vielen Wildnisgebiete. Reisen Sie per Flugzeug, Schiff, Kajak, Floß oder per pedes und verlassen

☐ **Wissen**

FÜR UND WIDER DER »SHOULDER SEASON«

In Alaska gibt es den Sommer (Juni–August), den Winter (Oktober–April) und dazwischen die »shoulder seasons«: Mai und September. Sie bieten günstigere Preise, weniger Besucher, weniger Insekten und gewisse jahreszeitliche Schönheiten wie die leuchtenden Herbstfarben in den Birkenwäldern und auf der weiten Tundra. Es gibt dann auch noch – anders als im Winter – reichlich Wärme und Sonne. Der Mai ist einer der besten Reisemonate; er ist in weiten Teilen des Staates trockener als der Sommer. Der September ist der feuchteste Monat, bleibt aber noch von der Winterkälte verschont. Beachten Sie, dass Anfang Mai und Ende September viele Sehenswürdigkeiten geschlossen haben.

☐ Wissen

MOBILFUNKPROBLEME IN ENTLEGENEN GEGENDEN

Sie stürzen beim Wandern und brechen sich den Knöchel. Es schmerzt, doch wenigstens haben Sie Ihr Handy dabei. Sie holen es heraus, um Hilfe zu holen – aber Sie haben kein Signal. Können Sie zehn Kilometer zum Anfang des Weges zurückhumpeln? Verlassen Sie sich in Alaska nicht auf Handys. Sie funktionieren in den Städten, auf weiten Strecken der wichtigsten Highways, doch im Hinterland sieht es mit dem Empfang schlecht aus.

Sie die Straße, um ins Hinterland (siehe S. 259) zu gelangen. Reservieren Sie sich eine Hütte im Tongass National Forest im Südosten. Wachen Sie jeden Morgen im Dunst des gemäßigten Regenwaldes auf. Diese besondere Vegetationsform besteht aus einem Reich üppiger Farne, Blumen und hoch aufragender Fichten, deren Durchmesser oft Ihre Größe übertrifft. Oder begeben Sie sich nördlich des Polarkreises in die baumlose Tundra im Gates of the Arctic National Park, wo die Eiszeit weiterlebt. Oder besuchen Sie den Chugach State Park, in dem trotz seiner Nähe zu Anchorage einige Berge noch immer keinen Namen tragen.

Welche Wildnis Sie auch immer auswählen und dann besuchen, Sie werden beginnen, den wahren Charakter des »Great Land« zu verstehen, ja vielleicht werden Sie sich nach langer Zeit endlich wieder denken hören, die absolute Stille genießen und die berauschende und ungewohnte Entdeckung machen, im Umkreis von drei-, vierhundert Kilometern die einzige Menschenseele zu sein.

Jungbären am Brooks River

Geschichte und Kultur

‹ Die zerklüftete Flanke des Exit Glacier lässt eine Gruppe Wanderer winzig erscheinen

Alaska – der Name weckt die Assoziation legendärer Abgeschiedenheit. Für viele Menschen ist Alaska mehr Mythos als Realität: eine ungezähmte Wildnis mit Grizzlybären, Elchen und Wölfen.

Alaska steht für dramatische Landschaften mit nackten Felswänden, nebelverhangenen Wäldern, windumtoster Tundra und Gletschern, die ins Meer kalben. Ein Land, in dem nur Inuit und Pioniere auf Dauer leben können. All das ist Teil von Alaska, doch dieses Bild ist so unvollständig, dass es in der Tat an Mythos und Legende grenzt. Auch in Alaska gibt es Espressobars, Farmen, Luftwaffenstützpunkte, Kunstgalerien, Vier-Sterne-Restaurants, Sommertage mit 27 °C, College-Basketball, Internetcafés, Bürokraten und Sanddünen. Alaska ist eine faszinierende Mischung aus unwegsamer Wildnis und Zivilisation, aus Tradition und Moderne sowie aus unterschiedlichen Landschaften und Klimazonen.

Das Wandgemälde sagt »Alaska«, die Jugendlichen in Juneau passen in jede andere US-Stadt

Der Hauptgrund, warum es in Alaska noch so viel ursprüngliche Natur gibt, liegt auf der Hand: Das Land fordert seinen Bewohnern viel ab, und entsprechend dünn ist es besiedelt. Obwohl Alaska der größte Bundesstaat der USA ist – mehr als fünfmal so groß wie Deutschland –, leben hier nur knapp 740 000 Menschen.

Obwohl Alaska der größte Bundesstaat der USA ist – mehr als fünfmal so groß wie Deutschland –, leben hier nur knapp 740 000 Menschen.

Alaskas einziges urbanes Zentrum ist Anchorage. Dort leben über 280 000 Menschen in einer typisch amerikanischen Stadt: Es gibt Wolkenkratzer, Verkehrsstaus, Clubs, Vororte, gute Museen und die übrigen Annehmlichkeiten und Probleme einer modernen Großstadt. Doch zeigt sich selbst in Anchorage die Nähe zur Wildnis: Elche und Bären sind häufige Gäste in Vorgärten. Nicht weit entfernt ragen die vergletscherten Chugach

Mountains in den Himmel. Und selbst von der Innenstadt aus braucht man mit dem Auto nur 20 Minuten in unberührte Natur.

Zur Lachssaison im Sommer und Herbst kommen viele Auswärtige, um »Kings«, »Reds« und »Silvers« zu fangen, aber die meisten Angler sind Einheimische, die ihre Gefriertruhen füllen wollen. Und es kommt vor, dass man in einem Restaurant in Anchorage einen Gast erzählen hört, wie er am Vortag einen Elch geschossen hat.

Für viele Bewohner Alaskas stellen Lachs und Elch nicht irgendein Nahrungsmittel dar, das man im Supermarkt kauft. Tausende sind Selbstversorger: Sie fangen Lachse, aber auch Äschen, Tomcods *(Microgadus proximus)*, Weißlachs, Aale und jagen alles mögliche Wild; sammeln Beeren, Vogeleier, Gemüse und Muscheln. Manchen gefällt diese Lebensweise, doch viele haben keine andere Wahl – insbesondere angesichts der enormen Lebenshaltungskosten in Alaska. Je weiter man in die Wildnis vordringt, desto teurer werden die Nahrungsmittel.

VOM LAND LEBEN

Flächenmäßig große Regionen Alaskas unterstehen der Aufsicht des Staates und Organisationen der Ureinwohner, und über die Hälfte des Landes wird von der Bundesregierung verwaltet. Anders als in den meisten anderen amerikanischen Bundesstaaten darf dieses öffentliche Land zur Subsistenzwirtschaft sowie zur Jagd und zum Fischfang genutzt werden. Dies gilt sogar für so bekannte Gebiete wie den Denali National Park. Besucher realisieren meist nicht, dass der offizielle Name Denali National Park and Preserve lautet. Der Zusatz »and Preserve«, der sich übrigens bei den meisten Nationalparks Alaskas findet, bedeutet, dass in den solchermaßen ausgewiesenen Teilen eines Parks Jagd und Fischfang zur Selbstversorgung und als Sport erlaubt sind. Lediglich der als »wilderness« gekennzeichnete Bereich (der gewöhnlich die wichtigsten Touristenattraktionen einschließt) ist für Jäger und Angler tabu. Wer indes das Hinterland bereist, kann durchaus auf Fischernetze, Fallen und andere Gerätschaften von Selbstversorgern stoßen. Sie sollte man unbedingt in Ruhe lassen.

DIE URBEVÖLKERUNG

Viele, die sich als Jäger und Sammler selbst versorgen, zählen zu den Ureinwohnern, die rund 19 Prozent der Gesamtbevölkerung Alaskas ausmachen. Entgegen der landläufigen Meinung sind sie keineswegs alle Inuit (»Eskimos«). Die Bezeichnung Inuit wird für alle Völker verwendet, die entlang der West- und Nordküste leben. Die Menschen fühlen sich kleine-

☐ **Wissen**

OUTDOOR-TRIPS FÜR NEUGIERIGE

Wenn Sie in Alaska einen geführten Outdoor-Trip unternehmen wollen, sich aber nicht unter all den Möglichkeiten entscheiden können, gibt es Anbieter, die genau das Richtige für Sie haben. Alaska Discovery, ein Teilbetrieb von Mountain Travel Sobek (www.mtsobek.com), bietet ein achttägiges Abenteuer, zu dem Besichtigungsflüge, Kajakfahren auf dem Meer, Rafting, Tierbeobachtung und eine Fahrt mit einem Panoramazug gehören. Und das ist nur das Grundprogramm. Es kann auch um Wandern, Kanufahren, Mountainbiken und Angeln erweitert werden. Im Internet lassen sich mehr Anbieter solcher Touren finden. Einige dieser Touren erfordern große Fitness und Erfahrung, doch die meisten sind auch für durchschnittlich trainierte Anfänger mit viel Energie geeignet. Bei manchen Touren wird im Zelt übernachtet, oft aber auch in bequemen Lodges.

ren kulturellen Gruppen zugehörig. Die beiden wichtigsten sind die Inupiat, die die Nordküste sowie die Westküste nördlich des Norton Sound bewohnen, und die Yupik, die man südlich des Norton Sound entlang der Westküste bis hinab zur Bristol Bay antrifft. Beide Völker lassen sich in Untergruppen unterteilen, beispielsweise die Nunamiut, die eigentlich weiter landeinwärts wohnende Inupiat sind.

Da Landesinnere Alaskas sowie einige kleinere Stücke der Südküste sind der Lebensraum der Athabasken. Sie sind mit den Indianern (First Nations) Kanadas und des US-amerikanischen Festlands verwandt und nennen sich selbst Indianer, bevorzugen in der Regel aber den Namen kleinerer Gruppierungen wie Dena'ina, Ahtna und Tanana.

Die Halbinsel Alaska und die 1770 Kilometer lange Inselkette der Aleuten sind die Heimat der Aleuten, die sich selbst Unangan

Von der Mount Roberts Tramway bieten sich großartige Ausblicke auf die raue Bergwelt um Juneau

nennen. Eng mit ihnen verwandt sind die Alutiiq, die im Südosten der Halbinsel Alaska, auf dem Kodiak-Archipel und am Prince William Sound wohnen. Schließlich gibt es noch die Völker des Südostens: die Tlingit, die Haida, die Tsimshian und die Eyak. Sie haben viele kulturelle Gemeinsamkeiten mit den Ureinwohnern British Columbias und Washingtons.

Wie bei indigenen Völkern rund um den Erdkreis markierte auch in Alaska die Ankunft fremder Eroberer einen kulturellen Wendepunkt. Die Russen drangen Mitte des 18. Jahrhunderts in das Gebiet der Aleuten vor. Die gut bewaffneten Europäer brachten die meisten Einheimischen direkt (mittels Waffengewalt) oder indirekt (mittels eingeschleppter Seuchen) um und unterwarfen die restlichen als Sklaven. Von schätzungsweise 20 000 Aleuten überlebte nur ein winziger Bruchteil. Mitte des 19. Jahrhunderts führten Walfänger dann Alkohol ein, der das Leben der Ureinwohner veränderte. Alkoholismus ist nach wie vor ein ernsthaftes Problem; in zahlreichen Gemeinden herrscht absolutes Alkoholverbot.

Von Verwaltungstätigkeiten abgesehen, arbeiten die meisten Menschen in der Rohstoffwirtschaft, namentlich in der Erdölförderung, im Fischfang, in Holzbetrieben sowie in der Tourismusbranche.

Immerhin konnten viele Ureinwohner Alaskas ihre Position in jüngster Zeit deutlich verbessern. Zu verdanken ist dies nicht zuletzt dem 1971 ausgehandelten Abkommen ANCSA (Alaska Native Claims Settlement), das ihnen umfassende Landnutzungsrechte einräumte. Zwölf regionale sowie Dutzende dörfliche Gemeinschaften wurden eingerichtet, die zusammen knapp 18 Millionen Hektar Land besitzen. Durch Fischfang, Forstwirtschaft, Bergbau, Erdölförderung und Tourismus erwirtschaften sie mehrere Milliarden Dollar.

EUROPÄISCHE EINFLÜSSE

Obwohl die Russen starken Einfluss auf die Entwicklung der Region nahmen, siedelten sie sich niemals in größerer Zahl. Doch sie hinterließen eine beträchtliche Anzahl von religiösen Konvertiten, deren Nachfahren bis heute die vielen russisch-orthodoxen Kirchen des Bundesstaates besuchen. Eine Ausnahme bilden die Altorthodoxen, die erst im 20. Jahrhundert nach Alaska einwanderten. Sie zählen nur wenige Tausend, und die meisten leben sehr abgeschieden auf der Kenai-Halbinsel und rund um Kodiak. Als Besucher begegnet man ihnen zuweilen in Geschäften oder beim Fischfang; die Frauen tragen knöchellange Kleider und Haube oder Schal, die Männer ausnahmslos einen Bart.

Die Siedler, die in den ersten Jahren nach dem Verkauf Alaskas an die USA im Norden eintrafen, waren meist west- und mitteleuropäischen Ursprungs und stammten aus Deutschland (19 %) oder Irland (12 %).

WIRTSCHAFT

Wegen seiner isolierten Lage gibt es in Alaska nur wenige Großbetriebe, die Fisch verarbeitende Industrie einmal ausgenommen. Klima und Topografie schließen Erwerbszweige wie etwa großflächigen Ackerbau aus. Von Verwaltungstätigkeiten abgesehen, arbeiten die meisten Menschen daher in der Erdölförderung, dem Fischfang, dem Bergbau, in Holzbetrieben sowie in der Tourismusbranche.

Der bekannteste Erwerbszweig Alaskas dürfte die Ölindustrie sein, die dem Staatssäckel beträchtliche Einnahmen beschert. Sie bietet mehreren Tausend Menschen Arbeit, und ihre Zulieferbetriebe zählen zu den größten Unternehmen der Region. Von dem Rohöl, das in der Prudhoe Bay gefördert wird, profitiert jeder Einwohner Alaskas: Einem 1976 verabschiedeten

Gesetz zufolge fließt ein gewisser Prozentsatz der Einnahmen aus dem Öl in einen Fonds, der jedem Einwohner Alaskas eine jährliche Dividende zahlt. Auch der kommerzielle Fischfang ist ein riesiger Wirtschaftszweig. Unalaska, Dillingham, Kodiak, Cordova und andere Städte in der Nähe reicher Fischgründe sind Heimathafen Tausender Fischereischiffe und Standorte zahlreicher Fisch verarbeitender Fabriken. Über die Hälfte der US-amerikanischen Fischereierzeugnisse werden in Alaska produziert.

Der drittgrößte Wirtschaftssektor Alaskas ist der Fremdenverkehr, der ökologisch weitgehend nachhaltig zu sein scheint, wenngleich bestimmte Nationalparks notorisch überlaufen sind und die Luftverschmutzung durch Wohnmobile kontinuierlich zunimmt. Kulturell wie wirtschaftlich ist es aber wenig nachhaltig, wenn die Tourismusindustrie von auswärtigen Firmen gelenkt wird, wie es in einigen Hafenstädten Südostalaskas der Fall ist, die von großen Kreuzfahrtschiffen angelaufen werden. Nationale und internationale Konzerne kaufen dort Ladenflächen auf und verdienen an den Passagieren viel Geld.

Andererseits gibt es auch zahlreiche einheimische Führer. Anstelle von Stoffbären bieten sie Ausflüge an, bei denen man echte Grizzlys oder Wale beobachten, Hundeschlittenfahrer kennenlernen oder den gemäßigten Regenwald erkunden kann, dazu Flüge über Gebirge, Aufenthalte in Reservaten, Kajak- und Kanufahrten. Von dieser Art Geschäft profitieren beide: die Bewohner Alaskas und die Besucher. ■

Wasserflugzeuge bringen Besucher in unzugängliche Regionen, etwa zum Kulik Lake im Hinterland des Katmai National Park und ins Naturschutzgebiet auf der Halbinsel Alaska

Ungezähmte Wildnis und urwüchsige Natur kennzeichnen Alaska, das »letzte Grenzland«, das vom Polarkreis zum Golf von Alaska und vom kanadischen British Columbia bis in die Nähe Russlands reicht. Das Klima, die Landschaften, das Ökosystem sowie Flora und Fauna sind legendär – und ringen selbst verwöhntesten Besuchern ehrfürchtige Bewunderung ab.

GEOLOGIE

So jung und dynamisch Alaska hinsichtlich seiner Besiedlung ist, so lebhaft ist es auch in seiner Geologie. Die Pazifische Platte driftet nordostwärts auf die Nordamerikanische Platte zu. Da sie insgesamt dichter und somit schwerer ist, schiebt sie sich dabei unter die Nordamerikanische Platte. Alaskas mächtige Berge sind das Ergebnis dieses Aufeinandertreffens, und viele werden immer noch weiter gehoben. Auch der Denali (Mount McKinley), mit 6194 Metern bereits höchster Gipfel des Kontinents, wächst immer noch.

Allerdings verursacht diese langsame Plattenkollision auch Erdbeben und Vulkanismus. Allein auf der Halbinsel Alaska liegen 15 aktive Vulkane. Zeugnisse vergangener Vulkanausbrüche sind allgegenwärtig. So erinnert die knapp zehn Kilometer breite und über 600 Meter tiefe Aniakchak-Caldera an die gewaltige Explosion, die vor 3500 Jahren einen 2000 Meter hohen Vulkan zerriss. Als 1912 der Novarupta ausbrach, war dies 1600 Kilometer weit zu hören. Während der 60-stündigen Eruption wurden gigantische Gesteins- und Aschemengen in die Luft geschleudert.

Allein die Halbinsel Alaska birgt 15 aktive Vulkane. Spuren von Ausbrüchen in der Vergangenheit sind reichlich vorhanden.

Am 27. März 1964 erschütterte ein von einer Verwerfungslinie im Prince William Sound ausgehendes Erdbeben das südliche Zentralalaska mehrere Minuten lang. Es hatte eine Stärke von 9,2 auf der Richterskala, war also 80-mal so verheerend wie das berühmte Erdbeben von San Francisco 1906. An einigen Stellen hob sich der Boden um zehn Meter, an anderen sackte er über drei Meter ab, sodass das Meer flachere Landstriche überfluten konnte und nach und nach alle Bäume abstarben. In manchen Ortschaften wölbten sich Straßen wie Zugbrücken. Im Zentrum von Anchorage brach die gesamte Nordseite der Fourth Street ein. Doch noch Schlimmeres sollte folgen: Eine über 20 Meter hohe Flutwelle spülte das Ureinwohnerdorf Chenega fort. In Seward schlugen durch das Beben Brennstofftanks leck

Der Denali (Mount McKinley) – Einheimische nennen ihn schlicht »den Berg« – überragt den Kettle Lake im Denali National Park und das Naturschutzgebiet

Ein Fluss fließt durch ein Gletschertal im Katmai National Park and Preserve

und fingen Feuer – der Tsunami trug die brennende Flüssigkeit mehrere Hundert Meter weit landeinwärts, brachte Überflutung und Feuersturm in einem. Der am Wasser gelegene Teil von Valdez rutschte ins Meer ab, der Rest wurde von einem Tsunami überrollt. Als Folge baute man die Stadt 6,5 Kilometer vom alten Ort entfernt an einem sichereren Platz wieder auf.

Gletscher sind ein weiteres Phänomen. Sie gruben Fjorde und Bergtäler ein; ihre Schmelzwässer formten ebenfalls die Landschaft. Die gewaltigen Eisströme findet man fast überall in Alaska: von den höchsten Bergen bis hinab zum Meer. Zählt man auch die kleineren dazu, gibt es mehr als 100 000 Gletscher, von denen nur 616 einen Namen tragen. Überraschenderweise blieb Alaska während der Eiszeit frei von Eis. Durch das weltweite Gefrieren von Wasser zu Eis sank der Meeresspiegel um Hunderte Meter. In der Zeit zwischen etwa 40 000 und 10 000 v. Chr. lag die Beringstraße deshalb mehrfach trocken und bildete eine breite Landbrücke zwischen Asien und Nordamerika. Man nimmt an, dass die ersten Einwohner Nordamerikas über diese Landbrücke eingewandert sind.

KLIMA

Alaska ist riesig – je nach Region herrschen völlig unterschiedliche klimatische Verhältnisse. Attu an der Westspitze der Aleuten liegt mehr als 3600 Kilometer vom Arctic National Wildlife Refuge in der nordöstlichen Ecke des Bundesstaates entfernt. Und genauso weit ist es von Ketchikan im Südosten nach Barrow im Nordwesten. Ketchikan, Kodiak und der Rest der Südküste verdanken der warmen Kuroschio-Meeresströmung ein relativ mildes maritimes Klima. Es gibt zwar keine lauen Nächte, aber die Sommerwerte steigen auf 10 bis 20 °C. Auch im Winter bleiben die Temperaturen häufig oberhalb des Gefrierpunktes. Allerdings ist es hier auch sehr feucht: In Ketchikan liegt die jährliche Niederschlagsmenge bei rund

4000 Millimetern, andernorts sind es durchschnittlich 2000 bis 2500 Millimeter. Und es regnet im Winter wie im Sommer sehr häufig.

Zentralalaska unterliegt den Extremen des Kontinentalklimas: In Fairbanks kann das Thermometer auf über 30 °C klettern, die Durchschnittstemperatur im Sommer liegt bei gut 20 °C. Und obwohl der Sommer hier Regenzeit ist, bleibt es meist trocken; die jährlichen Niederschläge erreichen gerade einmal wüstenähnliche 380 Millimeter. Dafür wird es im Winter bitterkalt – monatelang liegen die Temperaturen unter dem Gerfrierpunkt, oft sogar bei −35 °C bis −45 °C.

Dann ist da die Arktis, das »obere Drittel« Alaskas nördlich des Polarkreises. In Barrow, dem nördlichsten Punkt, liegen die Temperaturen an durchschnittlich 324 Tagen im Jahr unter dem Gefrierpunkt. Die pelzbesetzten Inuit-Anoraks sind hier also kein modisches Accessoire, sondern ein absolutes Muss. Im Sommer steigt die Quecksilbersäule von −1 °C bestenfalls bis auf 10 °C, und es ist sehr trocken – es fallen nur rund 110 Millimeter Niederschlag jährlich.

Überall in Alaska kommt man im Sommer in den Genuss der Mitternachtssonne. Der Nordpol der Erde neigt sich in diesen Monaten der Sonne zu, wodurch die Tage umso länger werden, je weiter nördlich man sich befindet. Der Polarkreis markiert den Breitengrad, jenseits dessen die Sonne zur Zeit der Sommersonnenwende nicht mehr unter den Horizont sinkt. An der Küste des Eismeers, 400 Kilometer nördlich des Polarkreises, geht die Sonne 80 Tage lang nicht unter. In Anchorage, rund 550 Kilometer südlich dieser Linie, steht sie 18 oder 19 Stunden lang über dem Horizont. Noch um zwei Uhr früh ist es hell. Im Polarwinter ist es dann umgekehrt: 80 sonnenlose Tage am Polarmeer und gerade einmal fünf oder sechs Stunden Tageslicht in Anchorage. Ein kleiner Vorteil der langen Nächte: Das einzigartige Naturschauspiel der Nordlichter (Aurora borealis) lässt sich ungestört bestaunen.

☐ Wissen

SCHLAFEN WÄHREND DER MITTERNACHTSSONNE

Nachts um drei angeln? Die ganze Nacht lang wandern? Was spricht gegen Alaskas berühmte Mitternachtssonne? Wohl die Tatsache, wie schwer es ist, Schlaf zu finden, wenn die Sonne so viele Stunden am Himmel steht. Da kann man leicht zum Schlafwandler werden, schlechte Laune ist vorprogrammiert, und auch das Risiko von Autounfällen ist hoch. Selbstbeherrschung kann dies zwar verhindern, doch auch der Körper hat Probleme mit der Mitternachtssonne. Für ihn ist Dunkelheit das Zeichen zur Melatoninausschüttung, die den Schlaf beeinflusst. Daher sollten Reisende Vorkehrungen treffen – etwa Alufolie über die Fenster kleben und vor dem Zubettgehen eine Sonnenbrille aufsetzen.

LANDSCHAFTEN

Grob lässt sich Alaska in drei Vegetationszonen gliedern: Küstenregenwald, Taiga und Tundra. Die Inseln und Küstenregionen im Südosten, in Südzentralalaska und einem kleinen Teil Südwestalaskas werden von gemäßigtem Küstenregenwald überzogen. Gemäßigter Regenwald ist weit seltener als tropischer Regenwald, braucht aber ebenso gleichmäßig über das Jahr verteilte hohe Niederschlagsmengen.

Die Trans-Alaska-Pipeline transportiert Rohöl etwa 1280 Kilometer weit vom Polarmeer zum Hafen von Valdez und zum Prince William Sound

Im Küstenregenwald Alaskas herrschen Sitkafichten und Hemlocktannen vor, dazwischen gibt es aber auch andere Nadelbäume wie Zedern und Kiefern. Im dichten Unterholz fühlen sich Lachsbeere, Teufelskeule, Heidelbeere, Akelei, Farne und viele andere Feuchtigkeit liebende Arten wohl. Weiter landeinwärts beginnt jenseits der Küstengebirge der boreale Nadelwald, danach die Taiga, die den größten Teil des Landesinneren bedeckt. Im Süden erreichen die Bäume der relativ üppig grünen Wälder noch 25 bis 30 Meter Höhe, in der Gegend des Polarkreises werden die verkrüppelten Gewächse gerade noch drei Meter hoch. Vorherrschend ist die kleine Weiß- und Schwarzfichte. Dazu gesellen sich Birken, Espen, Lärchen, Erlen, Weiden und Balsampappeln. In der nördlichen Taiga und dort, wo der Boden mager oder moorig ist, findet man riesige Areale verkümmert wirkender Schwarzfichten.

Die Tundra schließt sich oberhalb der Baumgrenze an: Dort gedeihen wegen der Kälte, der kurzen Vegetationszeit, einer nur dünnen Humusschicht und der schneidenden Winde keine Bäume mehr.

Die Tundra schließt sich oberhalb der Baumgrenze an: Dort gedeihen wegen der Kälte, der kurzen Vegetationszeit, einer nur dünnen Humusschicht und der schneidenden Winde keine Bäume mehr. In Alaska hat dieses »oberhalb« zweifache Bedeutung: höhere Lage oder höherer geografischer Breitengrad. Im Süden Alaskas liegt die Baumgrenze bei 600 bis 900 Metern, oberhalb davon beginnt die Tundra. Reist man weiter nordwärts in noch kältere Klimazonen, sinkt die Baumgrenze kontinuierlich, bis sie, knapp nördlich des Polarkreises, auf Höhe des Meeresspiegels angelangt ist. In anderen Worten: Auf der von Tundra bedeckten North Slope zwischen Brooks Range und Eismeer wachsen keine Bäume mehr.

In tiefer gelegenen Gebieten und geografischen Breiten herrscht die »feuchte Tundra« vor: Wanderer verfluchen dieses Dickicht aus hüfthohen Weiden und Zwergbirken, hohen Gräsern und Seggen und jeder Menge Pfützen, Tümpel und Teiche. Ungleich besser wandert es sich in der alpinen, trockenen Bergtundra in höheren Lagen. Auf den ersten Blick erscheint diese Tundra karg, doch wer genauer hinschaut, entdeckt eine faszinierende farbenfrohe Pflanzenwelt, die den unwirtlichen Lebensbedingungen tapfer trotzt. Je nach Region findet man hier Lupinen, Krähenbeere, Zypressenheide, Bärentraube, Rispensteinbrech, Storchschnabel, Stängelloses Leimkraut, Alpenazalee, Moosbeere, Lapprose, Strauchfingerkraut und das himmelblau blühende Vergissmeinnicht, das als Wappenblume Alaskas fungiert.

Berge gehören in Alaska immer zum Landschaftsbild. Lediglich ganz im Norden gibt es eine Ebene. Selbst viele der Inseln im Südosten sowie die Aleuten warten mit zerklüfteten Gipfeln auf – kein Wunder freilich, wenn man bedenkt, dass diese Inseln nichts anderes sind als die Spitzen wesentlich größerer Berge, die vom Meeresboden aufragen.

Der König aller Berge, der Denali (Mount McKinley, 6194 m), ist gleichzeitig der höchste Gipfel Nordamerikas. Er krönt die Alaska Range, die sich durch das südliche Zentralalaska zieht. Fast noch beeindruckender sind die vulkanischen, vergletscherten Wrangell Mountains und St. Elias Mountains, die sich südwärts anschließen. Zu ihnen zählen zwölf der 15 höchsten Berge Alaskas und zehn der 15 höchsten Nordamerikas. Die nördlich des Polarkreises gelegene Brooks Range ist geologisch wesentlich älter. Ihre höchste Erhebung, der Mount Michelson, erreicht lediglich 2816 Meter. Mehr als 150 Kilometer breit, bildet diese Gebirgskette einen fast 1000 Kilometer langen mächtigen Wall, der sich von der kanadischen Grenze im Osten bis zur Tschuktschensee im Westen quer durch den Bundesstaat zieht. Außerdem ist die Brooks Range, die genau nördlich des Polarkreises liegt, eine bedeutende Wasserscheide, die Arctic Divide. Die am Südhang entspringenden Flüsse fließen zur Beringsee, die an den Nordhängen entspringenden zum Nordpolarmeer.

TIERWELT

Alaska ist ein Bärenland. Darüber, wie man sich Bären gegenüber richtig verhält, informiert die Broschüre *Bear Safety in Alaska's Parklands*, das der National Park Service *(www.nps.gov/sitk/planyourvisit/upload/Bear_Safe_in_AK_Parklands.pdf)* herausgibt. Wer die Ratschläge beherzigt, wird eine Begegnung mit Bären unbeschadet überstehen. Glücklicherweise leben in den Touristen-

☐ Wissen

GEFÄHRDUNG DURCH ELCHE

Jedes Jahr werden Einheimische und Besucher von diesen mehr als 800 Kilo schweren Tieren getötet oder verletzt, selbst in der Nähe von Anchorage. Doch fast all diese Angriffe lassen sich vermeiden.

Hören Sie auf Ihren gesunden Menschenverstand. Kühe mit Kälbern sind wohl am gefährlichsten (obwohl auch Bullen in der Brunft kampflustig sind); halten Sie sich fern von ihnen und trennen Sie vor allem nie das Kalb von der Mutter. Wenn die Haare auf dem Buckel eines Elchs aufgestellt und die Ohren angelegt sind, stürmt er vielleicht gleich los. Steigen Sie sofort wieder ins Auto, klettern Sie auf einen Baum oder bringen sich irgendwie in Sicherheit.

Informationen bietet das Alaska Department of Fish and Game, Division of Wildlife Conservation *(Tel. 907/465-4190)*.

Besucher sehen sie zwar nur selten, aber an der Nordküste Alaskas gibt es noch zahlreiche Eisbären. Sie halten sich bevorzugt am Rande des Packeises auf

gebieten Alaskas nur wenige Eisbären. Diese cremeweißen Riesen sind in der Tat gefährlich, bewohnen aber in erster Linie die abgeschiedene West- und Nordküste Alaskas und verbringen die meiste Zeit in der Packeiszone. Grizzlys (oder Braunbären) und Schwarzbären machen Alaska zum einzigen amerikanischen Bundesstaat, in dem alle nordamerikanischen Bärenarten leben. (Der Kodiak-Bär ist nur eine Unterart des Grizzlys, der aufgrund genetischer Isolation eine abweichende Schädelform entwickelte.) Weil sie sich vorwiegend von den nahrhaften Lachsen ernähren, werden diese Küstenbraunbären fast doppelt so groß wie ihre Artgenossen im Landesinneren. Männchen können aufgerichtet 2,70 Meter erreichen und um die 550 Kilogramm auf die Waage bringen. Grizzlybären gibt es überall in Alaska – an den Stränden, in den Wäldern, in der Tundra, hoch auf den Bergen und sogar auf vielen Inseln. Verständlicherweise wirken Grizzlys schon allein ihrer Größe wegen Furcht einflößend, doch die nur ein Drittel so großen Schwarzbären sind mindestens genauso gefährlich. Sie trifft man allerdings kaum jemals außerhalb der Waldgebiete. Besucher, die Grizzlys, Küstenbraunbären oder Schwarzbären gefahrlos beobachten möchten, werden in Alaska jedenfalls sicher Gelegenheit dazu finden.

Viele Einwohner Alaskas haben mehr Respekt vor Elchen als vor Bären. Für Außenstehende ist dies schwer nachvollziehbar, denn die Pflanzenfresser

sehen so lieb und harmlos aus. Doch Elche sind so groß wie Braunbären, genauso schnell, zahlreicher, viel launischer und, vor allem Kühe mit Kälbern, auch wesentlich aggressiver. Einem Elch kann man allerdings leichter entkommen als einem Bären.

Die ebenso vielfältige wie faszinierende Fauna ist einer der Höhepunkte jedes Alaskaaufenthalts. Vom Regenwald bis hinauf zur arktischen Tundra kann man dem Heulen der Wölfe lauschen. Auf den Steilhängen des Hochlandes weiden weiße Dallschafe. Sie sind enge Verwandte der weiter südlich beheimateten Dickhornschafe. Die Männchen lassen bei Rivalenkämpfen ihre langen gewundenen Hörner geräuschvoll aufeinanderprallen. In noch höher gelegenen und steileren Regionen sieht man mit etwas Glück weiße Schneeziegen, die Kletterkünstler unter den Huftieren. Zentralalaska und der hohe Norden sind die Weidegebiete der Karibus. Bei entsprechender Planung können Sie vielleicht sogar eine der riesigen Karibuherden bestaunen, die mehrere Zehntausend Tiere umfassen.

In Alaska sind mehr als 400 Vogelarten heimisch. Weißkopfseeadler sind entlang der Küste verbreitet, während die Steinadler über der Tundra kreisen und nach Murmeltieren und Hasen Ausschau halten. Bekannt sind auch Trompeterschwan, Kanadakranich und Wanderfalke. Wer Papageitaucher, Alken und die riesigen Brutkolonien der Seevögel sehen will, muss sich aufs Wasser begeben. Bootsfahrten bieten auch Gelegenheit, einen Blick auf die vielfältige Meeresfauna zu werfen, zu ihren Stars zählen Buckelwale, Schwertwale (Orcas), Weißwale, Seelöwen, Walrosse, Seehunde und natürlich die putzigen Seeotter. Leider gibt es noch eine weitere Kategorie von Tieren: Blutsaugende Insekten wie die Stechmücken können zu einer echten Plage werden.

Der Bundesstaat unterhält den größten Nationalpark, das größte Wildlife Refuge und den größten State Park.

Karibus ziehen durch weite Teile Alaskas. Die größte Herde zählt an die 325 000 Tiere

LAND IN STAATSBESITZ

Das Naturerlebnis wird in Alaska dadurch vereinfacht, dass der größte Teil in Staatsbesitz ist. Der Bundesstaat unterhält den größten Nationalpark, das größte Wildlife Refuge und den größten State Park. Die meisten Schutzgebiete sind relativ unberührte Wildnis mit bestenfalls ein oder zwei Besucherzentren oder Ranger-Stationen. Informationen erhalten Sie beim entsprechenden Park oder über die ausgezeichneten Alaska Public Lands Information Centers *(www.alaskacenters.gov;* siehe Kasten S. 20).

ORGANISIERTE TOUREN

Wegen der abgeschiedenen Lage und des unbeständigen Wetters sind organisierte Touren sehr zu empfehlen. Das Spektrum ist riesig: Kajaktouren, Angelausflüge, Tierbeobachtungen, Wanderungen und Rundflüge sind einige der Angebote. In Begleitung eines Führers erlebt man das Land nicht nur sicherer, sondern man erfährt auch viel mehr. ∎

In der Geschichte Alaskas spielen Rohstoffe eine bedeutende Rolle. Die ersten Menschen, die über die Bering-Landbrücke nach Nordamerika kamen, folgten vermutlich Mammuts und anderen großen Beutetieren. Als die Europäer erstmals die Gewässer Alaskas erreichten, geschah dies auf der Jagd nach Robben und Seeottern. Und der erste Ansturm aus dem Süden bestand aus Goldgräbern.

Doch mit den Glücksjägern kamen immer auch Menschen nach Alaska, die sich auf Dauer ansiedeln wollten. Ob Ureinwohner, die seit nahezu 500 Generationen hier leben, oder kürzlich Angekommene: Diese »Alaskans« sind fester Bestandteil der Geschichte des 49. Bundesstaates der USA.

DIE ERSTEN SIEDLER

Über die Ankunft der ersten Menschen in Amerika werden viele Debatten geführt (siehe Kasten). Ob die ersten »Nordamerikaner« sich sofort in Alaska ansiedelten oder zunächst südwärts wanderten und später zurückkehrten, wird man wohl nie erfahren. Sicher ist, dass die heutigen Ureinwohner seit Jahrtausenden in Alaska leben. Während dieser Zeit – und möglicherweise auch schon vor ihrer Ankunft in Alaska – spalteten sie sich in viele Sprach- und Kulturgruppen auf. Einige leben weiterhin als Nomaden, während andere feste Siedlungen bauten. Alle aber entwickelten immer ausgefeiltere Methoden zur Jagd auf Karibus, Lachse, Grönland- und Weißwale sowie zum Sammeln von Pflanzen aus Wald und Tundra. Und auch die Kunst machte große Fortschritte: Elfenbeinschnitzerei und Steinmetzarbeit ebenso wie Korbflechterei, Tanz und Geschichtenerzählen, das Schnitzen von Totempfählen und die Fertigung kunstvoller Masken.

DIE RUSSEN KOMMEN

Im frühen 18. Jahrhundert waren die europäischen Großmächte damit beschäftigt, die Welt, einschließlich Nordamerika, unter sich aufzuteilen. Doch sie ignorierten zunächst den östlich von Sibirien gelegenen großen weißen Fleck auf ihren Landkarten. Lediglich der russische Zar Peter der Große zeigte Interesse. Kurz vor seinem Tod sandte er Vitus Bering mit dem Befehl los, von der Halbinsel Kamtschatka aus ostwärts zu segeln. Erst 1741 entdeckten Berings zwei Schiffe das heutige Südalaska. Berings Expeditionsmannschaft kehrte mit zahlreichen Pelzen zurück, darunter auch Seeotterfellen, die von der wohlhabenden Oberschicht wegen ihrer unvergleichlichen Wärme besonders geschätzt wurden. Ein gutes Seeotterfell kostete in etwa den dreifachen Jahreslohn eines gewöhnlichen Handwerkers. Berichte über den Pelzreichtum der Region lockten die sogenannten *promýschlenniki* an – Fallensteller und Händler, die häufig auch einheimische Geiseln nahmen und als Lösegeld Felle forderten. Außerdem schleppten die *promýschlenniki* europäische Seuchen ein, die einen Großteil der Ureinwohner dahinrafften. Nicht minder profitorientierte russische Geschäftsleute gründeten in Südost- und dem südlichen Zentralalaska Handelsniederlassungen.

Mehrere Jahrzehnte lang konnten die Russen das Geheimnis der Seeotter bewahren, doch in den 1770er-Jahren erkundeten auch britische und spanische Seefahrer Alaska. Die Jagd auf Seeotter sowie die Suche nach der legendären Nordwestpassage, politische Überlegungen und wissenschaftliche Neugier führten bis 1805 zu rund 200 europäischen Forschungsfahrten in die Gewässer Alaskas.

Zar Peter der Große schickte Vitus Bering auf seine erste Fahrt nach Alaska

Dennoch konnten die Russen dank Alexander Baranow (1746–1819), dem mit eiserner Faust regierenden Direktor der Russisch-Amerikanischen Handelskompanie, ihre Machtposition in Alaska nicht nur behaupten, sondern sogar ausbauen.

Drastische Überjagung ließ die Pelztierpopulationen zwischen 1820 und 1840 massiv zurückgehen. Wegen diverser Kriege, innenpolitischer Rückschläge und geringerer Fellausbeute verlor Russland zunehmend das Interesse an Alaska. In den 1850er-Jahren war der Zar schließlich bereit, Alaska

□ **Wissen**

ANKUNFT IN AMERIKA

Es herrscht die Ansicht vor, dass die ersten Menschen vor 10 000 bis 30 000 Jahren eingewandert sind, als die Gletscher während der Eiszeit so viel Wasser banden, dass der Meeresspiegel um etwa 76 Meter fiel. Die seichte Beringstraße, an der Russland und Alaska nur 90 Kilometer weit auseinanderliegen, bildete damals eine Landbrücke. Sie war wohl mehrere Hundert Kilometer breit und könnte jahrtausendelang Bestand gehabt haben. Möglicherweise wurde sie sogar zwischenzeitlich wieder überflutet, um anschließend wieder trocken zu fallen. Angesichts dieser langen Zeitspanne liegt die Vermutung nahe, dass sibirische Jägervölker ihrer Beute über die Landbrücke bis nach Alaska folgten.

zu verkaufen. Da er jedoch nicht wollte, dass die Region in die Hände der Briten oder anderer europäischer Konkurrenten fiel, bot er Alaska 1865 nach dem Ende des Amerikanischen Bürgerkriegs den USA an.

SEWARDS GENIESTREICH

Der US-Außenminister William H. Seward und andere führende Politiker waren ebenso begierig, Alaska zu kaufen, wie die Russen es loswerden wollten. Seward war ein Verfechter des »Manifest Destiny«, d. h. der vermeintlichen Bestimmung der USA, ganz Nordamerika zu beherrschen. Doch es gab auch Kritiker, die Alaskas abgeschiedene Lage und das extreme Klima als Gegenargumente anführten. Dennoch unterzeichnete Seward 1867 den Vertrag mit den Russen und erwarb das Land für 7,2 Millionen Dollar. Nach Abschluss des Geschäftes fragten sich immer mehr Amerikaner, was man sich da eigentlich eingehandelt hatte. Die neuen Eigentümer wussten nicht einmal, wie sie ihre Neuerwerbung nennen sollten. Seward entschied sich schließlich für »Alaska«, das aleutische Wort für »großes Land«. Die Aleuten hatten diesen Begriff zwar nur für die heutige Alaska Peninsula gebraucht, doch Seward übernahm ihn als Name für das gesamte ... ja, das gesamte Was?

Die Bundesregierung weigerte sich zunächst einmal, das Land zum Territory zu erklären. Dieser Status hätte alle Einwohner Alaskas zu vollwertigen US-Bürgern und Alaska zum Anwärter für einen souveränen Bundesstaat gemacht, was Alaska nach Ansicht des Kongresses nicht verdiente. Stattdessen ließ man den Status Alaskas in der Schwebe, was zur Folge hatte, dass weder Russen noch Ureinwohner Anspruch auf eine US-amerikanische Staatsbürgerschaft hatten. Im Grunde genommen war Alaska somit nichts anderes als eine Kolonie.

Die folgenden Jahrzehnte überließ die Regierung das Land der Verwaltung durch eine Pelzhandelskompanie, der Alaska Commercial Company. Diese interessierte sich in erster Linien für Robbenfelle – die Seeotter waren fast ausgerottet. Als auch der Robbenbestand massiv eingebrochen war, vereinbarten Unternehmen und Regierung, »nur« noch 100 000 Tiere im Jahr zu erlegen und Weibchen und Junge ganz zu schonen. Doch selbst mit dieser Selbstbeschränkung erwirtschaftete die Company immer noch immense Gewinne aus dem Handel mit Fellen.

JOHN MUIR UND ANDERE BESUCHER

In den ersten Jahren unter amerikanischer Ägide wurde Alaska von dem Naturforscher John Muir besucht, der sich vor allem für die Gletscher interessierte. 1879 nahm er ein Schiff nach Wrangell in Südostalaska und begab sich von dort aus in Begleitung von vier Tlingit-Paddlern und einem presbyterianischen Missionar auf eine 1300 Kilometer lange Kanu-Expedition. Unter den vielen Orten, die John Muir erkundete, war die Glacier Bay, in der heute Touristen den Muir-Gletscher besuchen.

Muirs begeisterte Reiseberichte legten den Grundstein für den Alaska-Tourismus.

Muirs begeisterte Reiseberichte legten den Grundstein für den Alaska-Tourismus. Tatsächlich folgten in den nächsten Jahren mehrere Tausend Menschen seinen Spuren und befuhren die »Inside Passage«, um die einzigartige Glacier Bay zu sehen.

DER GOLDRAUSCH

Wenn die Einwohner Alaskas von dem Goldrausch sprechen, meinen sie damit den Massenansturm der Goldgräber auf den Klondike, der 1898 einsetzte. Daneben gab es jedoch viele weitere bedeutende Fundstätten in der Region. Joe Juneau und Richard Harris etwa wurden 1880 am Gold Creek fündig – dort, wo heute die Stadt Juneau liegt. (Die Stadt, die sich am Gold Creek ausdehnte, erhielt zunächst den Namen Harrisburg, doch Juneau bestach mit seinen Einkünften die Bewohner, sodass sie in einem Wettstreit um weniger als hundert Stimmen nach ihm benannt wurde). Doch das Gold lagerte in sehr hartem Gestein. Um es freizulegen, brauchte man große Unternehmen, die schweres Gerät und das nötige Kleingeld besaßen, um Pochwerke und all die anderen Einrichtungen zu bauen, die man zur Ausbeutung solcher Goldvorkommen benötigte. Einen klassischen Gold-

Die Unterzeichnung des Vertrags von 1867, der den russischen Verkauf Alaskas an die USA besiegelte. Gemälde von Edward Leutze

rausch, bei dem Tausende eine Region stürmten, gab es nur an Stellen, wo das kostbare Metall in Flüssen vorkam und die Goldwäscher einzeln ihr Glück versuchen konnten. Zu einem solchen Ansturm kam es in Nome, wo 1898 drei Goldsucher fündig wurden und andere 1899 am Strand der Beringsee unweit der Stadt Goldflocken entdeckten. Rund 20 000 Glücksjäger kampierten im Sommer 1900 am dortigen Strand. Einer fand ein 3,03 Kilo schweres Nugget – das größte jemals in Alaska entdeckte!

DER KLONDIKE-GOLDRAUSCH

Und dann gab es den Klondike-Goldrausch. Das Verrückte war, dass das Ziel dieser bekanntesten Goldfundstelle nicht zu Alaska gehörte: Der Klondike River und seine Nebenflüsse, in denen das Gold entdeckt wurde, liegen fast hundert Kilometer östlich der Grenze im kanadischen Yukon Territory. Im Juli 1897 trafen die ersten Schiffe mit der Neuigkeit in Seattle ein – als Beweis brachten sie über eine Tonne Gold mit. Da der Klondike weit entfernt lag, war es im Juli für den Aufbruch bereits zu spät. Im Frühjahr 1898 jedoch machten sich rund 50 000 Goldgräber auf, weitere 50 000 folgten ihnen noch im gleichen Jahr oder im Jahr darauf. Von diesen rund 100 000 erreichten nur etwa 30 000 bis 50 000 überhaupt die Goldfelder. Erschreckend viele kamen um, weil es keinen »optimalen Weg« zu den Goldfeldern gab und die Goldsucher deshalb viele Routen ausprobierten. Eine Gruppe von 18 New Yorkern entschied sich für die Überquerung des Malaspina-Gletschers in Südostalaska – wohl ohne sich bewusst zu sein,

Nach einer Rast quälen sich die Goldgräber über die »Goldene Treppe«, die am Chilkook-Pass in den Schnee geschlagen wurde. Sie führte zu den kanadischen Klondike-Goldfeldern

---- ☐ **Wissen** ----

GESCHICHTEN UM DEN GOLDRAUSCH

Die Goldfunde gingen zu Ende, doch die alten Dramen brachten Geschichten-
erzählern weiterhin Geld. Jack London war als 20-Jähriger zum Klondike gezogen; aus seinen Erfahrungen entstanden Geschichten wie *Ruf der Wildnis*
und *Lockruf des Goldes*. Jules Verne schrieb in *Der Goldvulkan* über den Klondike. Charlie Chaplin fand mit seinem Film *Der Goldrausch* von 1925 eine wahre
Goldader. Mae West nahm sich 1936 mit *Klondike Annie* des Themas an. *Über
den Todespass* (1954) mit James Stewart spielt während des Goldrauschs in
Skagway und Dawson City. James Michener widmet dieser Zeit in Alaska ein
Kapitel. Einen guten Überblick über den Goldrausch gibt *Klondike Fever* des
Kanadiers Pierre Berton; er war auch Erzähler des Dokumentarfilms *City of
Gold* (1957) über Dawson City.

---

dass dies der größte Vorlandgletscher Nordamerikas ist. Volle drei Monate lang kämpften sie sich quer über das Eis. Vier kamen dabei ums Leben,
der Rest schaffte es über den Gletscher – doch dann kam der Winter, und
sie mussten eine behelfsmäßige Schutzhütte bauen. Einige Männer wurden wahnsinnig und rannten in die Eiswüste hinaus; man hörte nie wieder
von ihnen. Die sieben, die bis zum Frühling durchhielten, machten sich auf
den Rückweg über den Gletscher zu ihrem Ausgangspunkt, der Yakutat
Bay. Als ein Schiff sie auflas, waren nur noch vier am Leben. Die *Seattle
Times* berichtete fälschlicherweise, die Männer seien mit Gold im Wert von
einer halben Million Dollar aus Alaska zurückgekehrt und schuf damit einen neuen Anreiz, nach Klondike aufzubrechen.

Die meisten Goldgräber fuhren per Schiff nach Skagway oder Dyea, zwei
benachbarte Ortschaften in Südostalaska, die das »Tor zum Klondike« wurden. Von dort ging es über den Chilkoot-Pass 53 Kilometer weit steil bergauf zum Lake Lindemann oder Lake Bennett. Die Route nutzten die Tlingit
seit Jahrhunderten als Handelsweg ins Landesinnere. An den Seen mussten
sich die Glücksjäger Boote zimmern und 880 Kilometer weit zu den Goldfeldern fahren. Diese Route war anstrengend, aber bei Weitem nicht so
schlimm wie der Malaspina-Gletscher oder einige andere Routen. Hatten
die erschöpften Männer schließlich den 1140 Meter hohen Pass erreicht,
wurden sie von der kanadischen Northwest Mounted Police empfangen.
Nachdem die Uniformierten, die ursprünglich nur für Ruhe und Ordnung
sorgen und den gesetzlichen Zoll eintreiben sollten, von der Lebensmittel-
knappheit am Klondike hörten, verlangten sie, dass jeder Goldsucher Lebensmittel für mindestens ein Jahr dabeihaben musste – ungefähr eine
Tonne. Nun musste jeder Goldgräber den Pass vielmals auf- und absteigen,
um die geforderten Mengen hochzutransportieren. Obwohl die Vorkom-

men am Klondike rund 300 Millionen Dollar einbrachten, wurde die Mehrheit der Goldgräber keineswegs reich. Einige versuchten ihr Glück anschließend in Nome oder an anderen Fundstätten. Die meisten fuhren nach Hause. Viele ließen sich in Alaska nieder: Zwischen 1890 und 1900 verdoppelte sich die Zahl der ganzjährig in Alaska Ansässigen von 30 000 auf 60 000. Diese Massenzuwanderung Anfang des 20. Jahrhunderts beschleunigte den Bau von Eisenbahnen, die Gründung von Städten und das Anwachsen von Industrien wie Fischerei und Holzwirtschaft. Alaska wuchs, erlebte aber bis zum Zweiten Weltkrieg keinen echten Boom mehr.

DER ZWEITE WELTKRIEG

Kaum jemand weiß, dass die Japaner im Zweiten Weltkrieg in Alaska einmarschierten. Anders als bei der Bombardierung von Pearl Harbor wurden hier Bodentruppen abgesetzt. Fast ein Jahr lang wehte die japanische Flagge über amerikanischem Staatsgebiet. US-Militärs wussten sehr wohl, dass die westlichsten Inseln der Aleuten näher an Japan als an Anchorage lagen. Die Invasion diente zunächst der Ablenkung. Im Juni 1942 begann fast 2500 Kilometer südlich der Aleuten die Schlacht um Midway, und die Japaner hofften, dass die Bombardierung von Unalaska US-Truppen im Süden abziehen würde. Jedoch die Japaner erlitten bei Midway eine schwere Niederlage. Um das Gesicht zu wahren, besetzten die Japaner zwei weitere nahezu unbesiedelte Aleuteninseln: Attu und Kiska. Sie bauten einen Flugplatz und Bunker und stationierten mehrere Tausend Soldaten. Als Antwort bauten die Amerikaner ebenfalls Militärbasen auf den Aleuten. Amerikanische Flugzeuge warfen Bomben auf Attu und Kiska. Im Mai 1943 trafen auf der Aleuteninsel Attu 11 000 Amerikaner auf 2600 Japaner. Im Verlauf der mehrwöchigen Kämpfe fielen fast 4000 Amerikaner, auf japanischer Seite gab es nur 28 Überlebende. Der Zweite Weltkrieg verwandelte Alaska schnell von einem Grenzhinterland in einen Teil des modernen Amerika, wenn es auch in vielerei Hinsicht eine Grenze blieb.

> **Der Zweite Weltkrieg verwandelte Alaska schnell vom Grenzhinterland in einen Teil des modernen Amerika, wenn es auch in vielerlei Hinsicht eine Grenze blieb.**

MODERNE ZEITEN

Der Zweite Weltkrieg war noch nicht lange vorbei, da begann der Kalte Krieg. Und da die Sowjetunion nicht weit von Alaska entfernt lag, wurden in den Nachkriegsjahrzehnten Truppenverbände in Alaska stationiert. Viele Soldaten holten ihre Familien nach: Die Bevölkerung von Anchorage stieg innerhalb von elf Jahren (1940–1951) von 3000 auf etwa 47 000 Einwohner. Um 1950 stand jeder sechste Einwohner Alaskas im Dienste des Militärs. Die Neuankömmlinge und die militärischen Baumaßnahmen lösten einen Wirtschaftsboom aus. Die Modernisierung und die strategisch wichtige Position im Verteidigungssystem der USA erleichterten 1959 Alaskas Aufnahme in die Union als 49. Bundesstaat der Vereinigten Staaten. 1968 entdeckte man auf der North Slope, der weiten Küstenebene nördlich der Brooks Range, riesige Erdölvorkommen. Umweltschützer und Ureinwohner wehrten sich gegen die

Helfer säubern nach der Ölkatastrophe 1989 einen Seevogel

Erschließung dieses Ölfelds. Insbesondere der Bau einer knapp 1300 Kilometer langen Pipeline nach Valdez sowie der Weitertransport in Öltankern durch unberührte Gewässer schien ihnen zu riskant. Dann aber lieferte das Ölembargo von 1973 den Ölkonzernen die nötige Argumentationshilfe. Aus Furcht vor einer möglichen Ölknappheit genehmigte der Kongress mit 50 zu 49 Stimmen den Bau der Pipeline. Öl floss aber nicht nur durch die Pipeline, sondern auch in den Prince William Sound als 1989 die »Exxon Valdez« havarierte. Diese Katastrophe zeigte dramatisch, womit Alaska im 21. Jahrhundert konfrontiert ist: Es gilt, ein Gleichgewicht zwischen der Nutzung und der Bewahrung der natürlichen Ressourcen zu finden. ■

Erlebnis

KATASTROPHALE EREIGNISSE

Sie werden die riesigen Bodenschatzlager und die fragile Ökologie Alaskas besser verstehen, wenn Sie sich in den umfangreichen Sammlungen im Valdez Museum *(Tel. 907/835-2764, www.valdezmuseum.org)* über die zwei größten Katastrophen der letzten Jahrzehnte informieren: das Erdbeben von 1964 und die Havarie der »Exxon Valdez« 1989. Erstere zeigt, wie gefährdet Alaska durch die tektonischen Kräfte ist. Letztere macht deutlich, wie einer der reichsten Bodenschätze 1280 Kilometer durchs Land transportiert wird und dann fast 2500 Kilometer Küste verseucht. Valdez liegt nahe bei den Epizentren beider Katastrophen.

Alaska hat eine vielfältige und aktive Kunstszene. Das gilt vor allem für die bildenden Künste – mit den Holzschnitzern, die im Mittelpunkt stehen –, aber auch für Musik, Theater, Tanz und Literatur.

Angesichts der gewaltigen Schönheit der Natur überrascht es nicht, dass viele Künstler Alaskas sich mit entsprechenden Themen beschäftigen: der Wildnis, der Tierwelt und der Beziehung zwischen Mensch und Natur. Einige arbeiten mit traditionellen Techniken, andere sind echte Avantgardisten. Nachfolgend einige Porträts von alaskischen Künstlern.

BILDENDE KUNST

Die ersten bildenden Künstler Alaskas waren die Ureinwohner vergangener Jahrhunderte. Das University of Alaska Museum of the North besitzt kunstvolle Arbeiten aus Walrosselfenbein, die auf St. Lawrence Island ausgegraben wurden. Inuits von der Küste fertigen solche Figuren seit mindestens 500 v. Chr. Mit den Europäern gelangte dann eine andere Kunstform nach Alaska. Zu jeder Expedition gehörte gewöhnlich ein Maler, der das Entdeckte im Bild festhielt, und einige dieser Zeichnungen und Skizzen haben neben dem dokumentarischen auch künstlerischen Wert. Ein bekannter Vertreter dieses Genres war John Webber, der James Cook auf seiner dritten und letzten Fahrt von 1776 bis 1780 begleitete. Webber zeichnete und malte Landschaften, Flora und Fauna sowie Ureinwohner, denen er in Alaska begegnete. Auf derselben Reise malte auch William Ellis, ein mitreisender englischer Arzt, eindrucksvolle Bilder.

Der erste akademisch ausgebildete Maler in Alaska war Sydney Laurence (1865–1940), der zum berühmtesten und einflussreichsten Maler des Bundesstaates wurde.

Der gebürtige Brooklyner bereiste als junger Mann die Welt und studierte Malerei in Paris und London. Später berichtete er als Illustrator und Fotograf vom Boxeraufstand in China, vom Zulukrieg in Südafrika und vom Spanisch-Amerikanischen Krieg. 1904 fuhr er nach Alaska, wo er mehrere Jahre den Zeichenblock gegen die Goldgräberschaufel tauschte. Dass er wieder zum Pinsel griff, hatte seinen eigenen Aussagen nach einen ganz prosaischen Grund: »Ich war pleite und konnte nicht weg. Deshalb fing ich wieder an zu malen.« Laurence malte vorwiegend traditionelle Motive wie den Mount McKinley und Trapper. Seine Spezialität waren großformatige Darstellungen der Wildnis. Heute verkaufen sich seine Bilder für sechsstellige Summen. Die meisten befinden sich in Privatbesitz, aber einige hängen im Anchorage Museum sowie im Alaska Heritage Museum, ebenfalls in Anchorage.

Der berühmte Tlingit-Bildhauer Nathan Jackson bearbeitet einen traditionellen Totempfahl

Totempfähle wie dieser im Totem Bright State Historic Park erzählen ganze Geschichten

Ein Zeitgenosse von Laurence und fast ebenso berühmt war der aus Detroit stammende Eustace Ziegler (1881–1969). Er begann als Siebenjähriger zu malen und lebte schon mit 20 Jahren von seinen Arbeiten. Bis wenige Monate vor seinem Tod im Alter von 87 Jahren produzierte er Jahr für Jahr rund 40 Gemälde. Genau wie Laurence war Ziegler von der Natur Alaskas fasziniert, doch anders als dieser interessierte er sich auch für die Menschen. Teils zu Pferd, teils per Kanu, Schiff oder Hundeschlitten reiste er durchs Land, lernte Leute aus allen Schichten und Berufen kennen und malte Inuitmütter, Goldgräber, Glücksspieler, Priester und Prostituierte. Bis 1924 war er als Geistlicher tätig, dann widmete er sich ganz der Malerei.

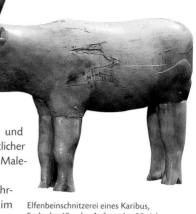

Elfenbeinschnitzerei eines Karibus, Ende des 19. oder Anfang des 20. Jahrhunderts, Westküste Alaskas

Machen wir einen Sprung ins 21. Jahrhundert und zur Einzelausstellung im Alaska State Museum in Juneau. Besucher schlendern durch eine faszinierende, aber auch verwirrende Vielfalt von Arbeiten aus Klebeband, Licht, Wasser, Raum und Videoprojektionen, die den Betrachter zur Interaktion auffordern und ihn einladen, selbst Teil des Kunstwerks zu werden. Die Künstlerin ist Kat Tomka, Professorin an der University of Alaska in Anchorage, deren Multimedia-Arbeiten weltweit Beachtung finden. Sie gilt als führende Repräsentantin der zeitgenössischen Kunstszene Alaskas. Tomka räumt ein, dass ihre Vorliebe für transparentes Klebeband zumindest teilweise von den wasserfesten Seehunddarm-Anoraks herrührt, die die Menschen auf den Aleuten früher trugen.

MODERNE KUNST DER UREINWOHNER

Anolic Unneengnuzinna Aalughuk, auch als Ted Mayac sen. bekannt, ist ein Inupiat von King Island, einem Inselchen rund 50 Kilometer vor der Küste der entlegenen Seward Peninsula. Seit Jahrtausenden bearbeiten die Inupiat Walrosselfenbein, und Mayac setzt diese Tradition fort – mit der Ausnahme, dass er seine Stücke auf recht innovative Art bemalt. Nach 25 Jahren beim Alaska Department of Transportation ging Mayac in den Ruhestand und widmet sich nun ausschließlich seinen Schnitzereien und dem traditionellen Trommeln bei Gemeindeveranstaltungen. Von den Zugvögeln inspiriert,

Seit Jahrtausenden bearbeiten die Inupiat Walrosselfenbein. Ted Mayac setzt diese Tradition fort, mit einigen Neuerungen, die seine Arbeiten auszeichnen.

die die Insel jedes Jahr anfliegen, fertigt er unglaublich schöne lebensechte Figuren von rund 70 Vogelarten.

James Schoppert, ein Tlingit, hatte tiefen Respekt vor der traditionellen Ureinwohnerkunst, nahm sie in seinen eigenen Arbeiten aber lediglich als Ausgangspunkt zu Vorstößen in gänzlich neue, bisweilen surrealistische Richtungen. Nach intensivem Studium der Ureinwohnerkunst gelangte Schoppert zu dem Schluss, dass Innovation selbst eine Tradition der indigenen Völker Alaskas war. Seine eigenen Stücke betrachtete er als Brücke zwischen Vergangenheit und Zukunft. Schoppert war ein Multitalent – er malte, schnitzte, unterrichtete, schrieb Gedichte und übernahm eine Führungsrolle unter den Native Artists, den Künstlern unter den Ureinwohnern. Er fertigte kunstvolle Masken, von denen viele seinen Sinn für Humor widerspiegeln. Eine trägt den Titel *Walrus Goes to Dinner* und zeigt ein Walrossgesicht mit Gabel und Löffel als Stoßzähne. Eine andere, die auf einer alten, einohrigen Chugach-Maske basiert, taufte er *Art is a One-eared Madman* und verstand sie als Hommage an van Gogh. Schoppert starb 1992 mit nur 45 Jahren.

Sonya Kelliher-Combs, 1969 in Bethel geboren, ist eine aufstrebende Native Artist, deren Methoden und Medien auf den ersten Blick kaum etwas mit ihrem Inupiat- oder athabaskischen Erbe zu tun haben (sie hat auch deutsches und irisches Blut). Bei näherem Hinschauen erkennt man jedoch gewisse Materialien und Symbole, die auf ihre Kindheit in Nome zurückgreifen, wo ihre Familie im Sommer als Selbstversorger lebte. Zum Beispiel integriert sie in Schichten aus Acrylpolymer – Grundlage der meisten ihrer Arbeiten – manchmal Walrossmagen, der in traditionellen Häusern gern als Fenster verwendet wurde, weil er Licht herein- und den Rauch hinauslässt. Außerdem verwendet sie Schnur, Perlen, Seehund- und Schweinedarm, Netze, Papier, Menschenhaar und ähnliche Dinge. Arbeiten von Kelliher-Combs sind in allen großen Museen und Galerien Alaskas zu sehen.

☐ **Wissen**

MEISTERHAFT

Ron Senungetuk – berühmt für seine einzigartigen Malereien auf Holz – gilt als Vater der zeitgenössischen Kunst Alaskas. In lebhaften Ölfarben erweckt er Themen seines Landes wie Wale, Seevögel, Rentiere und sogar das Nordlicht in faszinierenden abstrakten Formen zum Leben. Der Inupiaq Senungetuk wurde 1933 in Wales auf der Seward Peninsula geboren und verkaufte als Kind Elfenbeinschnitzereien an Touristen. Nach seinem Kunststudium gründete er das Native Arts Center der University of Alaska, das bis heute jungen Ureinwohnern die Chance gibt, künstlerische Träume zu verwirklichen. Senungetuks Arbeiten finden sich in Museen, Galerien und Ausstellungen.

Im Alaska Native Heritage Center von Anchorage, einer der wichtigsten kulturellen Institutionen des Bundesstaats, führt eine junge Ureinwohnerin einen traditionellen Yupik-Tanz auf

TOTEMPFÄHLE

Zu den bekanntesten und ungewöhnlichsten Medien der Native Artists aus Alaska zählt der Totempfahl – ein zwischen sechs und neun Meter hoher beschnitzter Stamm, der gewöhnlich aus Zedernholz besteht. (Der höchste in Alaska überragt mit 40,2 Metern das Dorf Kaka auf Kupreanof Island.) Totempfähle sind Teil der Kultur der North West Coast Natives, zu denen auch die Völker Südostalaskas zählen: Tlingit, Haida, Eyak und Tsimshian. Der Name dieser traditionellen Kunstwerke rührt daher, dass sie meist zumindest eine geschnitzte Darstellung des Totems eines Clans enthalten, meist ein Tier wie Rabe, Wolf oder Schwertwal.

Doch Totempfähle sind mehr als nur Kunstwerke. Einige dienen als Erinnerung an ein verstorbenes Mitglied der Gemeinschaft, andere erinnern an bedeutende Ereignisse oder erzählen Begebenheiten aus der Geschichte des Clans. Es gibt sogar »Schandpfähle«, die aufgestellt werden, um jemanden auf seine schlechte Tat hinzuweisen. Sobald der betreffende Reue bekundet, wird der Pfahl entfernt. Historisch gesehen dienten Totempfähle auch oft dazu, Wohlstand und Macht eines Clans zur Schau zu stellen.

Der gegenwärtig bekannteste Totempfahlkünstler ist der Holzschnitzer Nathan Jackson (1938), ein Tlingit, der seit mehreren Jahrzehnten wunderschöne Pfähle gestaltet, die zwar fest in der Tradition verankert sind, gleichzeitig aber auch ein kreatives Engagement zeigen. Seine Pfähle schmücken inzwischen öffentliche Plätze und Museen. Neben Totempfählen schnitzt Jackson Masken, Kanus und Türen, obendrein malt er und arbeitet mit Metall. Sein größtes Verdienst dürfte jedoch sein, dass er der aussterbenden Kunst des Totempfahlschnitzens zu neuem Leben verhalf und eine neue Generation junger Künstler aus Südostalaska motivierte, diese traditionelle Kunst zu erlernen.

DARSTELLENDE KUNST

Anchorage als einzige Metropole Alaskas ist das Zentrum der Kunstszene. Das Alaska Center for the Performing Arts, in dem international bekannte Künstler auftreten, ist auch Sitz des Anchorage-Symphonieorchesters und der Anchorage Opera. Auch unabhängige Musiker und Bands haben in Anchorage ihr Publikum. Ein Beispiel unter vielen ist die Native-Band Pamyua (ausgesprochen: Bam-jo-a). Die vier jungen Yupik und Inuit, die sich 1996 zusammenschlossen, sind bis heute eine der beliebtesten Gruppen des Bundesstaates, genießen aber auch über die Grenzen hinaus Erfolg. Sie treten auf Musikfestivals in aller Welt auf und gewannen 2003 den Native American Music Award – als erste Künstler aus Alaska überhaupt. Ihre Darbietungen sind ein kreativer Mix aus traditionellen Liedern, Trommeln und Tanz, der Elemente von Jazz, Gospel, Rhythm-and-Blues, Funk, Hip-Hop und Doo-wop enthält – die dazu noch Comedy- und Yupik-Geschichten erzählen. Wer einen Beweis sehen will, dass sich das kulturelle Leben Alaskas nicht auf Anchorage beschränkt, muss nicht lange suchen: Das Perseverance Theatre in Juneau zählt zu den besten Regionalbühnen der USA. Auf dem Spielplan stehen anspruchsvolle Klassiker ebenso wie innovative,

Das Alaska Center for the Performing Arts ist Spielstätte des Anchorage-Symphonieorchesters

moderne Stücke. Das Spektrum der Klassiker reicht vom *Tod eines Handlungsreisenden* über *Hair* bis hin zu einer in der Tlingit-Kultur angesiedelten Version von *Macbeth*. Das PT bringt auch häufig Uraufführungen, so Paula Vogels mit dem Pulitzer-Preis ausgezeichnetes *How I learned to drive*, das sie als Artist-in-Residence des PT schrieb.

LITERATUR

Alaska ist ein Ort, der zum Schreiben inspiriert. Das »große Land« weckt in vielen Menschen das Bedürfnis, mit Worten auszudrücken, was sie sehen und fühlen. Dies gilt auch für Seth Kantner, dessen Arbeit die ungezähmte Landschaft reflektiert, die seine abgelegene Heimat im Nordwesten Alaskas umgibt. Kantner ist in einem Grassodenhaus in der Tundra geboren und aufgewachsen, wo seine Familie mit Fischfang und der Jagd den Lebensunterhalt bestritt. Heutzutage befasst er sich noch immer mit diesen Traditionen, kann sich aber zusätzlich als berühmter Autor und Naturfotograf bezeichnen. 2004 erschien Kantners erster Roman *Ordinary Wolves,* der von den Kritikern hochgelobt wurde (»Ein verblüffendes Buch«, schrieb Barbara Kingsolver; »Eine großartig realisierte Geschichte«, fand die *New York Times*). Dem Buch folgte 2008 das sehr gut aufgenommene Sachbuch *Shopping for Porcupine*, welches Kantner mit zahlreichen eigenen Fotografien illustrierte. Die Inhalte reichen vom Jagen über eigenwillige Eigenschaften Alaskas bis hin zur schwindenden Wildnis. Dieselben Themen bestimmen viele der faszinierenden Berichte des 1998 von Susan B. Andrews und John Creed herausgegebenen Bandes *Authentic Alaska: Voices of Its Native Writers*. Und in *The Way Winter Comes* (1998) spürt die preisgekrönte Sherry Simpson weiteren Aspekten des letzten Grenzlandes der USA nach. Weitere bemerkenswerte Autoren sind Richard Nelson, der viele Bücher über das hiesige Leben schrieb. Das bekannteste dürfte *Make Prayers to the Raven: A Koyukon View of the Northern Forest* sein, das als Vorlage für eine Fernsehserie diente. Erwähnung verdient auch Jo-Ann Mapson, die acht Romane veröffentlichte.

Zu guter Letzt seien Linda McCarriston und Robert Service genannt. Die preisgekrönte Dichterin McCarriston schreibt über Familie, Freundschaft und Kinder. Service kam zur Zeit des Klondike-Goldrausches an den Yukon, und seine Balladen *The Cremation of Sam McGee* und *The Shooting of Dan McGrew* werden noch heute in der Schule gelesen. ■

> **Alaska ist ein Ort, der zum Schreiben inspiriert. Das »große Land« weckt in vielen Menschen das Bedürfnis, mit Worten auszudrücken, was sie sehen und fühlen.**

Südostalaska

❮ Alaskas Hauptstadt Juneau wird von zahlreichen Kreuzfahrtschiffen angelaufen

Südostalaskas schmaler Festlandstreifen mit Tausenden von Inseln wird der »Pfannenstiel« genannt. Er liegt zwischen British Columbia und den Coast Mountains im Osten sowie dem Pazifik im Westen. Nur Skagway, Haines und Hyber sind mit dem Festland Alaskas über Straßen, die durch Kanada führen, verbunden.

WRANGELL-ST. ELIAS
NATIONAL PARK
AND PRESERVE RUSSELL
FIORD
WILDERNESS
Yakutat
Bay Russell
Fiord
Yakutat
ALASKA MARINE HIGHWAY
BRABZON RANGE
Dry
Bay
Mount
Fairweather
15.320 ft
FAIRWEATHE
Golf von Al
ALASKA

Der Rest Südostalaskas ist nur aus der Luft oder per Schiff zu erreichen, doch die Flugzeugverbindungen reichen aus, und die Schiffsreisemöglichkeiten sind geradezu fantastisch. Die berühmte Inside Passage, eine geschützte Wasserstraße, zieht sich durch die Inselwelt fast des gesamten Südostens. Die Gipfel der Berge scheinen hier mehrere Hundert Meter geradewegs aus dem Meer zu wachsen. Küstenwald herrscht vor und steht als Tongass National Forest unter Schutz (größter amerikanischer Wald mit 7 Mio. ha). Bis zu 4000 Millimeter Niederschlag fallen jährlich, die Wälder mit Rot- und Hemlocktannen sind meist in Nebel gehüllt. Bären, Schneeziegen, Wölfe und Hirsche streifen durch die Wälder, Weißkopfseeadler schweben über der Küste. Fünf Lachsarten wandern die Flüsse und Bäche zu ihren Laichplätzen hinauf. Im Pazifik gibt es Buckelwale, Seelöwen, Schweinswale, Schwertwale (Orcas) und Seeotter.

Allein schon der Tiere wegen würde sich der Besuch lohnen. Doch der Südosten mit seinen 74 000 Bewohnern wartet mit einem reichen historischen Erbe auf – von der indianischen Urbevölkerung bis zu den Goldsuchern. ■

Allgegenwärtig an Alaskas südlichen Küsten: der Weißkopfseeadler

Oft empfängt Regen die Besucher. Ketchikan ist für seinen hohen Niederschlag bekannt – rund 4000 Millimeter fallen hier jährlich. Doch die
Sportfischerei und die Attraktionen in der Stadt und ihrer Umgebung
entschädigen dafür.

Viele kommen, um hier Lachs zu angeln. Die Stadt verdankt ihre Gründung
in den 1880er-Jahren dem Reichtum an Lachs und Holz. 50 Jahre später
verließen jährlich 1,5 Millionen Lachskonserven die Fabriken. Das Gros der
Arbeitsplätze aber stellt heute die Tourismusbranche: 850 000 Kreuzfahrt-
passagiere kommen hier jährlich an und wollen versorgt werden.

HAFENVIERTEL

Die Schiffe ankern am Kai unmittelbar an der **Waterfront Promenade,** die
parallel zur Front Street verläuft. (Die Promenade zieht sich um den **Tho-
mas Basin Boat Harbor,** in dem die Fischereiflotte liegt.) Viele indianische
Künstler der Tlingit, Eyak, Haida und Tsimshian arbeiten hier an ihren
Kunstwerken. Nathan Jackson, der weltbekannte Holzschnitzer, ist mit ungewöhnlichen Totempfählen in Galerien, Museen und auf öffentlichen
Plätzen vertreten. (Auskunft gibt der *Ketchikan Arts Guide,* der im Visitors
Bureau erhältlich ist.) Ein guter Ausgangspunkt für einen Stadtrundgang
ist das historische **Star Building** (*5 Creek St., So geschlossen, Okt.–April*), in
dem verschiedene schöne Galerien (siehe S. 62) die Werke einheimischer
Künstler präsentieren.

Urlauber genießen das Essen an Ketchikans Waterfront

☐ Wissen

FISCHEN

Fischen ist in ganz Alaska beliebt, doch Ketchikan, die »Lachshauptstadt der Welt«, ist bei Anglern besonders populär. Lachse schwimmen in Schwärmen vom offenen Meer in den Schutz der Inside Passage. Tlingit legten hier Fischercamps an, und Berufsfischer gründeten 1900 die moderne Stadt. Heilbutt, Forelle, Nördlicher Schnapper und Kabeljau gibt es reichlich.

Fischer können sich in Lodges und Resorts einmieten, die auch Angeltouren anbieten. Abenteuerlustige wählen Hütten in der Wildnis, die nur per Wasserflugzeug, Boot oder zu Fuß erreichbar sind. Reservierung: *www.travelalaska. com (unter Places to Stay und Cabins & Vacation Rentals)*.

Das **Southeast Alaska Discovery Center** an der Promenade präsentiert eine exquisite Sammlung indianischer Kunst. Im Eingangsbereich steht je ein Totempfahl im Stil der Tlingit, Haida und Tsimshian. In einer Abteilung wurde sogar ein traditionelles Fischereicamp nachgebaut, in einem anderen erzählen Stammesälteste Geschichten aus ihrem Leben. Den größten Raum nimmt jedoch die Ausstellung über die Natur ein. In der Regenwaldabteilung fehlen weder Wasserläufe noch Vogelstimmen. Das Leben in den sieben wichtigsten Ökosystemen des Südostens (u. a. Gezeitentümpel und Bergtundra) wird interaktiv präsentiert.

☐ Tipp

In der Gegend von Ketchikan gibt es besonders viele Totempfähle auf Revillegigedo Island.

ROWLAND SHELLEY
NATIONAL GEOGRAPHIC-FELDFORSCHER

Auf der anderen Straßenseite läuft die **Great Alaskan Lumberjack Show** *(420 Spruce Mill Way, Tel. 907/225-9050 oder 888/320-9049, $$$$$)*, eine Mischung aus Unterhaltung und Wettbewerb im Sägen, Holzhacken, Baumstammrollen und Pfahlklettern.

KETCHIKAN
🅰 Karte S. 59
Besucherinformation
✉ Ketchikan Visitors Bureau, 131 Front St.
☎ 907/225-6166 oder 800/770-3300
www.visit-ketchikan.com

SOUTHEAST ALASKA DISCOVERY CENTER
✉ 50 Main St.
☎ 907/228-6220
🕐 Mai–Sept. tägl. 8–16, sonst Fr 10–19 Uhr
💲 $
www.alaskacenters.gov/visitors-centers/ketchikan

Entlang des Bohlenwegs nach Punchbowl
Cove im Misty Fjords National Monument

AM KETCHIKAN CREEK

Die Vergangenheit Ketchikans wird im **Tongass Historical Museum** *(629 Dock St., Tel. 907/225-5600, Okt.–April, $)* lebendig. Das Museum befindet sich in einem großen Gebäude neben der Bank von Ketchikan Creek. Die Gründungszeit Ketchikans als Tlingit-Fischcamp ist die erste Station im Museum, in weiteren Räumen wird die Stadtentwicklung bis hin zur Gegenwart präsentiert. Die **Creek Street** führt flussabwärts und war bis in die 1950er-Jahre das berüchtigte Rotlichtviertel der Stadt und wurde auf Stelzen und Holzstegen über dem Wasserlauf gebaut, heute prägen es Geschäfte und Restaurants.

Wer dem Ketchikan folgt, findet zwischen den alten, von dichtem Regenwald gerahmten Holzhäusern so manche schöne Kunstgalerie. Beispielsweise ist die **Soho Coho Art Gallery** *(5 Creek St., Tel. 800/888-4070, www.trollart.com)* das Hauptquartier von Ray Troll, der in seiner Arbeit Meeresfauna in den wildesten Farben und Stilen porträtiert. Gegenüber am anderen Ufer des Baches liegt das **Totem Heritage Center** *(601 Deermount St., Tel. 907/225-5900, Mai–Sept. tägl. 8–17, sonst Mo–Fr 13–17 Uhr, $).* Raven-Fog Woman, ein Totempfahl von Nathan Jackson, steht vor dem Museum. Das Zentrum kümmert sich um die Rettung alter Pfähle aus indianischen Dörfern. Ausgestellt werden auch andere indianische Arbeiten.

TONGASS HIGHWAY

Fahren Sie auf dem South Tongass Highway, der sich entlang der Küste zieht, Richtung Süden. Biegen Sie nach vier Kilometern links ab und fahren Sie auf dem Totem Row einen Block weiter zum **Saxman Totem Park.** Hier steht eine der weltweit größten Sammlungen an Totempfählen. Interessant ist der Pfahl, der an der Spitze die Gestalt des einstigen Außenministers William H. Seward zeigt. Angeblich handelt es sich dabei um einen Spottpfahl, der nach einem Besuch von Seward (1869) geschnitzt wurde. Besucher können für sich selbst umsonst den Park besichtigen oder an einer zweistündigen Führung teilnehmen (diese wird von Saxman Native Village Tours angeboten). Dann geht es auf dem Highway etwa 9,6 Kilometer weiter nach Süden, bis Sie links in die Wood Road zum **Alaska Ra-**

inforest Sanctuary einbiegen. Die knapp zweistündige Führung geht durch ein aufgeforstetes Regenwaldschutzgebiet und zum Eagle Creek Estuary. Halten Sie unterwegs Ausschau nach Schwarzbären, Weißkopfseeadlern, Seehunden und Lachsen. Während der Führung sehen Sie auch ein historisches Sägewerk und das Atelier eines Schnitzers. Im Schutzgebiet gibt es sieben Seilrutschen (Zip-Lines), mit denen man angeschnallt in 40 Meter Höhe über die Baumwipfel des Regenwaldes gleiten kann.

Weitere Totempfähle gibt es im **Totem Bight State Historical Park**, er liegt am North Tongass Highway, 16 Kilometer nördlich der Stadt. Ein kurzer Pfad führt durch einen schönen, am Meer gelegenen Wald zu 14 Totempfählen und einem rekonstruierten Stammeshaus der Tlingit. ∎

☐ **Tipp**

Nehmen Sie die Fähre in Ketchikan, um auf Prince of Wales Island im bergigen Tongass-Regenwald Hunderte von Kilometern nicht mehr genutzter Forststraßen zu entdecken.

DAVID ROHR
NATIONAL GEOGRAPHIC-FELDFORSCHER

SAXMAN TOTEM PARK
☎ 907/225-4166

SAXMAN NATIVE VILLAGE TOUR
☎ 907/225-4421
💲 $$$$. Tickets verkauft der Souvenirladen auf der anderen Straßenseite
www.capefoxtours.com

ALASKA RAINFOREST SANCTUARY
✉ 116 Wood Rd.

☎ 907/225-5503
🕐 Okt.–April geschl.
💲 $$$$$
www.alaskarainforest.com

TOTEM BIGHT STATE HISTORICAL PARK
🗺 Karte S. 59
✉ 9883 N. Tongass Hwy.
☎ 907/247-8574
www.dnr.state.ak.us/parks/units/totembgh.htm

☐ **Wissen**

DIE TSIMSHIAN VON ANNETTE ISLANDS

Die Tsimshian sind, anders als Tlingit, Eyak und Haida, erst spät nach Alaska eingewandert. Die Heimat ihrer Ahnen lag in British Columbia. Ende des 19. Jahrhunderts bat eine Abordnung der Tsimshian unter Führung des anglikanischen Missionars William Duncan die USA um religiöses Asyl. Der Stammesverband erhielt die Erlaubnis zur Ansiedlung auf Annette Island südlich von Ketchikan. Etwa 800 Tsimshian zogen 1887 von Old Metlakatla beim heutigen Prince Rupert (BC) dorthin und gründeten New Metlakatla. Heute heißt die Gemeinde nur Metlakatla. 1891 erkannten die USA die Gemeinschaft formell an und riefen das Annette Islands Reserve ins Leben, das einzige Indianerreservat Alaskas.

Misty Fjords National Monument ist so geheimnisvoll, wie es der Name verspricht. Aus großer Höhe stürzende Wasserfälle, zerklüftete Gebirgsketten und üppiger Wald prägen die Fjordlandschaft. Die Boote dringen tief in die weitgehend unberührte Wildnis vor. Unterwegs sieht man Weißkopfseeadler, Bären und Lachse, vielleicht auch Schwert- und Buckelwale, Hirsche und Fischotter. Nach der Rundfahrt kann man per Wasserflugzeug zurückfliegen.

Von Ketchikan gleitet das Schiff *(eine Liste der Veranstalter hat das Ketchikan Visitors Bureau, siehe S. 61)* ostwärts durch die Tongass Narrows und hinaus in den Revillagigedo Channel. Im Süden liegt Annette Island (siehe Kasten S. 63). Bei Point Alava steuert das Schiff nach Norden in den **Behm Canal** ❶. Der fast gerade Kanal ist eine 160 Kilometer lange und 3,2 bis 6,4 Kilometer breite natürliche Wasserstraße unter niedrigen Bergen und einem Waldsaum aus Hemlocktannen, Fichten und Zedern. Halten Sie in den Baumriesen nach Adlerhorsten und ihren Bewohnern Ausschau.
Nach 12,8 Kilometern hält das Schiff auf das Westufer zu und schiebt sich durch die Engstelle zwischen Revillagigedo Island (auf der Ketchikan liegt) und der kleineren **Rudyerd Island** ❷. Schwarzhändler zogen in den 1920er-Jahren hierher, um während der Prohibition Alkohol aus Kanada über abgelegene Plätze wie Rudyerd Island in die USA zu schmuggeln.
Etwa 24 Kilometer weiter nördlich ragt der **New Eddystone Rock** ❸ 72 Meter aus dem Wasser empor. Der sechs Millionen Jahre alte Lavapfropfen ist der Überrest eines erodierten Vulkans. Seinen Namen verdankt er Kapitän George Vancouver (1793), ihn erinnerte der Fels an den Leuchtturm auf Eddystone Rock im Ärmelkanal.

HINEIN IN DIE RUDYERD BAY

Einige Kilometer nördlich des New Eddystone Rock steuert das Boot nach Osten in die **Rudyerd Bay** ❹. Die Bucht ist einer der namengebenden atemberaubend schönen Fjorde. Wasserfälle stürzen von imposanten Granitklippen herab, deren ausladende Vorsprünge die kaum einen Kilometer breite Wasserstraße noch mehr einengen. Einige Kilometer weiter stoppt das Schiff vor **Punchbowl Cove** ❺, einem nackten 914 Meter hoch aus dem Wasser ragenden Kliff, das nur wenige Kletterer bisher bezwangen. In der Nähe befinden sich Felszeichnungen – angeblich Hinweise auf das Grab eines Tlingit-Schamanen. Einige Kilometer tiefer im Fjord stürzt der **Nooya Creek** ❻ in die Bucht. Mitte Juli bis Ende September lassen sich hier Lachse beobachten, gefolgt von Bären, Seehunden und Adlern, die die Lachse fischen. An der Einmündung des Flusses in die Rudyerd Bay kann man sich für den 30-minütigen Rückflug mit dem Wasserflugzeug nach Ketchikan entscheiden.

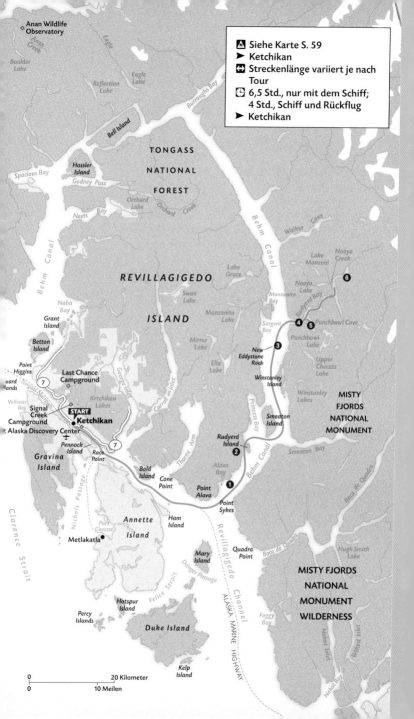

Anan Wildlife
Observatory

Anan
Creek

Eagle

Baulder
Lake

Burroughs Bay

Eagle
Lake

Reflection
Lake

Bell Island

Behm Canal

Walker Cove

Nooya
Creek

◮ Siehe Karte S. 59
▶ Ketchikan
⬌ Streckenlänge variiert je nach
   Tour
◷ 6,5 Std., nur mit dem Schiff;
   4 Std., Schiff und Rückflug
▶ Ketchikan

T O N G A S S

Hassler
Island

Gedney Pass

Spacious Bay

N A T I O N A L

Orchard
Lake

Orchard Creek

Neets
Bay

F O R E S T

Lake
Manzoni

Lake
Grace

R E V I L L A G I G E D O

Swan
Lake

Manzanita
Lake

Manzanita
Bay

Nooya
Lake

Rudyerd Bay

❻

Behm Canal

Naha
Bay

I S L A N D

Grant
Island

Betton
Island

Sargent
Bay

Punchbowl Cove

❹ ❺

Mirror
Lake

New
Eddystone
Rock

❸

Punchbowl
Lake

Point
Higgins

7

Last Chance
Campground

George Inlet

Ella
Lake

Winstanley
Island

Upper
Chocats
Lake

uard
lands

Ketchikan
Lakes

Carroll Inlet

Winstanley
Lakes

M I S T Y

Vallenar
Bay

Signal
Creek
Campground

START
● Ketchikan

● Alaska Discovery Center

Pennock
Island

7

Smeaton
Island

F J O R D S

N A T I O N A L

M O N U M E N T

Gravina
Island

Race
Point

Bold
Island

Thorne Arm

Cone
Point

Rudyerd
Island

❷

Princess Bay

Smeaton Bay

Boca de Quadra

Point
Alava

Alava
Bay

❶

Behm Canal

Nichols Passage

Annette
Island

Ham
Island

Point
Sykes

● Metlakatla

Port
Chester

Mary
Island

Quadra
Point

Boca de Quadra

Hugh Smith
Lake

Clarence

Danger Passage

Felice Strait

Revillagigedo Channel

M I S T Y   F J O R D S

Strait

Hotspur
Island

ALASKA MARINE HIGHWAY

N A T I O N A L

Percy
Islands

Duke Island

Foggy
Bay

M O N U M E N T

Nahlin Inlet

Willmot Inlet

Kelp
Island

| 0 | 20 Kilometer |
| 0 | 10 Meilen |

Wer das echte Südostalaska erleben will, sollte nach Wrangell fahren. Die gastfreundliche 2400-Einwohner-Stadt liegt an der Nordspitze von Wrangell Island. Man kommt leicht mit Einheimischen im Café ins Gespräch. Der Ort ist der Ausgangspunkt für Fahrten zum LeConte Glacier, Anan Wildlife Observatory und Stikine River – Highlights im Südosten Alaskas.

Das Wrangell Visitor Center liegt im James and Elsie Nolan Center mit dem **Wrangell Museum**. Es dokumentiert die besondere Geschichte der Stadt – als einzige wurde sie nacheinander von vier Herren regiert: Tlingit, Russen, Briten und Amerikanern. Im Eingangsbereich stehen vier der ältesten geschnitzten Hauspfähle Alaskas, allesamt Tlingit-Arbeiten (Ende 18. Jh.). Das Museum zeigt Fotos aus den rauen Zeiten des 1861 einsetzenden Goldrausches am Stikine.

Vom südlichen Ende des Zentrums führt eine schmale Fußgängerbrücke nach **Chief Shakes Island** *(Ende der Shakes St.)*. Diese Oase der Ruhe liegt mitten in der dynamischen Hafenstadt. Sehenswert ist das **Shakes Tribal House**, das von Totempfählen umgeben ist. Über den Strand der **Petroglyph Beach State Historic Site** (1,6 km nördlich der Stadt) liegen ältere Kunstwerke verstreut, möglicherweise sind sie 8000 Jahre alt. Wer die Felsblöcke und das nahe der Plattform liegende Gestein genau studiert, wird geheimnisvolle Steinritzungen entdecken, darunter Symbolfiguren wie Schwertwale.

Südlich der Stadt liegt Wrangell Island. Einer der schönsten Pfade, der **Rainbow Falls Trail** *(Tongass National Forest, Wrangell Ranger District, Tel.*

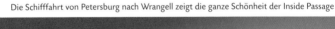

Die Schifffahrt von Petersburg nach Wrangell zeigt die ganze Schönheit der Inside Passage

Erlebnis

TAUCHEN

Tauchen in Alaska? Das klingt so unwahrscheinlich wie Skifahren in der Sahara. Doch eine erstaunliche Anzahl von Tauchern stürzt sich in die eisigen Küstengewässer Alaskas und wird mit einem Blick auf die reiche Unterwasserwelt belohnt. Viele Tiere finden die Wassertemperatur von 10 °C angenehm. Taucher entdecken zwischen dem Tang Gelbe Haarquallen, einen Meter hohe Seeanemonen, Seegurken und viele andere faszinierende Arten. Taucher brauchen einen guten Schutz gegen die Kälte, doch einige Ausrüster bieten das nötige Equipment, dazu Unterricht und Ausflüge (als Anfang hilft die Website *www.akscuba.com*). In Südostalaska und eventuell auch auf der Kenai Peninsula und im Prince William Sound lässt sich wunderbar tauchen.

907/874-2323), beginnt nur 7,5 Kilometer südlich von Wrangell am Zimovia Highway. Der Weg windet sich 1,1 Kilometer durch alten Wald bis zu den 30,5 Meter hohen Rainbow Falls.

ATTRAKTIONEN IN DER NÄHE

Der 56 Kilometer entfernt liegende **Anan Creek** weist den größten Buckellachs-Schwarm im Südosten auf. Besucher können vom **Anan Wildlife Observatory** aus fischende Bären beobachten *(Tongass National Forest, Tel. 907/225-3101, www.fs.usda.gov/tongass, im Juli und Aug. nur mit Voranmeldung)*. Ein weiteres Highlight ist der **LeConte Glacier** (40 km nördlich von Wrangell), der in einem von schneebedeckten Bergen eingerahmten Fjord liegt. Regelmäßig brechen hier Eisberge ins Meer ab. In der Nähe liegt eine Seehundaufzuchtstation.

Das Wrangell nächstgelegene Naturwunder ist der 643 Kilometer lange Stikine River, der eine Region in British Columbia entwässert. In Wrangell starten Jetboottouren *(Informationen im Wrangell Visitor Center)*; die Tagesausflüge führen durch eine wilde Landschaft mit Gletschern, Eisbergen und heißen Quellen, in der es Bären, Elche, Lachse auf Laichwanderung und Weißkopfseeadler gibt. Hartgesottene buchen die zweitägige Tour (234 km flussaufwärts nach **Telegraph Creek**, der einzigen Siedlung am Stikine River). ∎

WRANGELL
🅰 Karte S. 59
Besucherinformation
✉ Wrangell Visitor Center,
   293 Campbell Dr.
☎ 800/367-9745
www.wrangell.com

WRANGELL MUSEUM
✉ 296 Campbell Dr.
☎ 907/874-3770
🕐 Mai–Sept. So geschl., Okt.–April
   Di–Sa 13–17 Uhr

Petersburg ist stolz auf seine norwegischen Wurzeln und nennt sich Alaskas »Little Norway«. Das norwegische Erbe ist unübersehbar, sei es durch das alljährliche Little Norway Festival, durch das nachgebaute Wikingerschiff oder durch die Bauernmalerei auf den Hausfassaden. Die Technik des farbenfrohen Rosemaling entwickelte sich Mitte des 18. Jahrhunderts in Norwegen.

⬜ Tipp

Etwa zwei Stunden nördlich von Petersburg in Richtung Juneau gibt es einen Platz, an dem sich häufig Buckelwale versammeln; von den Fähren aus sind sie gut zu sehen.

ROWLAND SHELLEY
NATIONAL GEOGRAPHIC-FELDFORSCHER

Das saubere Städtchen liegt auf der Nordspitze von Mitkof Island. Die Berge und die schmalen Wasserstraßen erinnerten die Gründer Petersburgs an die Fjordlandschaft Norwegens. Die Fischerei ist der wichtigste Industriezweig der Stadt. In drei nebeneinanderliegenden Hafenbecken ankern Hunderte Fischerboote. Einige der am Kai liegenden Verarbeitungsbetriebe bieten Touren an *(Infos im Petersburg Visitor Center)*. Einen Block hinter Middle und South Harbor verläuft die **Sing Lee Alley,** der historische Kern der Stadt und ein reizvolles Einkaufsviertel. An der Straße liegen **Sing Lee Alley Books** *(11 Sing Lee Alley, Tel. 907/772-4440)* mit Büchern und Karten über Alaska und **The Party House** *(14, Sing Lee Alley, Tel. 907/772-2717)* mit Souvenirs in schöner Bauernmalerei. Bei **Tonka Seafoods** *(1200 S. Nordic Dr., Tel. 907/772-3662 oder 888/560-3662)* kann man Lachs und andere Meeresfrüchte kaufen. Die **Sons of Norway Hall** *(23 Sing Lee Alley, Tel. 907/772-4575)* wurde 1912 über dem Hammer Slough auf Stelzen errichtet. Alle über dem Morast er-

⬜ Wissen

HÜTTEN

Wenn Sie die Natur rund um Petersburg genießen und ein Dach über dem Kopf haben möchten, können Sie eine Blockhütte mieten. Die einfachen Unterkünfte (4–6 Betten, ein Tisch, Stühle und vielleicht ein Holz- oder Ölofen) liegen oft in abgelegenen, malerischen Gegenden und sind nur mit Kleinflugzeugen oder Boot zu erreichen. Doch es gibt auch einige Wanderwege oder Straßen. Die Hütten können bis zu sechs Monate im Voraus gebucht werden. **Southeast Tongass National Forest** *(Tel. 907/228-6220, www.fs.usda.gov/tongass)* besitzt mehr als 170 dieser Hütten.

In Petersburg sind das norwegische Erbe und die lange Fischereitradition überall sichtbar

richteten Häuser zeigen schöne Beispiele des norwegischen Rosemaling (»Rosenmalerei«).Das **Clausen Memorial Museum** ist der beste Ort, um etwas über die Geschichte und Kultur zu erfahren. Es zeigt Tlingit-Artefakte, eine riesige Leuchtturmlinse und ein Einbaum-Kanu.

MITKOF HIGHWAY

Der Highway führt Richtung Süden entlang der landschaftlich schönen Wrangell Narrows und ist ideal, um einige der entlegenen Gebiete auf Mitkof Island kennenzulernen. Der Highway wird kurz vor Ende zu einem Schotterweg. Bei Meile 14 kreuzt die Straße den **Blind River Rapids Boardwalk,** einen 400 Meter langen Plankenweg über die Sümpfe. Der Weg endet bei einem Angelplatz. Kurz hinter dem Bohlenweg *(boardwalk)* biegt der Highway ins Inselinnere ab und führt weiter nach Südosten. Vom **Blind Slough Swan Observatory** bei Meile 16,2 lassen sich im Spätherbst Trompeterschwäne beobachten, die hier rasten. Etwas flussabwärts sieht man im Sommer Lachse und fischende Bären. Auf den letzten Kilometern führt der Highway direkt am Ostufer der Insel entlang, sodass man zur Mündung des Stikine River hinüberschauen kann (siehe S. 67). Bootsausflüge werden von Veranstaltern in Petersburg oder Wrangell organisiert; Info bei den Visitor Centern vor Ort. ■

PETERSBURG
🔺 Karte S. 59
Besucherinformation
✉ Petersburg Visitor Information
Center, 1st und Fram Sts.
☎ 907/772-4636
🕐 Sa–So geschl.
www.petersburg.org

CLAUSEN MEMORIAL MUSEUM
✉ 203 Fram St.
☎ 907/772-3598
🕐 März–April, Sept.–Dez. Fr, Sa 10–
17, Mai–Aug. Mo, Sa 10–17 Uhr,
Jan., Feb. geschl.
💲 $
http://clausenmuseum.com

Auch wenn Abgeschiedenheit hier nichts Besonderes ist, liegt Sitka doch besonders abgelegen und weitab der Inside Passage. In dem einzigen Hafen in Südostalaska, der von Kreuzfahrtschiffen über den Marine Highway angelaufen wird, blickt man von Sitka aus auf den Pazifik. Winterstürme sind zwar häufig, aber das Sommerwetter ist ähnlich dem anderswo in der Region.

Die russisch-orthodoxe Kirche St. Michael's Cathedral liegt am Ende der Lincoln Street

Novo Archangelsk – der alte russische Name für Sitka – war in der ersten Hälfte des 19. Jahrhunderts die Hauptstadt des russischen Besitzes Alaska und verfügte über einen geschäftigen Hafen. Um 1830 war Sitka eine hoch entwickelte Stadt. Im heutigen Sitka (8900 Einw.) erinnert noch vieles an diese glanzvolle Ära. Und die fünftgrößte Stadt Alaskas hat immer noch einen dynamischen Hafen.

CASTLE HILL

Die **Baranof Castle Hill State Historic Site** *(zw. John O'Connell Bridge und der Rückseite der Harry Race Pharmacy auf der Lincoln St.)* ist ein idealer Startpunkt. Der 30 Meter hohe Castle Hill, von dem man einen 360°-Panoramablick genießt, ist die Geburtsstätte des amerikanischen Alaska. Am 18. Oktober 1867 holten die Russen hier ihre Flagge ein, die Amerikaner hissten das Sternenbanner: Der Eigentumswechsel war vollzogen.

Beim Rundgang begeistert immer wieder die atemberaubend schöne Lage der Stadt: im Norden und Osten Berge und Wälder, im Süden und Westen Inseln und das offene Meer. Das Zentrum mit seinen wenigen Straßenzügen bildet ein Quadrat und liegt unmittelbar unterhalb von Castle Hill. Das übrige Sitka, zumeist Wohnviertel, zieht sich über mehrere Kilometer in Ost-West-Richtung an der Küste entlang.

Im Süden liegt der Besucherkai an der John O'Connell Bridge. Da Sitka keinen Anlegeplatz für große Kreuzfahrtschiffe hat, werden während des Sommers ständig Passagiere von Tendern zwischen den im Seehafen ankernden Schiffen und dem O'Connell-Kai hin- und hergefahren.

LINCOLN STREET UND UMGEBUNG

Wenn Sie, vom Castle Hill kommend, Sitkas Hauptgeschäftsstraße, die Lincoln Street, hinaufbummeln, kommen Sie an der ersten Kreuzung links zur Katlian Street. Das Gebäude mit dem geschnitzten und bemalten Eingang, das **Sheet'ka Kwaan Naa Kahidi Tribal Community House** *(456 Katlian St., Tel. 907/747-7290 oder 888/270-8687, www.sitkatours.com)* ist eine moderne Version eines traditionellen Clanhauses. Während des Sommers wird hier von den bekannten Naa Kahidi Native Dancers eine halbstündige Gesangs- und Tanzvorführung geboten. Die traditionell kostümierten Tänzer treten, wenn die großen Kreuzfahrtschiffe im Hafen liegen, ein- bis dreimal täglich auf. Privatvorführungen sind möglich *(Kontakt: Community House)*. Unweit des Kais an der John O'Connell Bridge liegen viele Souvenirläden und Luxusgeschäfte. Dazwischen finden sich auch ein paar beachtenswerte india-

SITKA
🔳 Karte S. 59
Besucherinformation
✉ Sitka Convention & Visitors Bureau, Box 1226, 303 Lincoln St., Sitka, AK 99835

☎ 907/747-8640
www.sitka.org

━━━━━━━━━━━━━━━━━━ ☐ Wissen ━━━━━━━━━━

MIT DEM WOHNMOBIL

Sie sind zwar nicht so zahlreich wie die Stechmücken, doch im Sommer sind Wohnmobile auf Alaskas Straßen kein seltener Anblick. Einige Reisende möchten halten, wo es ihnen gefällt, andere scheuen die Unterkunftskosten. Viele haben lieber Metall als Nylon zwischen sich und den Bären. Die meisten Wohnmobilverleiher gibt es in Anchorage. Sie verlangen durchschnittlich 250 Dollar pro Tag, manche bieten einen Pickup mit Wohnkabine schon ab 150 Dollar pro Tag an. Seien Sie nett zu den Autofahrern hinter Ihnen und lassen Sie sie überholen.

16 Kilometer von Sitkas Hafen entfernt, ragt der Mount Edgecumbe majestätisch in die Höhe

nische Geschäfte und Galerien. Die **Artist Cove Gallery** *(241 Lincoln St., Tel. 907/747-6990)* stellt Werke lokaler Künstler und Arbeiten von Künstlern der Nordwestküste und der Südostküste sowie von den Inupiat aus.

Vier Blocks vom Hafen entfernt, teilt sich die Lincoln Street an der Einmündung des Cathedral Way und verläuft beidseitig der **St. Michael's Cathedral** *(Tel. 907/747-8120, Führungen zu verschiedenen Zeiten, Spende)*. Die schöne russische Kirche entstand 1840. Das ursprüngliche Gebäude brannte 1966 nieder, die Bewohner konnten jedoch viele Ikonen retten. 1967 entstand am alten Platz ein fast originalgetreuer Nachbau. Die Geschichte Sitkas lässt sich im **Sitka History Museum** *(330 Harbor Dr., Tel. 907/747-6455, www.sit kahistory.org, Mai–Sept. So geschlossen, restliches Jahr So, Mo, $)* in der Harrigan Centennial Hall unweit des Zugangs zum Crescent Harbor nachvollziehen. Das Herzstück bildet ein Stadtmodell von Sitka im Jahr 1867. In der Harrigan Centennial Hall treten auch die beliebten **New Archangel Dancers** *(208 Smith St., Tel. 907/747-5516, www.newarchangeldancers.com, Shows im Sommer, $$)* auf: Die Frauentanzgruppe zeigt russische Volkstänze.

SITKA NATIONAL HISTORICAL PARK

Der Park erinnert an die 1804 zwischen den Tlingit und den Russen ausgetragene Schlacht. Das **Russian Bishop's House** zwischen den Querstraßen Monastery und Baranof an der Lincoln Street entstand 1842 und ist eines von nur vier original russischen Bauwerken in der westlichen Hemisphäre. Das Gebäude war bis 1969 Sitz der Bischöfe, die von hier aus die Diözese der russisch-orthodoxen Kirche leiteten. Dazu gehörten Teile Alaskas, Sibiriens und die Pazifikküste bis hinunter nach Kalifornien. Im Erdgeschoss sind reich bestickte Talare und ein großer Messing-Samowar ausgestellt. Die **Tlingit Fort Site** liegt einige Straßen hinter dem alten Bischofssitz am Ende der Lincoln Street. Im **Visitor Center and Southeast Indian Cultural Center** werden Exponate zur Entwicklung beider Kulturen in der Zeit vor und nach dem Konflikt präsentiert. Zu den interessantesten Exponaten zählen etwa der Zeremonialdolch mit Abalone-Intarsien und das aus bunten Perlen gefertigte Lätzchen. Einheimische Künstler arbeiten hier im Zentrum, die Besucher können ihnen beim Schnitzen oder Weben zuschauen. Durch den Wald des dazugehörigen Parks, der sich bis zum Sitka Sound und der Mündung des Indian River erstreckt, ziehen sich viele leichte Wege. Zu dem Areal südlich der Flussmündung gehören Totempfähle und das ehemalige Schlachtfeld. In der nördlichen Zone liegen ein Picknickgelände und das Russian Memorial. Am Nordrand des Parks stößt man auf das **Alaska Raptor Center.** Hier werden verschiedenste Vogelarten gesund gepflegt, unter anderem der

SITKA NATIONAL HISTORICAL PARK
✉ 106 Monastery St.
☎ 907/747-0110
🕐 Visitor Center: Mai–Sept. tägl. 8–17, sonst Di–Sa 9–15, So, Mo nach Vereinbarung; Russian

Bishop's House: Mai–Sept. tägl. 9–17 Uhr, Okt.–Mai Di–Fr Touren nach Vereinbarung
💲 $ (Führung im Russian Bishop's House)
www.nps.gov/sitk

Stein- und der Weißkopfseeadler sowie die Schnee-Eule. Unmittelbar westlich des Parks liegt das großzügig gebaute **Sheldon Jackson Museum** mit einer der besten indigenen Kunstsammlungen Südostalaskas. Ende des 19. Jahrhunderts trug sie der Lehrer und Missionar Reverend Sheldon Jackson aus ganz Alaska zusammen – von Schamanenmasken über geschnitzte Schüsseln in Bärenform bis hin zu Walrossbein-Rüstungen und Fischhaut-*mukluks* (Stiefel). Die Inuit-Montur für den Walfang etwa ist aus Bartrobbenfell gefertigt und wasser- und luftdicht.

STARRIGAVAN RECREATION AREA

Rund um Sitka erstreckt sich der Tongass National Forest. Elf Kilometer nördlich der Stadt an der Halibut Point Road bietet das Erholungsgelände Starrigavan Recreation Area leichten Zugang zum Wald. Drei Wanderwege wurden angelegt, die Besuchern die wichtigsten Ökosysteme der Region vorstellen. Wer Genaueres wissen will, sollte an einer der geführten Wanderungen teilnehmen, die von Veranstaltern in Sitka oder der gemeinnützigen Organisation Sitka Trail Works *(801 Halibut Point Rd., Tel. 907/747-7244, www.sitkatrailworks.org)* angeboten werden. Diese errichtete den größten Teil der Wanderwege rund um Sitka. Um in Starrigavan zu wandern oder andere Touren mit einem Trail-Work-Mitarbeiter zu machen, ist

--- ☐ Erlebnis ---

SEEKAJAKFAHREN

Seekajakfahren geht bis auf jene Zeit zurück, als Inuit und Aleuten in ihren Umiaks und Baidarkas aus Tierhaut, den Vorläufern der heutigen Seekajaks, jagten. Moderne Materialien haben die Seehundhaut ersetzt, doch das Erlebnis hat sich fast nicht geändert: das Gleiten entlang der malerischen Küste in Gesellschaft von Bergen, Orcas, Weißkopfseeadlern, Gletschern und Seeottern.

Alaska lockt Wassersportler mit 10 600 Kilometern Küste, doch am besten fürs Kajakfahren eignen sich Südostalaska und der Prince William Sound – wegen der Schönheit, der Tiere und der Vielzahl an geschützten Gewässern. Viele Besucher buchen wegen der Risiken, des benötigten Equipments und des erforderlichen Wissens eine geführte Tour. In den Städten des Südostens gibt es jede Menge Anbieter von Kajaktouren, unter denen Sie wählen können. Kontaktieren Sie zunächst das **Alaska Sea Kayaking Symposium** *(www.alaskaseakayaking.org unter Kayaking Resources).*

Zu den Touren gehört oft Unterricht für Anfänger; sie können von einer Stunde bis hin zu Wochen dauern. Es gibt Fahrten, bei denen Teilnehmer und Führer sich die Pflichten teilen, bis hin zu anderen mit Gourmetdinners und Zelten. Einige Anbieter haben Spezialtouren im Programm, etwa zur Walbeobachtung oder zu Gletscherbesuchen.

Die Architektur des Sheldon Jackson Museum ist an sich schon ein Kunstwerk

es am besten, diese eine Woche im Voraus zu buchen. Teilnehmer müssen 20 Dollar bezahlen und sich der Organisation anschließen.

Der leichte **Forest and Muskeg Trail** (1,2 km) schlängelt sich durch Fichten- und Hemlocktannenwald und führt auf einem Plankenweg durch das *muskeg* (Hochmoor mit Baumbestand). Im Moor wachsen niedrige Moose und Zwerg-Sonnentau. Am östlichen Ende des Wegs beginnt nach der Brücke über den Starrigavan Creek der **Estuary Life Trail**. Der 400 Meter lange Plankenweg leitet über die sumpfige Bachmündung.

ALASKA RAPTOR CENTER
- ✉ 1000 Raptor Way
- ☎ 907/747-8662 oder 800/ 643-9425
- ⏱ Anfang Mai–Ende Sept. tägl. 8–16 Uhr (mit Ausnahmen)
- 🔲 $$$
www.alaskaraptor.org

SHELDON JACKSON MUSEUM
- ✉ 104 College Dr.
- ☎ 907/747-8981
- ⏱ Tägl. 9–17 Uhr
- 🔲 $
http://museums.alaska.gov

STARRIGAVAN RECREATION AREA
- 🅰 Karte S. 59
- ✉ Tongass National Forest, Sitka Ranger District, 204 Siginaka Way, Suite 109, Sitka, AK 99835
- ☎ 907/747-6671
www.fs.fed.us/wildflowers/ regions/alaska/Starrigavan

Vom Beobachtungsstand am Ende des Estuary Life Trail sind es 200 Meter nach Norden zum Campingplatz des Erholungsgeländes. Am Nordende des Platzes beginnt der schönste Wanderweg: der **Mosquito Cove Trail**. Der Rundweg (2 km) führt 1,2 Kilometer lang am schönen Ufer der Starrigavan Bay und der Mosquito Cove entlang, dann schlängelt er sich durch das Herz des gemäßigten Küstenregenwaldes wieder zurück zum Ausgangspunkt.

SITKA SOUND

Die Meerenge ist der Lebensraum einer Vielzahl mariner Lebewesen. Außer den größeren Säugetieren wie Wal, Robbe und Seeotter bevölkert eine Vielzahl kleinerer Lebewesen die kühlen Meeresgründe Alaskas, die zu den fruchtbarsten der ganzen Welt zählen. Einige Hartgesottene gehen hier zum Tauchen, um dieses kleine Reich von Seegurken, Seenadeln, Ohrschnecken, Gestreiften Seewölfen und Felsenkrabben zu entdecken. Die meisten Besucher ziehen es jedoch vor, von festem Boden aus einen Blick auf diese Wasserwelt zu werfen, indem sie eine Tour zum **Sitka Sound Science Center** unternehmen – inklusive Lachsaufzuchten und Aquarien.

Hunderte von Schiffen kreuzen im Sound und in den entfernteren Küstengewässern. Die meisten haben sich auf Angler spezialisiert. Die schönsten Kreuzfahrten für Nicht-Angler bietet die kleine Yacht »MV Sea Life Discovery«. Auf ihnen lernt man die gesamte Vielfalt des Sound kennen (*www.discoveryvoyages.com*). Unterwegs sieht man auf dem Rücken schwimmende Seeotter, die genüsslich Schalentiere fressen oder ihre Jungtiere liebkosen. Ein lohnendes Ziel ist der gewaltige **Mount Edgecumbe**. Der Vulkan überragt das 16 Kilometer von Sitka entfernt liegende Kruzof Island. Durchtrainierte Bergwanderer können auf den Gipfel wandern und klettern (11 km) – der Weg beginnt bei der Hütte am Fred Creek. Meist sieht man auf der Fahrt mindestens einen Buckelwal. Der Kapitän stellt dann den Motor ab, damit das Blasen des Tieres zu hören ist.

> ──── ☐ **Tipp** ────
>
> **In Sitka findet jedes Jahr im November ein Walfest statt mit Schiffsausflügen, naturhistorischen Vorträgen und einem Einblick ins Leben außerhalb der Saison.**
>
> VOLKER DEECKE
> NATIONAL GEOGRAPHIC-FELDFORSCHER

SITKA SOUND SCIENCE CENTER
✉ 834 Lincoln St.
☎ 907 / 747-8878

☺ Mitte Mai–Sept. So geschl., restl. Jahr So, Mo, Mi, Fr geschl.
💲 $
www.sitkascience.org

Bei ruhiger See steuert das Schiff auch **St. Lazaria Island** an, ein Landgang ist nicht gestattet. Die Insel gehört zum **Alaska Maritime National Wildlife Refuge** (siehe S. 186f). Das Wildlife Refuge besteht aus etwa 2500 küstennahen Inseln, Felsen und Landzungen.

Die etwa 26 Hektar große Insel St. Lazaria ist der sommerliche Nistplatz von Tausenden von brütenden Seevögeln: Dreizehenmöwen segeln um die Klippen, Kormorane öffnen ihre Flügel zum Trocknen, und die Papageitaucher tauchen nach Futter. ■

Winzige bewaldete Inseln, manche von ihnen sogar bewohnt, ragen aus dem Sitka Sound

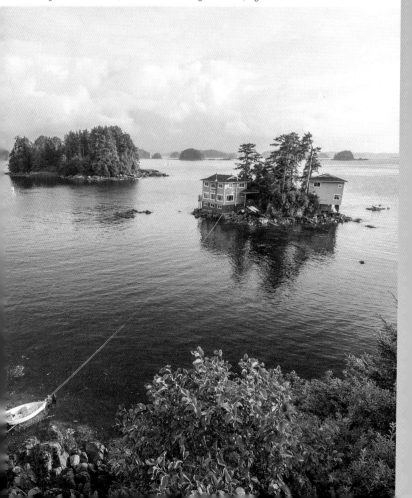

Der Südosten Alaskas ist eine Wasserwelt. Wer sie hautnah erleben will, muss mit dem Schiff durch die Inside Passage fahren. Die marine Hauptverkehrsader zwischen Vancouver in British Columbia und Skagway in Alaska ist 1667 Kilometer lang und verbindet verschiedene Siedlungen.

Vor den schneebedeckten Gipfeln wirken selbst die Kreuzfahrtschiffe klein

Die Inside Passage schlängelt sich zwischen Hunderten von Inseln hindurch, zwängt sich durch Meeresstraßen, Meerengen und Sunde. Inseln schirmen die Wasserstraße von den heftigen Stürmen des Pazifiks ab, doch ist das Navigieren immer noch gefährlich: Es gibt Sommernebel, Stromschnellen, Rippströmungen, Strudel, Eisberge und Sandbänke. Trotz all dieser Risiken ist eine Schiffsreise durch die Inside Passage eines der größten Naturerlebnisse im Leben eines jeden Reisenden. Etwa 20 000 Touristen fliegen direkt in eine der Hafenstädte an der Inside Passage – rund 850 000 kommen im Rahmen einer Kreuzfahrt. Manche durchfahren die Inside Passage mit eigenen Schiffen oder gecharterten Yachten bzw. Motorbooten. Alle anderen reisen entweder an Bord eines großen Luxusliners, eines kleinen Kreuzfahrtschiffes oder einer der Fähren des Alaska Marine Highway System.

LUXUSLINER

Fast alle Reisenden entscheiden sich für eine Passage auf einem der großen Kreuzfahrtschiffe – von denen einige bis zu 2500 Passagiere an Bord haben. Neben den Bordaktivitäten werden Landausflüge angeboten, die vom Einkaufsbummel über Busexkursionen und Kajakfahrten bis hin zu Helikopterflügen auf die Gletscher reichen. Die Dauer der Landgänge schwankt zwischen wenigen Stunden und einem ganzen Tag.

SMALL CRUISE SHIPS

Die kleineren Kreuzfahrtschiffe bringen ihre Passagiere näher ans Land. Je nach Schiffsgröße sind zehn bis 250 Passagiere an Bord. Durch ihre geringere Größe und den geringen Tiefgang können sie in Winkel vordringen, in die die Schiffsgiganten gar nicht hineinpassen. Wichtiger noch: Hier steht das Erlebnis Südostalaska im Vordergrund, nicht die Unterhaltung an Bord. Ausgewiesene Naturforscher oder Einheimische indianischer Abstammung halten Vorträge. Ziel der Landausflüge sind meist weniger überlaufene Plätze. Und die Nachteile? Die Schiffe bieten weniger Annehmlichkeiten wie die Luxusliner und sind oftmals teurer als diese.

ALASKA MARINE HIGHWAY

Hinter dem jüngst vom US-Verkehrsministerium als »All American Road« anerkannten Alaska Marine Highway System (AMHS) verbirgt sich das Streckennetz der staatlichen Fähren Alaskas. Mit den elf Fähren der Flotte werden Fahrzeuge wie auch Passagiere befördert. Die Fährschiffe, die 33 Orte (zehn entlang der Inside Passage) anlaufen, sind das wichtigste Verkehrsmittel der Einheimischen. Die Fähren auf der Hauptstrecke haben Platz für 450 bis 500 Passagiere. Zwischen kleineren Orten verkehren Schiffe mit 150 bis 250 Fahrgästen an Bord. Durch den festen Fahrplan ist es möglich, zwischendurch auszusteigen, zu verweilen und mit einem anderen Schiff weiterzufahren. Verglichen mit den Kreuzfahrtschiffen ist das Reisen per Fähre preiswert, die Schiffe sind in gutem Zustand und im Allgemeinen sicher. Auch auf einen gewissen Komfort muss man nicht verzichten: Es gibt Einzelkabinen, einfache Restaurants, Filmvorführungen und Duschen. Nachts zelten einige Passagiere auf den überdachten Decks. Im Sommer ist eine Reservierung für Autoreisende, aber auch alle, die eine Kabine wollen, notwendig. Mehr über den AMHS siehe Reiseinformationen (S. 269).

☐ Erlebnis

EINE KREUZFAHRT AUSWÄHLEN

Viele Firmen bieten Reisen durch die Inside Passage an. Im Folgenden finden Sie eine Auswahl – von kleineren Jachten bis hin zu Ozeanriesen.

Holland America Line *(Tel. 877/932-4259, www.hollandamerica.com):* Hier werden die verschiedensten Fahrten angeboten auf Schiffen bis zu 2000 Passagieren. Es gibt reichlich Unterhaltung an Bord und ausgezeichnete Vorträge.

Pacific Catalyst II, Inc.*(Tel. 800/378-1708 oder 360/378-7123, www.pacificca talyst.com)* Die 23 Meter lange hölzerne Catalyst wurde 1932 als ozeanografisches Forschungsschiff für die University of Washington gebaut. Heute bringt es bis zu zwölf Passagiere durch die Inside Passage. Langsam fährt es durch die Nebengewässer bis zu abgelegenen Buchten, um eine geruhsame Teilhabe an Alaskas Naturwundern zu gewährleisten.

Un-Cruise Adventures *(Tel. 888/862-8881, www.un-cruise.com).* Die Linie bietet auf ihren sieben Motoryachten mit Kapazitäten zwischen 22 und 88 Passagieren eine Kombination von Erholungs- und Abenteuerurlaub. Sie haben die Wahl zwischen dynamischen Reiserouten, vollgepackt mit Wandern, Kajakfahren und Gletscher-Trekking, bis zu Ausflügen, bei denen sich Natur- und Wildbegegnungen mit Gourmetmahlzeiten, Yoga und Massagen die Waage halten.

Juneau ist nicht das, was man sich unter der Hauptstadt eines US-Bundesstaates vorstellt: Die Kapitale hat keine Verbindungsstraßen zur Außenwelt, Bären trotten manchmal durch die Stadt, und ihre Lage ist umwerfend schön. Juneau wurde am Ufer des Gastineau Channel gebaut – hinter der Stadt erheben sich dicht bewaldete Berge, die unvermittelt hoch aufsteigen.

Im Zentrum Juneaus stehen noch viele historische Gebäude aus der Goldrausch-Ära

Juneau (33 000 Einw.) ist die drittgrößte Stadt Alaskas. Sie bietet ein breites Angebot an Unterkünften und ist das Tor zu vielen Sehenswürdigkeiten.

HISTORISCHES STADTZENTRUM

Juneau hat es dem Glück und dem heroischen Einsatz der Freiwilligen Feuerwehr zu verdanken, dass es in ihrer ganzen Stadtgeschichte nie von einem Großbrand heimgesucht wurde. Im Altstadtdistrikt stehen noch 143 Gebäude, die vor 1914 errichtet wurden, allein 60 sind über hundert Jahre alt und wurden vor 1904 erbaut. Über 20 Totempfähle und Kunstwerke schmücken die Straßen. Auch die Wohnviertel, die sich die steilen Berghänge hinaufziehen, sind sehenswert. Da die Behörden das Leben in Alaskas Hauptstadt bestimmen, scheint es nur logisch, die Besichtigung Juneaus am **Alaska State Capitol** zu beginnen. In dem etwas langweiligen Backsteinbau (1931) waren früher die Legislative, der Gouverneur, das Postamt und Gerichtssäle untergebracht. Im ersten Stock zeigt eine Ausstellung historische Fotografien.

—— ☐ Wissen ——

REGENMONTUR

Alaska kann zu jeder Jahreszeit kalt und feucht sein – vor allem an der Süd- und Südwestküste, wo der jährliche Niederschlagsdurchschnitt vielerorts bei über vier Metern liegt. Bringen Sie daher Regenjacke, Regenhut und sogar Regenhosen mit. Allerdings sollten Sie im Voraus sicherstellen, dass Ihre Regenmontur den Regen auch wirklich abweist und nicht nur langsamer hindurchlässt. Erweist sich vermeintlich wasserabweisende Kleidung als lediglich wasserfest, kann dies in der Wildnis unangenehm und sogar gefährlich werden.

Gegenüber vom State Capitol steht auf der anderen Seite der Main Street das **Juneau-Douglas City Museum,** das sich der Stadtgeschichte widmet. Dort erfährt man, wie zwei Goldschürfer und ein Tlingit-Häuptling 1880 den schnellsten Goldrausch aller Zeiten ins Rollen brachten: Etwa einen Monat nachdem Häuptling Kowee die Schürfer Joe Juneau und Richard Harris zur Hauptader oberhalb des Gold Creek (heute Silver Bow Basin) geführt hatte, kamen die ersten Schiffe mit Möchtegern-Millionären. Viele Millionen Unzen Gold wurden gefunden. Das Modell der Perseverance Mine zeigt, wie große Bergwerksgesellschaften das Gold in mühevoller Kleinarbeit aus dem Gestein extrahieren mussten. Nicht zu übersehen ist der 13,7 Meter hohe Haida-Totempfahl vor dem Museum.

An eine andere wichtige Phase in der Geschichte Juneaus wird einige Straßen bergaufwärts in der Seventh Street erinnert, im Museum **House of Wickersham.** 1928 erwarb James Wickersham, ein prominenter alaskischer Anwalt, Politiker, Richter, Autor und Historiker, das stattliche Haus

JUNEAU
🗺 Karte S. 59
Besucherinformation
✉ Centennial Hall Visitor Center, 101 Egan Dr.
☎ 907/586-2201 oder 888/581-2201
www.traveljuneau.com

ALASKA STATE CAPITOL
✉ 4th und Main Sts.
☎ 907/465-3853
🕐 Führungen Mitte Mai–Ende Sept. tägl. 7–17 Uhr

JUNEAU-DOUGLAS CITY MUSEUM
✉ 114 W. 4th St.
☎ 907/586-3572
🕐 Di–Sa 10–16 Uhr
💲 $
www.juneau.org/parksrec/museum

WICKERSHAM STATE HISTORIC SITE
✉ 213 7th St.
☎ 907/586-9001
🕐 Mai–Okt. So–Do 10–17 Uhr
💲 $
http://dnr.alaska.gov/parks/units/wickrshm.htm

(1898). Wickersham spielte eine maßgebliche Rolle in den Bemühungen, Alaska zum US-Territorium zu machen, was schließlich 1912 gelang. Sein Ziel, für Alaska den Status eines US-Staates zur erreichen, erlebte er nicht mehr. Der Besuch des Hauses gibt Einblick in das Leben des Richters und zeigt seine Sammlung.

ALASKA STATE MUSEUM

Das Alaska State Museum ist eine wahre Schatztruhe mit interessanten heimischen Artefakten, Bildern und naturgeschichtlichen Objekten. Das Erdgeschoss beherbergt Raritäten wie einen aus rund 200 Karibu-Kieferknochen gefertigten Gürtel oder jahrhundertealte Flechtkörbe. Oder einen Aleuten-Jagdhut, den ein Gegenwartskünstler aus dünnem, unter Wasserdampf gebogenem Holz gefertigt hat; seine Außenseite ist übersät mit komplizierten Mustern, bunten Perlen, Elfenbeinschnitzereien, die Einfassung ist aus Seelöwen-Barthaar. Sehenswert sind auch die feinen Flechtarbeiten und die exquisiten Malereien auf dem alten Hut eines Kaagwaantaan-Tänzers. Die zum ersten Stock führende Rampe umrundet das zweistöckige Modell eines Baumes mit einem riesigen Weißkopfadlerhorst. Der erste Stock widmet sich der Geschichte Alaskas nach Ankunft der Europäer.

RUND UM DIE SOUTH FRANKLIN STREET

Zahlreiche Geschäfte, Restaurants, Galerien, Bars und Theater konkurrieren in Ufernähe um die Gunst der Gäste. Je näher man an den Docks entlang der South Franklin Street kommt, desto reger wird der Betrieb um die

ALASKA STATE MUSEUM
✉ 395 Whittier St.
☎ 907/465-2901

🕐 Di–Sa 9–16.30 Uhr
💲 $
http://museums.alaska.gov

◻ Wissen

KAMPF UM DIE HAUPTSTADTWÜRDE

Sitka war die Hauptstadt des russischen Alaska, doch um 1910 hatte sich das wirtschaftliche Zentrum der Region zum früheren Camp Joe Juneaus verlagert. Juneau wurde offiziell Hauptstadt. Das blieb so, als Alaska 1912 zum US-Territorium und 1959 zum Bundesstaat erklärt wurde. Nach dem Zweiten Weltkrieg zog ein großer Teil der Bevölkerung und der Wirtschaft in Alaskas Nordwesten, zum Teil wegen der Arbeit für die Regierung. Es gab Bestrebungen, die Hauptstadt nach Anchorage zu verlegen; die Diskussion darum erreichte ihren Höhepunkt in den 1970er-Jahren, als ein Stück Land in Willow nördlich von Anchorage für den Bau einer neuen Stadt vorgesehen wurde. Doch wegen der hohen Kosten blieb Juneau Hauptstadt.

Selbst wenn Sie nicht vor Begeisterung laut aufschreien, werden Sie sicherlich vom Anblick von Walen fasziniert sein. Alaska bietet viele Möglichkeiten, diese Riesen der Meere zu beobachten, von denen einige ganzjährig in den Küstengewässern Alaskas leben, während andere nur in den Sommermonaten zu den Nahrungsgründen im Golf von Alaska, dem Beringmeer und dem Polarmeer wandern.

Manchmal sehen Sie Wale vom Land aus, doch meist werden die Tiere vom Wasser aus beobachtet. Doch überzeugte Fans der Riesen werden auf dafür bestimmten Schiffen losziehen, um Wale und andere Meerestiere zu beobachten. In Dutzenden von Häfen werden Walbeobachtungstouren angeboten, dazu zählen Glacier Bay, Frederick Sound und Sitka Sound in Südostalaska, Prince William Sound und Resurrection Bay auf der Kenai Peninsula. Je nachdem, wann und wo Sie auf Tour gehen, werden Sie Buckelwale, Orcas und Grauwale sehen.

Wale kommen im Sommer in die Gewässer des Frederick Sound bei Petersburg

Auch andere Arten wie Blau- und Pottwale tauchen gelegentlich auf, doch seltener. Früher waren im Cook Inlet bei Anchorage häufig Weißwale oder Belugas zu sehen, doch ihre Population ist durch den Menschen dezimiert worden. Einige der zahlreichen Touranbieter sind:

Kenai Fjords Tours *(Small Boat Harbor, Seward, AK, Tel. 877/777-4051, www. kenaifjords.com)* Auf großen Schiffen geht es zu den Grau-, Buckel- und Schwertwalen der Resurrection Bay und den Kenai Fjords.

Rainbow Tours *(P.O. Box 1526, Homer, AK 99603, Tel. 907/235-7272, www. rainbowtours.net)* zeigt Buckelwale in der Kachemak Bay und dem Cook Inlet.

TAZ Whale Watching Tours *(Gustavus, AK, Tel. 907/321-2302, www.taz.gustavus.com)* Auf dem 13,5 Meter langen Beobachtungsschiff werden nicht nur Buckelwale gezeigt, sondern auch Unterwasserschallempfänger genutzt, um ihre Gesänge hören zu können.

Whale Song Cruises *(P.O. Box 930, Petersburg, AK 99833, Tel. 907/772-9393, www.whalesongcruises.com)* besucht die Sommerfütterung der Buckelwale in Frederick Sound. Halten Sie auch Ausschau nach Schwertwalen, Schweinswalen und Seelöwen.

Ausstellungen im Alaska State Museum dokumentieren die Geschichte des »großen Landes«

Kreuzfahrtschiffe. Im alten **Senate Building** zeigt die **Juneau Artists Gallery** *(175 South Franklin Street, Tel. 907/586-9891, www.juneauartistsgallery.com)* Kunsthandwerk. Die **Decker Gallery** einen Block weiter *(233 South Franklin Street, Tel. 907/463-5536, www.riemunoz.com)* präsentiert Arbeiten von Rie Muñoz, der bekanntesten Künstlerin der Stadt. Großartige Werke alaskischer Künstler kann man gleich nach der South Franklin Street bei **Annie Kaill's** *(244 Front Street, Tel. 907/586-2880, www. anniekaills.com)* sehen.

MOUNT ROBERTS

Nur ein paar Schritte von Raven's Journey die Straße hinunter kommt man zur **Mount Roberts Tramway.** Die Gondel überwindet einen Höhenunterschied von insgesamt 548 Metern. Der 1164 Meter hohe Gipfel ist eine der Hauptattraktionen der Stadt. Der Gondelführer erzählt von der örtlichen Geschichte und Kultur, während er die Besucher den Berg hoch- oder runterbringt. Auf der Bergstation wird den Besuchern ein Film über die Tlingit-Kultur gezeigt, und der Souvenirladen dient zugleich als Museum. Daneben gibt es ein Restaurant und ein Informationszentrum.

☐ Tipp

Nutzen Sie die Wanderwege rund um Juneau oder das Mendenhall Glacier Besucherzentrum, um den Gletscher, den See zu seinen Füßen und einen nahen Wasserfall zu sehen.

ROWLAND SHELLEY
NATIONAL GEOGRAPHIC-FELDFORSCHER

Gleich hinter dem Informationszentrum führt ein Netz leicht begehbarer Wege bis hinauf auf den Gipfel: Der Wald geht in eine weite freie Fläche mit subalpiner und alpiner Flora und Fauna über. Nach 15 Minuten hat der Wanderer oberhalb der Baumgrenze tolle Ausblicke: Berge, Wasserfälle und die Wasserflächen westlich und südlich von Juneau kommen ins Blickfeld. Wer will, kann über den 7,2 Kilometer langen Mount Roberts Trail in die Stadt laufen.

GLACIER/JUNEAU VETERANS' MEMORIAL HIGHWAY

Der in Juneau beginnende Glacier oder Juneau Veterans' Memorial Highway ist eine Sackgasse, die durch traumhafte Landschaft führt. Im Stadtzentrum beginnt der Highway als Egan Drive und verläuft von dort am Gastineau und Favorite Channel entlang nach Norden. Bei Meile 9,3 (ab dem Kreuzfahrtschiffkai) wird er zum Glacier Highway, ab Meile 12,1 heißt er offiziell Juneau Veterans' Memorial Highway. Auf den folgenden Kilometern verläuft die Straße direkt oder nahe am Ufer von Favorite und Lynn Channel entlang, bis sie 64 Kilometer hinter der Stadt in der Echo Cove endet.

MOUNT ROBERTS TRAMWAY
✉ 490 S. Franklin St.
☎ 907/463-3412 oder 888/461-8726

🕐 Ende Sept.–Anfang Mai geschl.
💲 $$$$$
www.mountrobertstramway.com

━━━━━━━━━━━━━━━ ⬜ Erlebnis ━━━━━━━━━

ABENTEUER AM SEIL

Es gibt zwei Arten von Seilrutschen in Alaska: Zip Lines und Canopy Tours. Die Erstgenannten bieten eine kurze, atemberaubende Fahrt. Der Anbieter bringt die Abenteuerlustigen auf eine Klippe in etwa 400 Metern Höhe, schnallt sie in einer Art Sesselliftsitz an und schickt sie auf eine wilde Fahrt entlang eines festen Seils zur 1,6 Kilometer entfernten Küste. Manchmal sind die Teilnehmer 91 Meter über dem Waldboden und mit einer Geschwindigkeit von fast 100 km/h unterwegs. 90 Sekunden nach dem Start endet die Fahrt am Strand. Bislang gibt es dieses Abenteuer in Alaska nur bei **Icy Strait Point** (Tel. 907/789-8600, www.icystraitpoint.com), einer abgelegenen Attraktion nahe dem Tlingit-Dorf Hoonah, etwa 50 Kilometer westlich von Juneau. Gemächlich ist auch die andere Version der Seilrutschen nicht, die zur Erforschung des dichten Waldes in Wipfelhöhe dient. Die Seile, die von Plattform zu Plattform führen, ermöglichen es Besuchern, durch Gurte gesichert, zwischen den Baumwipfeln hindurchzugleiten, Tiere zu beobachten und den Wald aus der Perspektive eines Vogels, der in 30 Meter Höhe fliegt, zu sehen. Ein Anbieter mit Touren in Juneau und Ketchikan ist **Alaska Canopy Adventures** (www.alaskacanopy.com).

☐ Tipp

Der Mendenhall Trail an der Westseite des Mendenhall Glacier ermöglicht einen relativ einfachen Zugang zu den Eishöhlen und dem Gelände vor dem Gletscher. Berühren Sie den Gletscher und betrachten Sie die Gletschersohle.

GREGORY WILES
NATIONAL GEOGRAPHIC-FELDFORSCHER

Via Mendenhall Valley erreicht man bei Meile 8 **Glacier Gardens Rainforest Adventure**. Ein Ranger führt Besucher auf einem drei Kilometer langen Rundweg durch den 21 Hektar großen Regenwald. Doch das eigentliche Highlight ist die weitläufige Gartenanlage: Große, auf etwa sechs Meter gestutzte Koniferen wurden mit dem Wurzelwerk nach oben in den Boden versenkt und bilden den Nährboden für unzählige farbenprächtige Hängepflanzen.

MENDENHALL GLACIER

Bei Meile 9,3 kreuzt die Südschleife der Mendenhall Loop Road den Highway. Sie führt 5,5 Kilometer ins Landesinnere bis zum Visitor Center am

---

☐ Wissen

MENDENHALL GLACIER

Ein Flugzeug oder ein Hubschrauber, die Sie die 19 Kilometer von Juneau hierher befördern, sind eine gute Möglichkeit, um den Mendenhall Glacier und das Eisfeld, das ihn nährt, zu sehen. Hubschrauber setzen Besucher zu einem Gletscherspaziergang mit einem Führer ab. Für Abenteuerlustige gibt es Trekking- und Eisklettertouren, für die Sie mit Eispickel und Steigeisen ausgerüstet werden. Oder Sie betrachten den Gletscher einfach von nahe gelegenen Pfaden (0,8 bis 4,8 km lang).

Die Nugget Falls stürzen über Felshänge in den See unterhalb des Mendenhall Glacier

Mendenhall Glacier, einer der größten Attraktionen Alaskas. *(Am ruhigsten ist es morgens vor dem Eintreffen der Ausflugsbusse.)* Das 19,3 Kilometer lange und 1,6 Kilometer breite bläulich-weiß schimmernde Eisband schiebt sich von seinem Nährgebiet im weitläufigen Juneau Icefield talwärts. Die derzeitige Gletscherzunge befindet sich etwa ein bis zwei Kilometer vom Besucherzentrum entfernt am jenseitigen Ufer des Mendenhall Lake. In den letzten Jahren schmilzt der Gletscher rapide. In einem sehr bezeichnenden

GLACIER GARDENS RAINFOREST ADVENTURE
✉ 7600 Glacier Hwy.
☎ 907/790-3377
🕐 Okt.–April geschl.
💲 $$$$
www.glaciergardens.com

MENDENHALL GLACIER
🗺 Karte S. 59

✉ Mendenhall Loop Rd.
☎ 907/789-0097
🕐 Visitor Center Mai–Sept. tägl., Okt.–April Mo–Fr
💲 $ im Sommer, frei im Winter
www.fs.usda.gov/detail/tongass/about-forest/offices/?cid=stelprdb5400800

Jahr in den 1940ern ist er um drei Meter geschrumpft. Heutzutage wird der Gletscher rund 150 Meter pro Jahr kleiner.

Das **Visitor Center** zeigt Exponate und einen Film zur Entstehung von Gletschern, detailliert werden das Juneau Icefield und der Mendenhall Glacier beschrieben. Von den warmen Innenräumen schauen die Besucher durch Panoramafenster zum Gletscher hinüber. Der etwa 500 Meter lange **Photo Point Trail** führt zum Ufer des Gletschersees. Noch näher an ihn heran kommen die Teilnehmer einer geführten Kajaktour. Sogar eine Rundtour in einem Tlingit-Kanu wird angeboten. Wem das noch nicht reicht, der bucht einen Gletscher-Hubschrauberflug und nimmt auf dem Gletscher an einer Eisklettertour teil. Die Helikopter landen weit oberhalb der Gletscherzunge, doch der andauernde Fluglärm ist vielen ein Dorn im Auge und Anlass für eine ständige Debatte über die Beschränkung dieser Art von Hubschrauberflügen.

Auch das Gletscherumfeld ist interessant: Von einer Plattform am äußersten Ende des Parkplatzes lassen sich während des Sommers Blaurücken- und Silberlachse beobachten, die zum Laichen den Steep Creek hochwandern. Vorsicht, die Fische ziehen die Schwarzbären magisch an! Dämme und Bauten zeigen, dass auch Biber im Creek zu Hause sind.

Neben dem Trail zum See gibt es weitere Wanderwege. Der Naturlehrpfad **Trail of Time** (800 m) beginnt am Besucherzentrum und vermittelt einen

Das Eis des kalbenden John Hopkins Glacier stürzt in eine entlegene Bucht der Glacier Bay

☐ Wissen

GLETSCHERBÄR

In den Regenwäldern Südostalaskas lebt die seltenste Unterart des Schwarz-bären: *Ursus americanus emmonsii*. Im Englischen heißt er »Glacier Bear« (Glet-scherbär). Der englische Name täuscht jedoch. Der Bär lebt nicht auf Glet-schern oder Eisfeldern, denn dort würde er keine Nahrung finden. Doch die Tiere, die nur selten zu sehen sind, leben in der Nähe von Gletschern. Am häu-figsten werden sie auf Wanderwegen im Wald, beim Spazieren an der Küste oder auf blühenden Wiesen gesehen. Die silbernen Haarspitzen des Fells ge-ben den Tieren eine bläuliche Farbe.

kleinen Eindruck vom Regenwald. In einen der schönsten Landstriche führt der mittelschwere **East Glacier Loop** (5,6 km), der vom Trail of Time ab-zweigt. Der Rundweg führt durch den üppig-grünen Regenwald mit schö-nen Ausblicken auf den Gletscher, die Nugget Falls und die alpinen Berg-hänge, auf denen immer mal wieder Schneeziegen zu sehen sind.

JENSEITS DES MENDENHALL GLACIER

Wieder zurück auf dem Glacier Highway, geht es weiter zum Fährhafen **Auke Bay** (Meile 12,4). Von hier aus werden Kajaktouren und Wal-Beob-achtungsfahrten angeboten; wer will, kann ein Boot zum Sportfischen chartern. Ganz in der Nähe liegen der Southeast Campus der University of Alaska und das Terminalgelände der Alaska-Fähren. Der Highway umrun-det die Bucht, bevor er sich nach Norden wendet und dann am Rand des Favorite Channel entlangführt. Hin und wieder durchbrechen die hoch auf-ragenden Bergspitzen der Chilkat Range den Horizont. 50 Kilometer wei-ter (Meile 18,8) bietet sich am Inspiration Point ein herrlicher Blick auf die-se Berge. Bei Meile 22,5 liegt der **Shrine of St. Therese** *(Tel. 907/586-2227, www.shrineofsainttherese.org)*. Ein 122 Meter langer Damm führt zur winzi-gen Shrine Island mit einer steinernen Kapelle. Bei Meile 29 liegt der Park-platz der **Eagle Beach State Recreation Area** *(Tel. 907/465-4563, $)*, zu der eine Ranger-Station, mehrere Wanderwege, einige Hütten, Sümpfe, ein sehr großer, alter Wald und ein Campingplatz gehören. Die Region lag bis vor 250 Jahren noch unter meterdickem Eis, sodass die Vegetation noch ziemlich jung ist. An ausgewählten Punkten stehen Teleskope neben Infor-mationstafeln über die Gipfel der auf der anderen Seite des Lynn Canals aufragenden Chilkat Range. Etwa 400 Meter weiter zweigt eine Piste zur **Eagle Beach Picnic Area** ab. Bei Meile 34 warnt ein Schild: »Ab hier wird von einer Weiterfahrt abgeraten. Wenn Sie diese Straße unbedingt befah-ren wollen, sollten Sie eine entsprechende Ausrüstung gegen Kälte mitfüh-ren.« Wer im Sommer unterwegs ist, kann bis zur Eco Cove weiterfahren. ■

GLACIER BAY NATIONAL PARK AND PRESERVE

Die Kernzone des Glacier Bay National Park and Preserve gibt es noch nicht lange. Als Kapitän James Cook 1778 an diesem Küstenstrich entlangsegelte, stieß er noch auf eine weite Eisscholle. Doch die Kleine Eiszeit näherte sich ihrem Ende, und als Kapitän George Vancouver 1794 dieselbe Strecke segelte, war bereits eine acht Kilometer tiefe Bucht entstanden – die Glacier Bay. Heute schneidet der zweifingrige Fjord 105 Kilometer tief in das Festland ein.

In der Nähe des Eingangs zur Glacier Bay wächst dort, wo das Eis vor etwa 250 Jahren abgeschmolzen ist, inzwischen Wald. Am Ende des Fjords, wo sich das Eis erst vor sehr viel kürzerer Zeit zurückgezogen hat, zeigt sich Pioniervegetation, z. B. Erlen oder Waldweidenröschen. Wissenschaftler und Besucher erleben hier hautnah die Wiedergeburt eines Landstrichs.

Ein Bohlenweg leitet hoch über den Regenwaldboden in Bartlett Cove

Die Gletscher sind zwar geschrumpft, aber immer noch präsent: Rund ein Dutzend kalben ins Meer. Nur an wenigen anderen Orten weltweit gibt es solch eine Konzentration dieser Art von Gletschern (*tidewater glaciers*, die ins Meer münden). Sie sind die größte Attraktion des Nationalparks, Kreuzfahrtschiffe haben die Bucht im Programm.

Die kleine abgeschiedene Siedlung **Gustavus** ist das Einfallstor zum Park. Überraschenderweise besitzt die Ortschaft eine der besten Rollbahnen im Südosten Alaskas: Sie wurde im Zweiten Weltkrieg als Auftankstation für Flugzeuge angelegt. Im Sommer starten von Juneau aus täglich Maschinen der Alaska Airlines nach Gustavus. Besucher, die mehr Zeit für die Anreise haben, können Gustavus über den Alaska Marine Highway erreichen; eine Fähre legt an dem neuen Dock der Stadt im Sommer zweimal die Woche an. Der Ort bietet verschiedene Unterkunftskategorien: Sie reichen von hübschen, aber einfachen Hütten über freundliche Frühstückspensionen

bis hin zu einem der edelsten Landgasthäuser in ganz Alaska. Dazu gesellen sich Galerien, Restaurants, Reiseveranstalter und sogar ein Neun-Loch-Golfplatz. Doch es gibt weder eine Hauptstraße noch ein Zentrum. Eine 16 Kilometer lange, (zum größten Teil asphaltierte) Straße führt von Gustavus in den Nationalpark und endet in Barlett Cove, dem Hauptzugang zum Glacier Bay National Park.

GLACIER BAY NATIONAL PARK AND PRESERVE
◣ Karte S. 59 und 93
✉ P. O. Box 140, Gustavus, AK 99826; Besucherzentrum Bartlett Cove
☎ 907/697-2230
🕐 Anfang Sept.–Ende Mai geschl.
www.nps.gov/glba

GUSTAVUS
◣ Karte S. 59 und 93
Besucherinformation
✉ Gustavus Visitors Assoc., P.O. Box 167, Gustavus, AK 99826
☎ 907/500-5143
www.gustavusak.com

EISBERGARTEN

In früherer Zeit gaben die Seefahrer Eisbergen Namen, die jeweils auf ihre Größe anspielten. Wenn der Eisberg rund einen Meter aus dem Wasser ragte, dann nannte man ihn »growler«. Wenn er ein bis fünf Meter groß war, dann war er ein »bergy bit«, ein mittelgroßes Eisstück. Die Art eines Eisbergs lässt sich an seiner Farbe erkennen: je blauer der Berg, desto dichter und kompakter das Eis. Ein weißer Eisberg besteht aus eingeschlossenen Luftblasen, ein grünlich schimmernder Berg schließlich ist aus dem untersten Teil eines Gletschers herausgebrochen.

BARTLETT COVE

Am Ostufer der Glacier Bay befindet sich im Regenwald von Bartlett Cove die **Glacier Bay Lodge,** die einzige Ferienanlage im Nationalpark. Der Komplex verfügt über 56 Zimmer und verleiht Kajaks und Angelausrüstung. Zur Anlage gehören ein kleines naturhistorisches Museum und das Besucherzentrum des Nationalparks. Im Zentrum erhält man auch Auskünfte über die von Rangern geführten Wanderungen und Bootsausflüge, über Zeltplätze und das abendliche Vortragsprogramm im Auditorium.

Es gibt nur drei offizielle Wanderwege im Park: Der **Forest Loop Trail** (1,6 km) beginnt an der Lodge, schlängelt sich anschließend durch einen jungen Fichten- und Hemlocktannenwald und führt in einem Bogen an den Rand der Bucht, wo von Juni bis Juli Wildblumen blühen. Bären und Kojoten wandern dann und wann das Ufer entlang, Rothörnchen und Baumstachler durchkämmen den Wald.

Allen diesen Tieren begegnet man auch auf dem anspruchsvolleren **Barlett River Trail** (8 km), der etwas oberhalb der Straße zur Lodge beginnt. Er führt durch verschiedene von Gezeiten geprägte Lebensräume. Für die Wanderung sollte man sich einen halben Tag Zeit nehmen. Seltener begangen ist der **Bartlett Lake Trail** (9,5 km), der vom Bartlett River Trail abzweigt. Der Rundweg führt durch urwüchsiges Terrain zum Bartlett Lake. Der beste Off-road-Weg beginnt an der Anlegestelle von Bartlett Cove und führt 9,6 Kilometer am

□ Tipp

Fahren Sie von der Glacier Bay Lodge per Schiff in die Glacier Bay, um Gletscher und Tiere zu beobachten. Das in den letzten Jahrzehnten zurückweichende Eis hat weit ins Inland reichende Fjorde freigelegt.

GREGORY WILES
NATIONAL GEOGRAPHIC-FELDFORSCHER

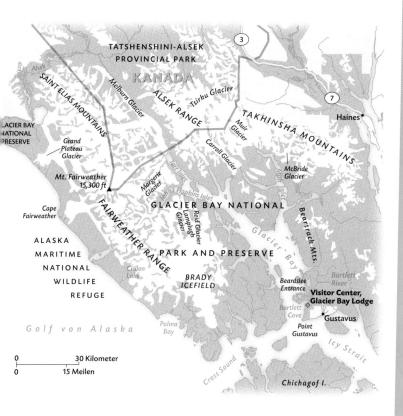

Strand entlang bis **Point Gustavus**. Unterwegs lässt sich eine Reihe von Tieren an Land wie auch im Wasser beobachten.

BUCHT UND GLETSCHER

Die wahren Highlights des Nationalparks, die majestätischen Gletscher und die Bucht, liegen tiefer im Park. **Flüge** über die Eislandschaft können in Gustavus, aber auch von anderen Städten im Südosten von Alaska gebucht werden. Doch nur wer mit dem Boot unterwegs ist, kommt der Gletscherwelt richtig nahe.

Wer die Glacier Bay vom Wasser aus erleben will, hat zwei Möglichkeiten: Kajak oder Schiff. Die Firma Glacier Bay Sea Kajaks *(Tel. 907/697-2257, www.glacierbayseakajaks.com)* darf offiziell Kajaks vermieten. Eine begrenzte Anzahl von Veranstaltern leitet **Kajaktouren** im Nationalpark. Beliebt ist der sechsstündige Ausflug in die Bartlett Cove: Zunächst geht es zum **Beardslee Entrance,** einem Labyrinth aus kleinen Inseln und engen Kanälen mit so verheißungsvollen Namen wie Secret Bay (Verborgene Bucht). Wer das Ausflugsschiff *(Tel. 888/229-8687, www.visitglacierbay.com, $$$$$, Reservierung empfohlen)* gewählt hat, kommt nicht so nah ans Eis heran, dafür dringt das Schiff sehr viel tiefer in die Bucht vor, als es bei einem Kajakausflug möglich wäre. Zusammen mit dem benachbarten Nationalpark **Wrangell-St. Elias** (siehe S. 205ff) und den kanadischen Schutzgebieten **Tatshenshini-Alsek Provincial Park** und **Kluane National Park** bildet der Nationalpark das größte geschützte Wildnisgebiet weltweit.

Die ganze Großartigkeit dieser Wildnis zeigt sich während des Bootsausflugs: Auf den zerklüfteten Inseln leben Kolonien von Kormoranen, Trottellummen und Papageitauchern, riesige Braunbären fischen in den Bachmündungen nach Lachsen. Buckelwale blasen Fontänen in die Luft oder klatschen mit ihren Viereinhalb-Meter-Flossen auf die Wasseroberfläche, wobei sich ihr Körper bis zur Hälfte aus dem Wasser hebt. Im Nordwesten türmt sich die schneebedeckte Fairweather Range, ihr höchster Gipfel ist der 4663 Meter hohe Mount Fairweather.

WESTARM

Nach kurzer Fahrt durch den Westarm der Bucht kommt der **Reid Glacier** ins Blickfeld. Er schiebt sich durchschnittlich 2,5 Meter pro Tag voran und ist damit einer der aktivsten Gletscher in diesem Fjord. Hinter ihm erstreckt sich der **Lamplugh Glacier** mit seinen kleinen und großen Türmen aus blauem Eis. Im **John Hopkins Inlet** treiben große Eisschollen, auf denen sich Robben von der Jagd ausruhen. Manche Boote fahren in den **Tarr In-**

━━━━━━━━━━ ☐ **Erlebnis** ━━━━━━━━━━

MUIR INLET IN DER GLACIER BAY

Der Ostarm der oberen Glacier Bay heißt Muir Inlet, ein Fjord, der 40 Kilometer weit ins Land reicht. Kajakfahrer lieben den Muir Inlet, weil er von Ausflugs- und Fischerschiffen gemieden wird. In einem Seitenarm des Muir Inlet, dem Adams Inlet, sind Motorboote von Mai bis Mitte September verboten, doch Kajakfahrer müssen auf die starken Gezeiten achten. Am Muir Inlet gibt es auch gute Wander- und Campingmöglichkeiten. Wandern Sie auf den White Thunder Ridge oder den McConell Ridge; der Blick von dort ist fantastisch, doch es geht 457 Meter durch schwieriges Erlendickicht bergan. Hier ist Bärenland; seien Sie vorsichtig, wenn Sie Zeit an Land verbringen. Außerdem sollten Sie Insektenschutzmittel gegen die berüchtigten Stechmücken mitbringen. Fragen Sie nach Wander- und Kajakinformation in den Park Headquarters in der **Glacier Bay Lodge** *(Tel. 888/229-8687, www.visitglacierbay.com).*

let hinein: Hier stellt der Kapitän normalerweise seinen Motor etwa 500 Meter vor dem zerfurchten **Margerie Glacier** ab. Von diesem aktiven Gletscher, der sich rund 76 Meter hoch über dem Meer erhebt, brechen ständig Eisbrocken ab, oft alle paar Minuten.

Man hört zunächst einen Knall, dann brechen Eisbrocken von der Größe eines Autos aus der Gletscherwand und klatschen ins Wasser. Dieses Schauspiel wiederholt sich immer wieder. Fällt ein Eisstück von Hausgröße ins Meer, hört man ein donnerndes Echo durch den ganzen Inlet rollen und anschließend ein gigantisches Klatschen. ∎

Kajaks an der Mündung des Reid Glacier

Welch eine überraschend schöne Landschaft tut sich hinter den Cafés und dem kleinen Hafen auf: schneebedeckte Berge, Wasserfälle, Wälder, Fjorde, mächtige Flüsse, Gletscher und Seen. Mit 1524 Millimeter Niederschlag pro Jahr herrschen hier für Alaska geradezu trockene Verhältnisse!

Große Kreuzfahrtschiffe laufen den Hafen selten an, die Entfernungen nach Fairbanks (1051 km) und Anchorage (1247 km) sind gewaltig. Die Keimzelle der Stadt (2200 Einw.) war ein Handelsposten der Chilkat- und Binnenland-Indianer. Die ersten nicht indianischen Siedler kamen 1880. Die Stadt wuchs als Versorgungsstation für Goldgräber und war später der einzige militärische Außenposten der USA in Alaska. Der **Lookout Park** am Ende der Mission Street ist ein guter Startpunkt für einen Spaziergang durch das historische Haines. Von der Aussichtsplattform bietet sich ein schönes 360°-Panorama.

Der erste Halt ist das **Sheldon Museum and Cultural Center**, das an der Main Street liegt. Den Grundstock der 3000 Exponate umfassenden Ausstellung schuf Steve Sheldon, der Anfang des 20. Jahrhunderts bereits mit acht Jahren zu sammeln begann. Sehenswert sind die zahlreichen indianischen Objekte (vor allem der Tlingit). Doch es gibt auch Wechselausstellungen zur Geschichte und Kunst der Region sowie eine Abteilung über den Geschäftsmann Jack Dalton, berühmt-

Tipp

In jedem Hafenort an der malerischen Inside Passage gibt es Anbieter von Kajaktouren. Diese bieten die beste Möglichkeit, Alaska vom Wasser aus zu sehen.

EVERETT POTTER
AUTOR, NATIONAL GEOGRAPHIC
TRAVELER MAGAZINE

berüchtigt wegen seines Umgangs mit Durchreisenden, die auf dem Weg ins Landesinnere den mautpflichtigen Dalton Trail zu nehmen gezwungen waren. Einen Block weiter in der Main Street erhebt sich das **Hammer Museum.** Es präsentiert rund 1400 verschiedene Hämmer. Ein Hammer kann viele Geschichten erzählen: Der 800 Jahre alte unter dem Museum aufgefundene Pickel »Sklaventöter« eines Tlinglit-Kriegers etwa wurde benutzt, um Sklaven zu opfern.

Auf der Südwestseite des Chilkoot Inlet erstreckt sich der weiß leuchtende Holzhaus-Komplex **Fort William H. Seward National Historic Landmark.** Fort Seward war 1904–1947 ein militärischer Außenposten. Er wurde nach seiner Stilllegung die Keimzelle der Gemeinde Port Chilkoot, die später mit Haines zusammenwuchs. Viele Offiziershäuser sind heute in Privatbesitz, in anderen sind Läden und in einem das Hotel Hälsingland untergebracht.

Bei bestimmten Lichtverhältnissen wirkt der Lynn Canal wie ein zartes Landschaftsaquarell

Ein Sibirischer Husky – der Schlittenhund schlechthin

Im Kunstzentrum **Alaska Indian Arts** können Besucher Tlingit-Künstlern bei der Arbeit zuschauen und das **Chilkat Center for the Arts** besuchen. 48 Kilometer nördlich von Haines erstreckt sich der Naturpark des **Kroschel Wildlife Center** mit Wölfen, Grizzlybären, Luchsen und anderen heimischen Tieren.

ALASKA CHILKAT BALD EAGLE PRESERVE

Am Chilkat River liegt die berühmteste Attraktion von Haines: Das 19 000 Hektar große Schutzgebiet Alaska Chilkat Bald Eagle Preserve. Es liegt am Haines Highway nordwestlich der Stadt. Eine warme Strömung und die außergewöhnlich späten Laichzüge der Lachse locken über 3000 Weißkopfseeadler zum Überwintern an das Chilkatufer, insbesondere im **Valley of the Eagles**. Die Greifvögel sammeln sich hier ab Anfang Oktober und ziehen im Februar allmählich wieder fort. Die beste Beobachtungszeit für die Vögel sind die Monate Oktober bis Dezember. Die **Eagle Council Grounds,** Flussniederungen parallel zum Highway, haben die größte Konzentration. An gut ausgebauten Ausweichstellen stehen Informationstafeln, von hier aus können Besucher beobachten, wie die Adler die Keta-Lachse auf ihrem Laichweg abfischen. Das Bankett zieht auch Bären und Wölfe an. Viele Reiseveranstalter organisieren Fahrten zu diesem Naturschauspiel *(Information im Visitors Bureau, siehe S. 99)*. Im Sommer ist es möglich, mit einem Boot den Fluss hinaufzufahren und die zahlreichen Wasserwege zu erkunden. Die Chancen sind gut, Elche zu sehen: Häufig sind es Elchkühe mit Kälbern.

⬜ **Wissen**

ALASKA BALD EAGLE FESTIVAL

Haines feiert jedes Jahr die Rückkehr der Adler in das Chilkat Bald Eagle Preserve mit dem Alaska Bald Eagle Festival *(www.baldeagles.org/festival)*, das meist am zweiten Novemberwochenende abgehalten wird. Künstler und Musiker kommen in Scharen. Es gibt auch Fotografiekurse und Ausflüge zu Adlerbeobachtugen. Die Tiere erobern scheinbar jeden Baumwipfel zu dieser Zeit.

☐ Wissen

CHILKAT STATE PARK

Der Chilkat State Park außerhalb von Haines bietet gute Wandermöglichkeiten. Ein Weg führt auf den Mount Riley (536 m), den höchsten Berg der Chilkat Peninsula. Von oben haben Sie einen guten Blick auf Berge, Gletscher und den Lynn Canal. Anstrengender ist der Weg auf den Mount Ripinski direkt hinter Haines. Am Campingplatz des Parks beginnt der Seduction Point Trail (6,8 km), der um den Seduction Point führt, die Teilung von Chilkat und Chilkoot Inlet. Auf der neunstündigen Wanderung können Sie Bären, Elche, Wale, Robben und Kanadareiher sehen. Kontakt zum Park auf *http://dnr. alaska.gov/parks/aspunits/southeast/chilkatsp.htm.*

LUTAK HIGHWAY

Naturliebhaber zieht es auf den 17,7 Kilometer langen Lutak Highway, der im Norden von Haines beginnt und zur **Chilkoot Lake State Recreation Site** führt. Auf dem ersten Teilstück der Küstenstraße genießt man schöne Ausblicke auf das Chilkoot Inlet mit seinen unzähligen Tauchenten, den hübschen Kragenenten oder Brillenenten. Doch die Landschaft und die Tierwelt werden jenseits des **Tanani Point** noch aufregender: Dann geht es in Richtung des schmalen **Lutak Inlet**, das an der Einmündung des Bachs endet, der den **Chilkoot Lake** entwässert. Ob nun Weißkopfseeadler, Seehunde, Bären oder Schneeziegen – man weiß gar nicht, wohin man zuerst schauen soll. ∎

HAINES
◪ Karte S. 59
Besucherinformation
☒ Haines Convention & Visitors
Bureau, 122 2nd Ave.
☏ 0970/766-2234 oder
800/458-3579
🕒 Winter Sa, So geschl.
www.haines.ak.us

SHELDON MUSEUM & CULTURAL CENTER
☒ 11 Main St.
☏ 907/766-2366
🕒 So geschl.
💲 $$
www.sheldonmuseum.org

HAMMER MUSEUM
☒ 108 Main St.
☏ 907/766-2374

🕒 Mai–Sept. Mo–Fr
💲 $
www.hammermuseum.org

KROSCHEL WILDLIFE CENTER
☒ Mile 1.8 Mosquito Lake Rd.,
nach Haines Highway (ca. 48 km
nördlich von Haines)
☏ 907/767-5464
🕒 Mai–Okt. tägl.; sonst auf Anfrage
💲 $$$$$
www.kroschelfilms.com

ALASKA CHILKAT BALD EAGLE PRESERVE
☒ Haines Ranger Station, Alaska
State Parks, 259 Main St., Haines
☏ 907/766-2292
**www.dnr.state.ak.us/parks/
units/eagleprv.htm**

Skagway ist ein beliebtes Reiseziel – die rund 1800 Einwohner können sich in den Sommermonaten kaum noch vor den täglich 6000 bis 12000 in die Stadt strömenden Besuchern retten. Der Ort besitzt eine Vielzahl an Gebäuden, die in der Zeit des Goldrauschs um die Wende zum 20. Jahrhundert gebaut wurden.

Das Zentrum von Skagway: Hauptattraktion für die Passagiere der Kreuzfahrtschiffe

Nachdem 1896 die Kunde von den Goldfunden Seattle erreichte, eilten im Sommer des Jahres 1897 Scharen von Goldgräbern und Abenteurern auf der Suche nach einem Zugang zum Yukon nach Skagway. Im Jahr darauf war die Bevölkerung auf 10 000 angewachsen.

Wenige Jahre später spielte das Gold keine Rolle mehr, Skagways Einwohnerzahl sank 1902 auf rund 500 – doch viele Gebäude aus der Goldrausch-Ära blieben erhalten. Bei einem Bummel durch die historischen Straßenzüge lassen sich Kultur und Shopping-Tour verbinden. Fast alle Besucher kommen auf dem Wasserweg – entweder mit dem Kreuzfahrtschiff, einer AMHS-Fähre oder mit einer Expressfähre aus Haines. Es ist daher sinnvoll, den Spaziergang bei den Docks zu beginnen. Der Congress Way führt hinauf zur Kreuzung Second Avenue und Spring Street: Hier befindet sich der Bahnhof der **White Pass & Yukon Railroad** (siehe S. 102f). Gehen Sie von hier weiter auf der Second Avenue zur Hauptstraße Skagways, dem Broadway. An der Straßenkreuzung befindet sich der alte Bahnhof (*depot*), der heute das Besucherzentrum des **Klondike Gold Rush National Historical Park** beherbergt. Die Mitarbeiter bieten 45-minütige Stadtführungen an. Sehenswert ist das Faksimile des *Seattle Post-Intelligencer* vom 19. Juli 1897, in dem über die Entdeckung des viel verheißenden gelben Metalls berichtet wird.

In einer anderen Abteilung werden Gegenstände und Fotos vom Goldrausch gezeigt. Die Fotos dokumentieren die ganze Härte des Lebens auf den Goldfeldern und dem Weg dorthin.

Die **Arctic Brotherhood Hall** *(245 Broadway)* ist angeblich das meistfotografierte Gebäude Alaskas: Die Bruderschaft der Pioniere errichtete die Fassade aus Tausenden von Treibhölzern. Die einstige Gemeinschaftshalle beherbergt heute das Skagway Convention and Visitors Bureau, das freundliche Personal händigt gern eine detaillierte Karte mit einem eingezeichneten Stadtrundgang aus. Der Bummel den Broadway hinauf führt über restaurierte alte Holzbürgersteige, Hütten und renovierte Saloons. Viele der Gebäude beherbergen heute Diamantenläden, Souvenirshops und Kunstgalerien, andere jedoch hat man innen ihrer ursprünglichen Zweckbestimmung entsprechend restauriert. Der **Mascot Saloon** etwa (Ecke Third Avenue und Broadway) ähnelt der Kneipe von 1898.

============ ▢ **Tipp** ============

Wählen Sie ein kleines Schiff mit weniger als 100 Passagieren, wenn Sie die Inside Passage durchqueren wollen. So wird die Fahrt ein intimeres Erlebnis.

MICHAEL MELFORD
NATIONAL GEOGRAPHIC-FOTOGRAF

Am Ende des Broadway geht rechts die Seventh Avenue ab, ein Block weiter kommt die Kreuzung mit der Spring Street. Dort liegt das 1899 erbaute McCabe College. Hier haben heute das Rathaus und das **Skagway Museum** ihren Sitz. Die Ausstellung reicht von einem Tlingit-Kanu über einen ausgestopften Braunbären bis hin zur *Skagway News* vom 15. Juli 1898. Sie berichtet über die Schießerei, in der der Boss aller Gauner von Skagway, der berüchtigte Jefferson Randolph »Soapy« Smith, auf der Strecke blieb.

(Fortsetzung auf S. 104)

SKAGWAY
Ⓜ Karte S. 59
Besucherinformation
▨ Skagway Convention & Visitors
  Bureau, 245 Broadway
☎ 907/983-2854
www.skagway.com

**KLONDIKE GOLD RUSH
NATIONAL HISTORICAL PARK**
✉ 2nd Ave. und Broadway

☎ 907/983-9200
🕐 Mai–Sept. tägl., Okt.–April Mo–Fr
  (nur Museum und Büro geöffnet)
www.nps.gov/klgo

SKAGWAY MUSEUM
✉ 700 Spring St.
☎ 907/983-2420
🕐 Mai–Sept. tägl.,
💲 $

Während des Goldrauschs am Klondike wurde die 177 Kilometer lange Trasse der Schmalspur-Eisenbahn White Pass & Yukon Route durch das Gebirge getrieben und gesprengt. Die Bahn sollte Skagway (Zugang zum Meer) mit Whitehorse und den Goldfeldern im kanadischen Yukon-Gebiet verbinden. Heute können die Fahrgäste in historischen Eisenbahnwaggons 32 Kilometer zur Passhöhe und wieder zurückfahren – eine dreistündige Panoramafahrt.

Die Bahnfahrt ist sehr beliebt und sollte frühzeitig gebucht werden *(Tel. 800/343-7373, www.wpyr.com; Mai–Sept. 2- bis 3-mal tägl., $$$$)*. Die Reise beginnt am **Bahnhof** (Depot) ❶, Ecke Second Avenue und Spring Street. Die beste Sicht bei der Hinfahrt hat man auf der linken Seite, bei der Rückfahrt rechts. Die Bahn verlässt die Stadt im Osten und passiert bei Meile 2,5 den **Gold Rush Cemetery** ❷. Hier ruhen der Goldrausch-Ganove Soapy Smith und Frank Reid, der ihn erschoss.

Oberhalb des Skagway River steigt die Trasse kontinuierlich an. Bei Meile 5,8 ist **Denver** ❸ erreicht. Morgens steigen hier oft Wanderer aus, die den **Denver Glacier Trail** zu Fuß laufen. Umgekehrt halten Wanderer an dieser Stelle nachmittags den Zug an, um mit ihm zur Stadt zurückzufahren. In Denver steht ein ausgemusterter roter Waggon, den man über die Forstverwaltung zum Übernachten anmieten kann. Der Zug überquert nun den Skagway East Fork River und erreicht nach rund 1,5 Bahnkilometern **Rocky Point** ❹. Von hier oben hat man einen schönen Ausblick talwärts auf Skagway, seinen Hafen und das Umland.

Der Zug der White Pass & Yukon Route rollt in die Bergwelt oberhalb von Skagway

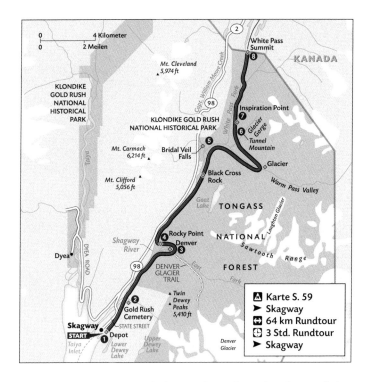

Gemütlich in der Bahn sitzend, ahnt man kaum die Mühen des Eisenbahnbaus. An die unglaubliche Anstrengung, die Strecke durch diese zerklüftete Gebirgslandschaft zu treiben, erinnert der Black Cross Rock bei Meile 10,4: Durch einen Sprengstoffunfall wurden zwei der Arbeiter unter dem 90 Tonnen schweren Granitbrocken an der Trasse begraben. Insgesamt verloren 35 Arbeiter während der zweijährigen Bauphase ihr Leben. Zu den erfreulicheren Dingen entlang der Bahnstrecke zählen die vielen Wasserfälle. Landschaftlicher Höhepunkt sind bei Meile 11,5 die **Bridal Veil Falls ❺**. Bei Meile 16, unmittelbar vor der Einfahrt in den **Tunnel Mountain ❻**, rollt der Zug langsam über die Brücke, die den Glacier Gorge in 305 Meter Höhe überspannt. Hinter dem langen Tunnel kommt bei Meile 17 die schönste Aussichtsstelle der Bahnstrecke: **Inspiration Point ❼**. Weit reicht der Blick durch das Tal hinunter nach Skagway, zum Lynn Canal und zur etwa 32 Kilometer weiter südlich verlaufenden Chilkat Range. Schließlich zieht die Lok die Waggons schnaufend an ihr Ziel: Der **White Pass Summit ❽**, die Endstation der Bahn, ist erreicht. Der Pass erhebt sich 873 Meter über Meereshöhe.

Der Red Onion Saloon, eröffnet 1898, gehört zum Klondike Gold Rush National Historical Park

DIE UMGEBUNG SKAGWAYS

Skagway liegt zwischen reizvollen Bergen, Wäldern und Flüssen. Der einfachste Weg, die Landschaft zu erleben, ist die Fahrt auf dem **South Klondike Highway.** Bis zum Anschluss an den Alaska Highway im Yukon Territory sind es 159 Kilometer. Doch schon nach wenigen Kilometern bergauf durchquert man eine überwältigend schöne alpine Landschaft mit Wasserfällen, Seen und tiefen Schluchten. Die Grenze zu British Columbia liegt nur 24 Kilometer nordöstlich von Skagway auf der anderen Seite des 1003 Meter hohen **White Pass Summit.**

Für Wanderer auf den Spuren der Goldsucher ist der 53 Kilometer lange historische **Chilkoot Trail** mit seinen vielen Höhenmetern eine echte Herausforderung. Ein kleiner Eindruck lässt sich auch schon nach wenigen Kilometern gewinnen. Anfangs verläuft die Strecke noch ziemlich eben und zieht sich am **Talya River** entlang durch einen schönen Regenwald. Der Weg beginnt an der Flussbrücke, zu der man von Skagway aus 15,3 Kilometer auf der Dyea Road fahren muss. Ein örtlicher Veranstalter bietet eine geführte Wanderung (5 km) an und bringt die Teilnehmer anschließend per Floß auf dem ruhig dahinfließenden Talya wieder zum Ausgangspunkt zurück. ∎

━━━━━━━━━━━━━━━━━━━━━━━━━ ☐ Wissen ━━━━━━

AUSFLÜGE AB SKAGWAY

Von Skagway aus bieten sich viele Touren an, der Chilkoot Trail im Klondike Gold Rush National Historical Park oder eine aufregende Zugfahrt sind zwei Möglichkeiten. Doch es gibt noch einige Wanderungen: der Lower Dewey Lake Trail (1 km), der auf 183 Meter hochführt; er beginnt an der Spring Street zwischen Third und Fourth Street. Eine längere Wanderung bietet der Upper Dewey Lake (11 km) entlang des Denver Glacier.

ADMIRALTY ISLAND NATIONAL MONUMENT

Bei den Tlingit heißt Admiralty Island Kootznoowoo (»Bärenfestung«), denn rund 1600 Braunbären leben auf dieser Insel. 90 Prozent der Insel gehören zur **Kootznoowoo Wilderness**. Am **Pack Creek** versammeln sich im Sommer viele Bären zum Lachs-Festmahl. Der Creek ist so bekannt, dass jeder Besucher eine Erlaubnis *(permit)* beantragen muss (Touren ab Juneau). Die *permits* sind schnell vergriffen, also frühzeitig reservieren.

Im National Monument ziehen sich die Regenwälder die Hänge hinauf, an denen Weißkopfseeadler brüten. Die Zahl der hier nistenden Adler ist eine der höchsten in Südostalaska. Durch die Küstengewässer ziehen Buckelwale. Einige Reiseveranstalter in Juneau bieten Kajaktouren im Seengebiet entlang der Küsten von Admiralty Island an. Der Cross-Admiralty Canoe Trail ist eine Süßwasser-Kanuroute.

🗺 Karte S. 59 Besucherinformation ✉ 8510 Mendenhall Loop Rd., Juneau, AK 9980 ☎ 907/586-8790 **www.travelalaska.com/destinations/parks and public lands/Admiralty Island National Monument.aspx**

TATSHENSHINI RIVER UND ALSEK RIVER

Die riesige Wildnis in dieser Gegend umfasst den **Tatshenshini-Alsek Provincial Park**, den **Kluane National Park**, das **Wrangell-St. Elias National Park and Preserve** (siehe S. 205ff), und das **Glacier Bay National Park and Preserve** (siehe S. 90ff). Der Haines Highway führt zu den Stellen, wo Rafter und Kajakfahrer ihre Boote zu Wasser lassen können. Einige sehr erfahrene Sportler wagen sich auch auf den Alsek River, der im Oberlauf eine anspruchsvolle Wildwasserroute ist. Eine Passage kann wegen der Stromschnellen nur mit einem Hubschraubertransport überwunden werden. Die meisten Wassersportler starten auf dem Tatshenshini River, der einige leichte Stromschnellen aufweist; er vereinigt sich im Unterlauf mit dem Alsek und fließt dann durch den Glacier Bay National Park zur Dry Bay. Die Fahrt dauert etwa zwölf Tage und führt an Bergen und Gletschern vorüber. Man kann sich einer organisierten Tour anschließen.

🗺 Karte S. 58f

YAKUTAT

Der Küstenort (680 Einw.) liegt am Rand der **Russell Fjord Wilderness** an der Südspitze des **Wrangell-St.Elias National Park and Preserve** (siehe S. 205ff). Sportfischer kommen wegen der fantastischen Optionen, Lachs, Heilbutt oder Stahlkopfforelle zu angeln, Surfer wegen der riesigen Wellen. Yakutat ist Surfer-Hauptstadt Alaskas. Naturfreunde wandern im Bergland.

🗺 Karte S. 58 Besucherinformation ✉ Yakutat Chamber of Commerce, Yakutat, AK 9968 **www.yakutatalaska.com**

Anchorage und Mat-Su

‹ An einer Bucht des Cook Inlet erhebt sich die Skyline von Anchorage, überragt von den Bergen

Von allen Orten in dieser einzigartigen Region werden die Metropole Anchorage und der Verwaltungsbezirk Matanuska-Susitna Borough europäischen Reisenden am vertrautesten erscheinen. Anchorage besteht zum Großteil aus Wohngebieten, Bürogebäuden, Fastfood-Restaurants, Stadtparks und all den anderen städtischen Einrichtungen, die für amerikanische Großstädte typisch sind.

Dies trifft auch für den Mat-Su Borough zu, wo ausufernde Städte wie Wasilla immer mehr amerikanischen Vororten gleichen und das Umland zu Schlafstädten wird. Aber auch die städtischen Außenbezirke haben ihre sehenswerten Attraktionen. Für eine Stadt, die noch immer von Bären heimgesucht wird, bietet Anchorage viele kulturelle Annehmlichkeiten wie ausgezeichnete Museen, angesagte Bars, Musikfestivals, innovative Restaurants, Kunstgalerien und landschaftlich reizvolle Fahrradwege. Die schöne Innenstadt ist weitgehend frei von den Filialen großer Ladenketten und Einkaufszentren und lädt zu einem gemütlichen Einkaufs- und Sightseeingbummel ein.

Im Mat-Su Borough, 65 Kilometer nördlich von Anchorage, zeigt sich die Zivilisation in anderer Form: Mat-Su entstand in den 1930er-Jahren aus einer landwirtschaftlichen Region – der einzigen in Alaska, die eine nennenswerte Größe hat. Daran hat sich bis heute wenig geändert: Auf den Nebenstraßen fährt man an Pferdefarmen, roten Scheunen und Gärten vorbei.

Anchorage hat eine spannende, interessante Geschichte. Sie beginnt mit den Denaina, die zum Volk der Athabascan gehören. 1778 segelte Kapitän Cook vorbei, Ende des 18. Jahrhunderts kamen russische Siedler. Als Anfang des 20. Jahrhunderts in der Nähe von Anchorage und im Mat-Su Borough Gold gefunden wurde, folgten weitere von überall her. Die Eisenbahn, Pionierflieger, eine erhöhte militärische Präsenz und der Ölboom der 1970er-Jahre katapultierten Anchorage und Mat-Su in die Neuzeit.

Die Region ist bekannt für ihre vielen Outdoor-Aktivitäten und freie Natur direkt vor der Haustür. ■

Zur Orientierung

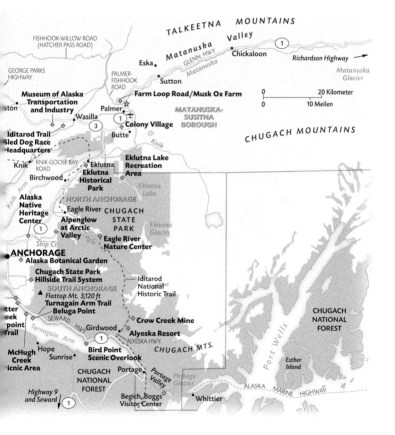

Anchorage ist mit über 300 000 Einwohnern die größte Stadt Alaskas. Wer in der Wildnis unterwegs war, sollte sich angesichts der Wolkenkratzer und Bars der Stadt auf einen Kulturschock einstellen. Nachdem man eine Woche über dem Lagerfeuer gekocht hat, muss man sich daran gewöhnen, in einem Restaurant Hühnchen, gefüllt mit Spinat und Zwiebeln, zu essen.

Downtown Anchorage mit der einzigen Großstadtsilhouette Alaskas

Jeder, der in Alaskas nasskalten Gegenden gezeltet hat, weiß das milde und oft trockene Sommerwetter von Anchorage zu schätzen, wo oft nur 400 Millimeter Niederschlag im Jahr fallen. Ungeachtet der städtischen Annehmlichkeiten ist die freie Natur nie weit entfernt. Fast jeder Einwohner kann eine Geschichte über seine Begegnung mit einem Bären oder einem Elch in der Stadt erzählen. Eine Wohltat ist, dass der Blick immer auf die umliegenden Berge fällt. Lachse wandern die Flüsse der Stadt hinauf, um dort zu laichen. In der Mittagspause sieht man Angestellte mit der Angelrute am Ship Creek stehen. Der **Ship Creek** zieht sich am nördlichen Rand des Zentrums entlang in einem Bogen vom Knik Arm bis zum Hafen. Die Angelstelle in der Nähe des Railroad Depot ist ein guter Start für einen Stadtrundgang. Wer Lachse sehen will, läuft die Ship Creek Avenue 800 Meter in Richtung Brücke zur **Salmon Viewing Area**. Das höher gelegene Zentrum von Anchorage erstreckt sich einige Blocks südlich der Port Access Road. Dieses Gebiet, das für Besucher besonders interessant ist, wird von der Second Avenue im Norden, Ninth Avenue im Süden, M Street im Westen und Gambell Street im Osten begrenzt.

DAS HISTORISCHE ANCHORAGE

Anchorage ist eine relativ junge Stadt. Viele ältere Gebäude wurden beim Erdbeben 1964 zerstört, aber verstreut über das Zentrum finden sich noch Reste der Vergangenheit. An der Ecke von Fourth Avenue und D Street steht das **Wendler Building.** Die Statue zeigt den berühmten Schlittenhund Balto, der den heroischen Serum Run nach Nome angeführt hat. Jedes Jahr im März beginnt hier das Iditarod, das berühmteste Schlittenhunderennen Alaskas. Das Gebäude, eines der ältesten der Stadt, hat als einziges einen Eckturm. Das 1915 erbaute **Oscar Anderson House** *(420 M Street)* ist der erste Holzrahmenbau von Anchorage und heute ein Museum. Eine weitere Gruppe von Häusern (frühes 19. Jh.) ziert das Nachbarviertel, das von First und Third Avenue sowie F Street und Christensen Street begrenzt wird. Westlich des historischen Viertels beginnt auf der Second Avenue der **Tony Knowles Coastal Trail** (siehe Kasten S. 115). An dem Wanderweg (17 km) entlang des Cook Inlet trifft man viele Freizeitsportler. Der Trail führt meist ufernah am Westrand der Stadt zum **Kincaid Park.** Auf dem Weg sieht man Wale im Meer. Südlich vom Point Woronzof sind beim Kincaid Park sogar Elche zu sehen. An klaren Tagen erkennt man Mount McKinley im Norden und Mount Susitna im Westen.

> **Tipp**
>
> **Bestätigen Sie Reservierungen für Schifffahrten, Sightseeing-Touren, Hotels und Ähnliches einen Tag vorher, damit die Anbieter wissen, dass Sie wirklich kommen.**
>
> ROWLAND SHELLEY
> NATIONAL GEOGRAPHIC-FELDFORSCHER

GALERIEN UND MUSEEN

Kunstliebhaber können in der Innenstadt durch viele Kunstgalerien stöbern. Am ersten Freitag im Monat findet der **First Friday Art Walk** (ab 17 Uhr) statt. In Galerien, Geschäften und Restaurants gibt es Essen, Getränke, Livemusik und Auftritte ausstellender Künstler. Für Fotos und

ANCHORAGE
🅰 Karte S. 109
Besucherinformation
✉ 524 W. 4th Ave.
☎ 907/276-4118 oder 800/446-5352
www.anchorage.net

SATURDAY MARKET
✉ 3rd Ave. zwischen E und C St.

☎ 907/272-5634
🕐 Mitte Mai–Mitte Sept. Sa 10–18, So 10–17 Uhr
www.anchoragemarkets.com

OSCAR ANDERSON HOUSE
✉ 420 M St.
☎ 907/274-2336
🕐 Mai–Mitte Sept. Di–So 12–16 Uhr
🟦 $$

☐ **Wissen**

SATURDAY MARKET

Im Sommer findet samstags und sonntags das Anchorage Market & Festival statt, unter den Einheimischen besser bekannt als »Saturday Market«. Auf dem Freiluft-Basar (225 E 3rd Ave) verkaufen über 300 Händler eine unglaubliche Vielfalt an Waren wie Marmeladen, Räucherlachs, Elfenbeinschmuck, aus Holz geschnitzte Elchköpfe, Tonwaren, Pelzmäntel, Waschbär- und Stinktiermützen und Geldbörsen aus grauem, wasserdichtem Klebeband. Straßenkünstler sorgen für eine festliche Stimmung; gelegentlich marschiert ein Trupp von Dudelsackspielern über die Wege, der laut die begeisterte Menge teilt. Viele Imbissstände verkaufen Spezialitäten wie frittierten Heilbutt, Lachs-Quesadillas und Austern von der Kachemak Bay.

Gemälde mit traditionellen Sujets empfiehlt sich die **Stephan Fine Arts Gallery** *(939 W. 5th Ave., Tel. 907/274-5009, www.stephanfinearts.com)*, die eine Auswahl von Werken alaskischer Künstler besitzt.
Zeitgenössische Kunst zeigt die gemeinnützige **International Gallery of Contemporary Art** *(427 D St., Tel. 907/279-1116, www.igcaalaska.org)*. **Aurora Fine Art Gallery** *(737 W. 5th Ave., Tel. 907/274-0234, www.aurorafine art-alaska.com)* präsentiert eine Mischung traditioneller und zeitgenössischer Stile, verkörpert durch die *»totemic design«*-Stücke von Marilyn Kaminsky Miller, die manchmal in der Galerie zu sehen sind. Die Künstlerin lässt sich durch Ureinwohner und Naturlandschaften inspirieren.

ANCHORAGE MUSEUM

Um eine große Portion Kunst, Geschichte, Kultur und Naturwissenschaft zu bekommen, lohnt sich ein Besuch des **Anchorage Museum**. Die naturwissenschaftliche Abteilung umfasst ein **Planetarium**, das **Arctic Studies Center** und das **Imaginarium**, in dem Kinder ein Luftgewehr abfeuern, in Zwischenräumen lebende Tiere anfassen und ein Erdbeben auslösen können. Viele Ausstellungen haben ihren Schwerpunkt auf Wissenschaften gelegt, die speziell in Alaska interessant sind wie die Polarlichter und Vulkane. Mehrere Säle zeigen Arbeiten aus der Zeit der ersten Europäer in Alaska bis zur Gegenwart. Den Anfang macht der Stich eines Ureinwohners vom Prince William Sound, der 1784 von einem Künstler aus der Mannschaft Kapitän Cooks gefertigt wurde. Viel Raum bekommen auch die großen Landschaftsmaler wie etwa Sydney Laurence.
In der **Alaska Gallery** erzählt eine Mischung aus Kunst und anderen Exponaten die lange Geschichte Alaskas von der Urzeit bis ins 21. Jahrhundert. Einen Schwerpunkt bildet das Leben der Ureinwohner.

Angler am Ship Creek mit der Skyline von Anchorage im Hintergrund

EINZIGARTIGES ALASKA

Westlich des Town Square liegen drei Attraktionen: Aurora – Alaska's Great Northern Lights *(Sydney Laurence Theatre, Alaska Center for the Performing Arts, 621 W. 6th Ave, Tel. 907/263-2993, www.thealaskacollection.com/ summershow, Anfang Sept.–Ende Mai geschl., $$)* ist eine Show, bei der Bilder von Polarlichtern mit Musik unterlegt werden. Das **Alaska Experience Center** beeindruckt die Besucher mit Filmprojekten mit Themen rund um Alaska auf einem riesigen Rundumbildschirm. Ganz gleich, was gezeigt wird: ein bedrohlicher Grizzlybär, ein reißender Fluss mit Eisbergen, ein aus dem Wasser auftauchender Buckelwal oder Bergsteiger, die einen riesigen Gletscher bezwingen; stets fühlt es sich an, als wäre man hautnah dabei. Außerdem gibt es Ausstellungen und einen Kurzfilm über das heftige Beben von 1964 in Alaska.

Genauso ungewöhnlich wie der Name ist auch der Laden: **Oomingmak** *(604 H St., Tel. 907/272-9225 oder 888/360-9665, www.qiviut.com)* verkauft Pullover, Hüte, Babyschuhe und andere Kleidungsstücke, die von einheimischen Handwerkern aus Qiviut, dem ultrawarmen inneren Haar der Moschusochsen, gestrickt wurden. Außerhalb der Innenstadt liegen weitere Sehenswürdigkeiten: In einem Gebäude der Wells Fargo Bank wirbt das **Alaska Heritage Museum** *(301 W. Northern Lights Blvd., Tel. 907/265-2834, Sa, So geschl.)* damit, eine der größten städtischen Sammlungen mit

ANCHORAGE MUSEUM
✉ 625 C St.
☎ 907/929-9200
🕐 Mai–Sept tägl. 9–18, sonst Di–Sa 10–18, So 12–18 Uhr

💲 $$$
www.anchoragemuseum.org

EARTHQUAKE PARK
✉ 4306 W. Nothern Lights Blvd.

☐ Tipp

Informieren Sie sich über das Erdbeben von 1964 im Earthquake Park in Anchorage, der dort liegt, wo an jenem Tag 75 Häuser durch einen Erdrutsch zerstört wurden.

SARAH ROESKE
NATIONAL GEOGRAPHIC-FELDFORSCHERIN

Gegenständen der Ureinwohner und Kunstwerken von diversen Künstlern aus Alaska zu besitzen.

Die Bedeutung der Luftfahrt für Alaska lernt man bei einem Besuch des **Alaska Aviation Heritage Museum** (*4721 Aircraft Dr., Tel. 907/ 248-5325, www.alaskaairmuseum. org, Mai–Sept. tgl. 9–17 Uhr, sonst Di–So, $$$*) kennen. Hier werden 27 Flugzeuge gezeigt, u. a. Raritäten wie ein Grumman-Widgeon-Amphibienflugzeug (1944) und ein Stinson-L-1-Aufklärungsflugzeug der Armee. Von einer Beobachtungsplattform blickt man über die Landebahn der Wasserflugzeuge auf den benachbarten Lake Hood.

GÄRTEN UND PARKS

Lohnenswert ist ein Spaziergang durch den 44,5 Hektar großen **Alaska Botanical Garden** (*4601 Campbell Airstrip Rd., Tel. 907/770-3692, www.alaskabg.org, $$*). Auf dem **Wildflower Trail** sind viele Blütenpflanzen zu sehen. Der **Lowenfels Family Nature Trail** führt zu einem Bach, in dem in den Sommermonaten Königslachse laichen.

CHUGACH STATE PARK

Einige Kilometer östlich des Botanischen Gartens liegt die Westgrenze des Chugach State Park, den über eine Million Einheimische jährlich besuchen.

Zwei Radfahrer pausieren am 17 Kilometer langen Tony Knowles Coastal Trail

⬚ Erlebnis

MIT DEM FAHRRAD DURCH DIE WILDNIS

Trotz der Berge, Bären, der Kälte und der Wildnis gibt es für Radfahrer einige Möglichkeiten zu interessanten Touren.

Der **Tony Knowles Coastal Trail** (17 km) beginnt im Zentrum von Anchorage an der 2nd Avenue, führt am Ufer von Knik Arm und Cook Inlet entlang und gehört zu einem der faszinierendsten Radwege weltweit. Doch Sie müssen wirklich aufpassen; es kann passieren, dass Sie Elche oder sogar Bären treffen. Der Weg endet am Kincaid Park. Der asphaltierte Weg ist auch zum Wandern, Joggen sowie im Winter für Skilanglauf und Schlittenfahren beliebt.

Wer es etwas aufregender möchte, wählt den Dalton Higway (einfache Strecke 666 km). Es ist meist nur eine Schotterpiste, die zu drei Vierteln nördlich des Polarkreises liegt. Eine Strecke von mehr als 320 Kilometern ist ohne jegliche Servicestation. Obwohl nicht gerade fahrradfreundlich, können Radfahrer mit etwas Hilfe die großartige Umgebung genießen. Angeboten werden Touren, bei denen die Rückfahrt im Auto erfolgt, oder sogar Touren, bei denen ein begleitendes Auto das Gepäck transportiert. Zu den Anbietern solcher Luxusfahrten zählt **Dalton Highway Express** *(Tel. 907/474-3555, www.daltonhighwayexpress.com)*. Nicht alle Strecken sind so schwierig wie der Dalton. Asphaltierte Straßen mit gutem Service können auch sehr malerisch sein. Mit oder ohne Führer sind viele Radfahrer jeden Sommer auf diesen Hauptstraßen unterwegs. Doch Alaska bietet weit mehr Möglichkeiten für Mountainbiker. Einige entscheiden sich für raue, aber schöne Straßen wie jene, die tief in den **Denali National Park** (siehe S. 223 ff) führt. Andere wählen Pfade, die idyllisch durch Wälder und Wiesen führen.

Sie kommen zum Wandern, Skifahren, Fischen, Beerensammeln etc. Unterwegs hat man einen 360°-Panoramablick auf die Stadt, den Cook Inlet und die Berge. Der Park weist eine erstaunliche Wildnis auf. Einige Teile davon sind niemals erkundet worden, einige Gipfel wurden nie bestiegen. Der Park beheimatet z. B. Wölfe, Bären, Elche, Hermeline, Luchse, Flughörnchen, Kojoten, Bergziegen und -schafe. Anchorage liegt am nächsten an der Westgrenze, wo man gut wandern kann. Ein weiterer beliebter Eingang liegt südlich der Stadt entlang des Seward Highway, der das Ufer des Turnagain Arm (siehe S. 118ff) flankiert. ∎

ALASKA EXPERIENCE THEATRE
⊠ 333 W. 4th Ave.
☎ 907/272-9076
💲 $$$
www.alaskaexperiencetheatre.com

CHUGACH STATE PARK
🅰 Karte S. 109
⊠ Potter Section House, Mile 115.2, Seward Hwy.
☎ 907/345-5014
www.dnr.alaska.gov/parks/units/chugach

Überall in Alaska finden sich Läden, in denen die traditionelle Kunst der Ureinwohner verkauft wird. Die Auswahl ist überwältigend und spiegelt die vielfältigen Stile, Themen, Traditionen und Mittel wider, die sich in den unterschiedlichen Regionen entwickelt haben. Feine Perlenstickereien auf Elchleder, charakteristisch für die Athabascan-Stämme, gravierte Walrosshauer der Eskimos und fein geschnitzter und bunt bemalter Kopfschmuck der Tlingit.

Allerdings ist nicht alles echt, was als »Native Art« angeboten wird. So ersetzten Schnitzer den Speckstein durch Harz. Die Echtheit von Ohrringen zum Preis von 15 Dollar mag für den Käufer belanglos sein, aber wer Hunderte oder Tausende ausgibt, möchte sicherstellen, dass es sich um einen echten McCoy handelt. Ein wichtiger Hinweis ist der »silver hand«-Aufkleber: Er zeigt eine Hand und die Aufschrift »Authentic Native Handicraft of Alaska«. Dieser Aufkleber garantiert, dass der Gegenstand von einem Ureinwohner in Alaska gefertigt wurde, allerdings besagt er nichts über die Qualität. Diese Methode ist jedoch nur bedingt zuverlässig, da die Sticker übertragen werden können und nicht alle echten Werke mit einem Aufkleber gekennzeichnet sind.

Kennt man den Künstler nicht persönlich, ist der sicherste Weg der Kauf in einem seriösen Geschäft. Dazu gehören Geschäfte in Museen und Kulturzentren. Die Läden im Alaska Native Heritage Center in Anchorage und dem Alaska State Museum in Juneau sind bekannt für ihre Kunstwerke; ebenso der Laden im Alaska Native Medical Center in Anchorage. Der **Alaska State Council on the Arts** *(161 Kelvin St, Ste. 102, Anchorage, AK 99508, Tel. 907/269-6610, https://education.alaska.gov/aksca)* listet seriöse Läden.

Eine mit Ornamenten versehene Schirmkappe der Tlingit im Südosten Alaskas

Wer sich in einem Laden nicht sicher ist, sollte nach dem Ursprung des Werkes fragen oder eine Echtheitsbescheinigung fordern. Wenn ein Verkäufer z. B. behauptet, die Robbe wurde von einem Yupik auf St. Lawrence aus Walrosshauern hergestellt, kann man den Verkäufer bitten, dies auf der Quittung schriftlich zu belegen. Ein anderer Tipp ist, das Material näher zu untersuchen: Speckstein fühlt sich bei-

Dorica Jackson bemalt einen Totempfahl ihres Ehemanns Nathan Jackson

spielsweise kühler als Harz an und ist auch schwerer. Ein Aufsatz mit weiteren hilfreichen Tipps findet sich auf der Website der **Federal Trade Commission** *(www.ftc.gov/alaska)*. Wer betrogen wurde, kann eine Beschwerde bei der **Federal Trade Commission** *(www.consumer.ftc.gov/artic les/pdf-0055-alaska-native-art.pdf)* oder beim **Alaska Attorney General's Office** *(Tel. 907/269-5100, www.law.state.ak.us/consumer)* einreichen.

--- 🗋 Erlebnis ---

KURSE ZUR KULTUR DER UREINWOHNER

Reisende bekommen häufig Zeugnisse der Kultur der Ureinwohner Alaskas zu Gesicht. Totempfähle vor Verwaltungsgebäuden, Lachs, der in Hinterhöfen trocknet, Schmuck in Läden. Wer einen tieferen Einblick in diese Traditionen gewinnen möchte, sollte an einer Tour teilnehmen. Ein Anbieter ist zum Beispiel die **Northern Alaska Tour Company** *(Tel. 907/474-8600, www.northern alaska.com)*. Sie bietet eine Tour an, bei der man das entlegene Dorf Anaktuvuk Pass im Gates of the Arctic National Park and Preserve besucht, dessen Bevölkerung von 300 Nunamiut Inupiat sich noch immer selbst versorgt. Oder Sie können das Dorf Klukwan bei Haines in Südostalaska besuchen. Informationen bei **Chilkat Indian Village** *(Tel. 907/767-5505, http://chilkatin dianvillage.org)*. Alternativ dazu kann man auch die traditionelle Handwerkskunst beim **Morris Thompson Cultural and Visitors Center** *(Tanana Chiefs Conference Cultural Programs, Tel. 907/459-3700)* erlernen. In einem ein- bis dreitägigen Seminar wird man von Experten der traditionellen Kunst darin unterrichtet, wie man eine Tasche aus Elchhaut, einen Lichtfänger oder einen Korb aus Birkenrinde herstellt. Wer tiefer in die Kultur der Ureinwohner eintauchen möchte, der sollte an einem vier- bis sechswöchigen Sommerkurs der **University of Alaska, Fairbanks** *(Tel. 907/474-7021, www.uaf.edu/summer)* teilnehmen. Man kann die Kulturen der Ureinwohner studieren oder die Archaeologial Field School besuchen, die das Ausgraben eines prähistorischen Menschen zeigt, der über 14 000 Jahre alt ist.

Die offiziellen Grenzen des Stadtbezirks von Anchorage erstrecken sich weit in den Süden und Südosten und umfassen kleine Städte, ländliche Gebiete und ausgedehnte Wildnisareale. Die Stadt zieht sich entlang des Seward Highway und des Turnagain Arm, dem südlichen Arm des Cook Inlet.

=== 🔲 Tipp ===

In Alaska gibt es viele interessante Charaktere. Abseits der Touristenorte sind Einheimische sehr daran interessiert, Besucher zu treffen.

SARAH ROESKE
NATIONAL GEOGRAPHIC-FELDFORSCHERIN

Der Seward Highway windet sich vom Zentrum weit nach Süden zum Ende des Turnagain Arm und dem Beginn der Kenai Peninsula. Er bildet das Rückgrat von Süd-Anchorage. Alle Attraktionen liegen entlang des Highways, der der Uferlinie folgt. Man findet sie entweder an den wenigen kurzen Stichstraßen oder an Wanderwegen, die dort beginnen. Im Folgenden werden die 70 Kilometer zwischen Anchorage und dem Ende des Turnagain Arm beschrieben. Der Meeresarm erhielt seinen Namen im Jahr 1778 von Kapitän Cook: Der musste sein Schiff wenden, weil die Passage keine Durchfahrt bot.

Potter Marsh, wie er auch genannt wird, ist der landschaftlich reizvollste und am besten zugängliche Teil des **Anchorage Coastal Wildlife Refuge** und heißt offiziell Potter Point State Game Refuge (*Alaska Department of Fish & Game, Tel. 907/267-2556, www.adfg.state.ak.us*). Die Sumpflandschaft beginnt bei Meile 117,4 und damit 16 Kilometer südlich vom Zentrum. Mit einem Fernglas lassen sich Vögel entlang des 400 Meter langen Holzstegs beobachten. Während des Vogelzugs im Frühjahr (etwa Ende April bis Mitte Mai) drängen sich Schwärme von Wasservögeln im Feuchtgebiet. Im Frühsommer brüten Weißkopfseeadler, Küstenseeschwalben und Kanadagänse in Potter Marsh. Ende Juli und im August setzt schon wieder der Rückzug aus der Arktis ein.

=== 🔲 Wissen ===

EISWÜRMER

Dank des humorvollen Gedichts *Die Ballade vom Eiswurmcocktail* von Robert Service glauben viele Menschen, der Eiswurm sei so echt wie das Einhorn oder der Wolpertinger. Eiswürmer gibt es jedoch wirklich, wenn auch nicht in Cocktails. Etwa einen Zentimeter lang und rau wie ein Stück Faden, heißen sie so, weil sie tatsächlich nahe der Eisoberfläche leben. Wissenschaftler wissen noch nicht genau, wie sie in der Kälte überleben können.

CHUGACH STATE PARK

Fährt man von Potter Marsh auf dem Highway weiter nach Süden, trifft einen die schiere Wucht der Landschaft. Zur Rechten erstreckt sich der Turnagain Arm. Hier, wo der immer schmaler werdende Meeresarm seine breiteste Stelle hat, sind es etwa 16 Kilometer hinüber zur majestätischen Kenai Peninsula. Zur Linken erheben sich die Gipfel und Wälder des Chugach State Park, unterbrochen von felsigen Klippen, Bächen und Wasserfällen. Informationen sind im Hauptquartier des Parks erhältlich. Es befindet sich im historischen **Potter Section House** *(Meile 115,2; Sa, So geschl.),* in dem früher Eisenbahnarbeiter untergebracht waren. Wenige Hundert Meter weiter liegt die Abzweigung zum **Potter Creek Viewpoint & Trail**. Von der Aussichtsplattform mit ihren Informationstafeln und Fernrohren genießt man schöne Ausblicke. Für eine kurze Wanderung bietet sich der 800 Meter lange **Nature Trail** an.

Naturliebhaber kommen zur Potter Marsh und suchen das Feuchtgebiet nach Vögeln und laichenden Lachsen ab

Hier liegt der nördlichste Ausgangspunkt des **Turnagain Arm Trail**. Dieser Weg, einer der beliebtesten Wanderwege Alaskas, läuft 15 Kilometer lang parallel zum Highway und bietet fantastische Ausblicke über den Turnagain Arm. Der Weg führt durch dichten Fichtenwald und überquert kühle Bäche. Nach einem kurzen Anstieg am Anfang ist die Strecke bis auf die letzten drei Kilometer relativ eben und leicht. Für Wanderer, die wenig Zeit haben oder nicht am Potters Creek starten möchten, gibt es bis zum Ende des Weges am Windy Corner zwei weitere Einstiegsmöglichkeiten. Einer dieser Einstiege ist die **McHugh Creek Picnic Area** (Meile 111,9). Der Rast-

CHUGACH STATE PARK
🅼 Karte S. 109
✉ Potter Section House, Mile 115.2, Seward Hwy.

☎ 907/345-5014
www.dnr.alska.gov/parks/units/ chugach

platz mit drei hintereinanderliegenden gebührenpflichtigen Parkplätzen bietet weitreichende Ausblicke. Am zweiten Parkplatz stehen eine Aussichtsplattform, Ferngläser und Informationstafeln zur Tierwelt. Mit ihnen lassen sich die Berge jenseits des Turnagain Arm orten. Mit etwas Glück sieht man auch Dallschafe an den steilen Abhängen im Osten.

Etwa 1,5 Kilometer weiter zweigt auf der linken Seite des Highways eine Straße zum **Beluga Point** ab. Auch dort kann man Dallschafe sehen. Wie der Name schon sagt, ist es aber vor allem ein hervorragender Platz zur Beobachtung von Belugas (Weißwalen), die Mitte bis Ende August den Wanderungen der Coho-Lachse hierher folgen. Auch wenn ihre Population stark zurückgegangen ist, so sieht man gelegentlich noch einen dieser kleinen weißen Wale, die immer zu lächeln scheinen. *(Warnung: Niemals auf den bei Ebbe freiliegenden Schlick hinauswandern. Schon so mancher wurde von der schnell auflaufenden Flut überrascht und ertrank, da er im Treibsand feststeckte.)*

Im Turnagain Arm wird die auflaufende Flut zu einem spannenden Erlebnis. Der Meeresarm hat eine Differenz bis zu zehn Meter zwischen Ebbe und Flut. Wenn sich das Wasser in den sich verjüngenden Meeresarm presst, bildet sich eine Gezeitenwelle *(tidal bore)*, die etwa zwei Meter hoch sein kann. Der Turnagain Arm und der Knik Arm nördlich von Anchorage sind die einzigen Orte in den USA, an denen dieses Phänomen vorkommt.

Ein guter Platz, um die auflaufende Flut zu beobachten, ist der **Bird Point Scenic Overlook** (Meile 96,5), wo die Gezeitenwelle auf Informationstafeln erklärt wird. Etwa 45 Minuten nach der Ebbe in Anchorage (+/– 30 Min.) rauscht die Wasserwand am Aussichtspunkt vorbei. Die Flutwelle läuft durch den ganzen Meeresarm und hat eine Geschwindigkeit von 16 bis zu 24 Stundenkilometern.

Auf der Westseite des Highways (Meile 96,5 bis 92,5) liegen Parkbuchten mit Informationstafeln.

Der am Ufer des Turnagain Arm verlaufende Seward Highway bietet traumhafte Ausblicke

Wissen

KÄLTESCHOCK

Kaltes Wasser kann Sie umbringen. Wer in Wasser fällt, das so kalt ist wie jenes in Alaska, erleidet einen Kälteschock. Zuerst tritt der Reflex auf, nach Luft zu schnappen, und die Unfähigkeit, den Atem anzuhalten. Wer in tiefes Wasser fällt, atmet eventuell schon Wasser ein, bevor er wieder auftaucht.

Um das Ertrinken zu vermeiden, ist es nötig, nicht in Panik auszubrechen, die Atmung zu kontrollieren und so schnell wie möglich aus dem Wasser zu kommen, sei es auch nur auf ein gekentertes Kanu. Ans Ufer schwimmen zu wollen, ist riskant; die Behörden empfehlen, beim Boot zu bleiben. Vorsorge ist am besten. Tragen Sie eine Schwimmweste, gehen Sie nie allein auf Tour und bleiben Sie in Küstennähe. Weitere Informationen bietet die Alaska Marine Safety Education Prevention Association *(Tel. 907/747-3287, www.amsea.org)*.

ALYESKA HIGHWAY

Bei Meile 90 erreicht man Girdwood Junction. Die durch das Erdbeben und die Flutwelle 1964 zerstörte Stadt wurde von den Einwohnern 3,2 Kilometer oberhalb des Highways wieder neu aufgebaut, die Zufahrtsstraße zweigt nordöstlich der Kreuzung ab. Kurz vor dem neuen Girdwood zweigt links die Crow Creek Road ab. Nach fünf Kilometern auf der Schotterstraße kommt man zur **Crow Creek Mine**. In der ergiebigen Mine wurden zwischen 1890 und 1940 Tonnen von Gold geschürft. Acht Originalgebäude mit Gegenständen aus der Bergwerkszeit sind zugänglich. Vieles wirkt sicherlich recht baufällig, entspricht aber wohl genau den damaligen rauen Verhältnissen in der Mine. Noch immer fließt Gold den Crow Creek hinab, und Besu-

Tipp

Der Byron Glacier, bei Begich, Boggs Visitor Center, ist der letzte gut zugängliche Platz, um Eiswürmer in der Natur zu beobachten. Kommen Sie bei Dunkelheit, dann sind die Würmer an der Oberfläche.

DAN SHAIN
NATIONAL GEOGRAPHIC-FELDFORSCHER

cher können sich ein Sieb und einen Eimer ausleihen und ihr Glück versuchen. Eine Meile weiter endet der Highway am Skigebiet **Alyeska Resort** *(Tel. 907/754-1111 oder 800/880-3880, www.alyeskaresort.com)*.

CROW CREEK MINE
🄰 Karte S. 109
✉ Crow Creek Rd.

☎ 907/229-3105
🕐 Okt.–Mitte Mai geschl.
💲 $$
www.crowcreekmine.com

Bird Point Scenic Overlook am Turnagain

Auf der Arlberg Road geht es an Eigentumswohnungen und Ferienhäusern vorbei zum Alyeska Prince Hotel (1,6 km). Hinter dem Luxushotel führt eine Gondelbahn auf den 701 Meter hohen Mount Alyeska. Von oben hat man eine fantastische Aussicht und die Wahl zwischen einer Cafeteria und dem 4-Sterne-Restaurant Seven Glaciers. In den Sommermonaten sind Wanderer, Mountainbiker und Beerensammler unterwegs.

PORTAGE

Bei Meile 78,9 auf dem Seward Highway liegen der **Portage Glacier** und das **Portage Valley**. Die Stichstraße nach Osten führt zum Gletscher und nach Whittier. Bei der Fahrt durch das von Bergen und Gletschern eingerahmte Tal entlang des Portage Creek kommt man an Zeltplätzen und Wanderwegen vorbei. Kurz nach der Fünf-Meilen-Markierung biegt links ein Weg zum Begich Boggs Visitor Center ab. Vom verglasten Aussichtsraum lassen sich die Eisberge im Portage Lake bewundern, auch wenn sich der Gletscher selbst so weit zurückgezogen hat, dass er nicht mehr zu sehen ist. Vom Visitor Center werden geführte Bootstouren zur Gletscherstirn angeboten. ■

PORTAGE GLACIER & PORTAGE VALLEY
⚠ Karte S. 109
✉ Begich, Boggs Visitor Center

☎ 907/783-2326, (außerhalb der Saison: 907/783-3242)
🕐 Sept.–Memorial Day geschl.
www.fs.usda.gov/recarea/chugach/recarea/?recid=71943

══════════════ ⬜ Wissen ══════════════

MILEPOSTS
Die Angaben auf den Meilensteinen *(mileposts)* entsprechen den tatsächlich zurückgelegten Meilen entlang der Straße ab der Stadt Seward.

Die meisten Autofahrer auf dem Glenn Highway in Richtung Norden reduzieren ihre Geschwindigkeit erst wieder, wenn sie den Mat-Su Borough nach knapp 50 Kilometern erreicht haben. Doch es lohnt sich, durch den Norden von Anchorage zu fahren, denn er bietet interessante kulturelle und historische Stätten sowie eine Vielzahl an Outdoor-Aktivitäten und kaum berührte Natur im Überfluss. Der Glenn Highway ist das verbindende Straßenstück dieser Region.

ALASKA NATIVE HERITAGE CENTER

In den Außenbezirken der Stadt führt die Ausfahrt Muldoon Road North (Meile 4,4) zum ausgeschilderten Alaska Native Heritage Center *(kostenlose Shuttles von mehreren Haltestellen im Zentrum)*. Das Zentrum bietet Einblicke in die Kultur und Geschichte der Ureinwohner, ist aber kein Museum. Ureinwohner aus elf Kulturen zeigen ihr Brauchtum. Vom Welcome House führt ein Weg (800 m) zu verschiedenen »Dörfern«. Diese sind jeweils einer bestimmten Kultur gewidmet. Führungen beginnen halbstündlich. Zu den Dörfern gehört ein unterirdisches Gemeinschaftshaus im Stil der Inupiaq und der St. Lawrence Yupik.

Die **Hall of Cultures** ist randvoll mit historischem wie auch zeitgenössischem Kunsthandwerk. Künstler aus dem ganzen Land arbeiten hier an ihren Kunstwerken. Im **Gathering Place** treten Geschichtenerzähler, Tänzer und andere Künstler auf. Die Ausfahrt bei Meile 6,1 führt auf der Arctic Valley Road nach Osten. Nach elf Kilometern auf einer steilen Straße erreicht man das Skigebiet **Alpenglow at Arctic Valley** *(Tel. 907/428-1208, www.skiarctic. net)*. Im Spätsommer und Herbst kommen Ausflügler hierher, um Blaubeeren zu pflücken und zu wandern. Trainierte Wanderer können die 5,6 Kilometer lange Rundwanderung auf den **Rendezvous Peak** leicht in zwei bis drei Stunden schaffen. Planen Sie eine Stunde zusätzlich für Rast und Ausblick auf dem 1234 Meter hohen Gipfel ein.

Eine Tänzerin der Tlingit legt die traditionelle Tracht für eine Vorstellung im Alaska Native Heritage Center an

□ Tipp

Am besten lernt man die Wildnis bei Aufenthalten in entlegenen Camps oder Lodges kennen, auch wenn diese teuer sein können.

SARAH ROESKE
NATIONAL GEOGRAPHIC-FELDFORSCHERIN

EAGLE RIVER NATURE CENTER

Wer das Wandern mit ein wenig Bildung verbinden möchte, der sollte die Ausfahrt Eagle River (Meile 13,4) nehmen und nach rechts auf die Eagle River Road abbiegen. Am Ende der Straße (20 km ab Glenn Highway) befindet sich das Eagle River Nature Center. Das kleine Naturzentrum hat eine schöne Ausstellung und bietet in den Sommermonaten täglich naturkundliche Wanderungen an. Am Rastplatz ist ein Fernglas aufgestellt, und auf einer Wanderkarte sind verschiedene Wanderungen beschrieben.

Der 43,5 Kilometer lange **Iditarot National Historic Trail** (Cow Pass Trail), eine beliebte Mehrtagestour in Alaska, erstreckt sich vom Zentrum zum Ende der Crow Creek Road oberhalb von Girdwood. Halten Sie Ausschau nach Grizzlybären, Gletschern, Elchen, Bibern, Dallschafen und Minen. Die ersten 7,2 Kilometer ab dem Zentrum sind leicht bis mittelschwer.

Zu den leichten Wanderwegen gehört der **Rodak Nature Trail**. Der 1,2 Kilometer lange Rundweg mit Hinweistafeln führt an einem Bach entlang. Von diesem Weg können Wanderer entlang dem Eagle River dem 4,8 Kilometer langen **Albert Loop Trail** folgen (*Abschnitte des Weges sind zeitweilig gesperrt, um die Bären nicht beim Lachsfang zu stören*).

EKLUTNA

Der **Eklutna Historical Park** (westlich von Meile 26,5) zeigt eine Mischung aus spirituellen Traditionen der Ureinwohner und der russisch-

Das Alaska Native Heritage Center bietet einen guten Einstieg in das große kulturelle Erbe der Region

⬜ Wissen

ACHTUNG! STECHMÜCKEN UND ANDERE INSEKTEN

Sie haben die Geschichten gehört. Stechmücken so groß wie Tarnkappenflugzeuge. Kriebelmücken so heimtückisch wie Ninjas. Gnitzen, die durch ein Nadelöhr passen. Schwärme von summenden beißenden Insekten, die in Milliarden auftreten und den Himmel verdunkeln. Glauben Sie nicht alles, was Sie hören. Die Stechmücken sind nicht so groß wie Tarnkappenflugzeuge. Doch sie sind ziemlich groß; alles andere, was im ersten Absatz steht, stimmt; beziehen Sie die Insekten in Ihre Reiseplanung ein.

Gehen Sie ihnen, soweit möglich, aus dem Weg. Der Januar ist weitgehend stechmückenfrei. Wenn Sie Sonne und Temperaturen über dem Gefrierpunkt bevorzugen, versuchen Sie es von Anfang Mai bis Mitte Juni oder von Mitte August bis Anfang September. Besorgen Sie sich aber spezielle Informationen über Ihr Reiseziel. In verschiedenen Teilen Alaskas treten die Insekten zu verschiedenen Zeiten auf – manche Gegenden sind fast insektenfrei. Wandern und campen an luftigen Plätzen oder in größerer Höhe ist auch hilfreich.

Seien Sie vorbereitet. Insektenschutzmittel muss sein. Weitere Vorsichtsmaßnahmen: Tragen Sie lange Ärmel und lange Hosen aus einem Stoff, der dicht genug ist, dass kein Insektenrüssel durchpasst. Vergessen Sie nicht, die Ärmel zuzubinden und die Hosenbeine in die Socken zu stecken, sonst krabbeln die Kriebelmücken hinein. Ein letzter Tipp: Um die Insekten aus Ihrem Auto fernzuhalten, stellen Sie sich etwa sechs Meter von der Autotür entfernt hin, schütteln wie ein Irrer die Tierchen ab, rennen zur Tür, springen ins Auto und knallen die Tür zu.

---

orthodoxen Kirche. Der Friedhof mit seinen ungefähr 80 bunten Geisterhäusern stammt aus dem Jahr 1652. Die **St. Nicholas Russian Orthodox Church** wurde 1870 gebaut.

Östlich von Eklutna ist die Straße zum 16 Kilometer entfernten Zeltplatz und zur **Eklutna Lake Recreation Area** *(Tel. 907/688-0908)* ausgeschildert. Der See ist beliebt zum Paddeln und Forellenfischen. ◾

ALASKA NATIVE HERITAGE CENTER
🅰 Karte S. 109
✉ 8800 Heritage Center Dr.
☎ 907/330-8000 oder 800/315-6608
🕓 Anfang Sept.–Mitte Mai geschl.
💲 $$$$
www.alaskanative.net

EAGLE RIVER NATURE CENTER
🅰 Karte S. 109

✉ 32750 Eagle River Rd.
☎ 907/694-2108
🕓 Mai–Sept. Mi–So, Okt.–April Fr–So
💲 $$
www.ernc.org

EKLUTNA HISTORICAL PARK
🅰 Karte S. 109
☎ 907/688-6026
🕓 Mitte Mai–Sept. Mo–Sa
💲 $

Matanuska-Susitna Borough ist der »Brotkorb« Alaskas, was angesichts des Wetters und des Bodens in diesem Staat jedoch nicht viel heißt. Der Mat-Su Borough, wie er hier genannt wird, hat ein relativ mildes Klima und zur landwirtschaftlichen Nutzung geeignete Böden. Doch die Region ist auch für ihre hohen Berge, Gletscher und breiten Flüsse bekannt.

Blick auf die Herbstfärbung vom Glenn Highway, der sich durchs Matanuska Valley schlängelt

Die Regierung von Präsident Roosevelt entschied 1935, insgesamt 203 Familien aus dem Mittelwesten der USA nach Alaska umzusiedeln. Die Farmer waren wegen der großen Depression gezwungen, ihre Höfe aufzugeben. Mit der Zeit entwickelte sich ein rentables landwirtschaftliches Gemeinwesen (das Projekt wurde Matanuska Colony genannt). Heute ist Mat-Su eher als Zentrum für Outdoor-Aktivitäten und für seine Schlafstädte bekannt (Anchorage liegt nur eine Autostunde südlich).
Die geografischen Grenzen von Mat-Su sind recht willkürlich gezogen. Der Bezirk ist 63 930 Quadratkilometer groß und reicht im Norden bis in den Denali National Park hinein. Die Nord-Süd-Erstreckung beträgt 320 Kilometer, die Südgrenze definieren das Cook Inlet und der Knik Arm, die Nordgrenze die Hatcher Pass Road (siehe S. 130f). Für dieses Buch wurde als Grenze im Osten der Matanuska Glacier gewählt, die Westgrenze markiert der Susitna River.

PALMER

Die Siedler ließen sich 1935 zunächst in Palmer nieder. Die **Palmer Chamber of Commerce** ist eine wichtige touristische Informationsquelle und beherbergt ein kleines Geschichtsmuseum, das über die Matanuska Colony informiert. Schrotsägen, Sensen und Wäschemangeln belegen die Knochenarbeit der ersten Siedler. Hundeschlitten und Eismeißel erinnern daran, dass die Bauern mit neuen Herausforderungen konfrontiert wurden. Sehenswert ist auch der schöne Gemeinschaftsgarten. Einen kurzen Spaziergang vom Besucherzentrum entfernt, liegt das **Colony House Museum,** einst das Haus von Oscar und Irene Beylund. Es wurde so restauriert, wie es zwischen 1935 und 1945 ausgesehen hat. Die Möbel und der persönliche Besitz der Beylunds lassen die Tage der Kolonisierung lebendig werden. Viele der Führer sind Nachkommen der ersten Siedler.

Auf der anderen Straßenseite steht das **Colony Inn**. Das 1935 erbaute Gebäude diente in den 1960er-Jahren als Wohnheim für Lehrer, heute beherbergt es ein Gasthaus und Restaurant. Ein Block östlich, an der Ecke von E. Elmwood Avenue und S. Denali Street, steht die **United Protestant Church,** die »Kirche der Tausend Baumstämme«. Sie wurde zwischen 1935 und 1937 von den Siedlern erbaut: Selbst der Altar besteht hier aus Baumstämmen.

Tipp

Der Matanuska Glacier, östlich von Anchorage, ist als einziger Gletscher Alaskas mit dem Auto erreichbar. Führungen auf den Gletscher sind möglich.

DAN SHAIN
NATIONAL GEOGRAPHIC-FELDFORSCHER

PALMER
🗺 Karte S. 109
Besucherinformation
✉ Palmer Chamber of Commerce, 723 S. Valley Way
☎ 907/745-2880
🕐 Okt.–April So–Di geschl.
www.palmerchamber.org

MAT-SU BOROUGH
🗺 Karte S. 109
Besucherinformation
✉ Mile 35.5, Parks Hwy.
☎ 907/746-5000
🕐 Visitor Center Mitte Sept.– Mitte Mai geschl.
www.alaskavisit.com

COLONY HOUSE MUSEUM
✉ 316 E. Elmwood Ave.
☎ 907/745-1935
🕐 Mai–Aug. Di–Sa, (im restlichen Jahr nach Voranmeldung)
💲 $
www.palmerhistoricalsociety.org

MATANUSKA GLACIER
🗺 Karte S. 109
✉ Glacier Park Resort, Mile 102 Glenn Hwy. (96 km nördl. von Palmer)
💲 $$$ (ohne geführte Tour). $$$$$ geführte Tour
www.campgroundsalaska.com/gla cier-park-resort-palmer-alaska.php

Einblick in das ländliche Leben bietet die **Farm Loop Road**. Von Palmer fährt man zunächst auf dem Glenn Highway einige Kilometer Richtung Norden und biegt dann nach Westen auf die Palmer-Fishhook Road an der Abzweigung zum Hatcher Pass (Meile 49,5) ab. Nach 2,3 Kilometern geht es rechts auf die Farm Loop Road (5 km), die an Pferdeweiden und traditionellen Scheunen vorbeiführt. Bei Meile 50,7 stößt man wieder auf den Glenn Highway.

MUSK OX FARM

Eine halbe Meile südlich des Glenn Highway zweigt eine Stichstraße zur Musk Ox Farm ab. Die auf der Farm lebenden Tiere sind Nachkommen von 34 »Ochsen«, die in den 1930er-Jahren aus Grönland eingeführt wurden. Sie sollten den Ureinwohnern als Einkommensquelle dienen. Heutzutage streifen einige

Tausend Moschusochsen frei in Alaska umher. Unterhalb des Deckhaares wächst ein wolliges Unterfell, das Qiviut. Es ist federleicht, seidig weich und viel wärmer als Schafwolle. Einmal jährlich wird es ausgekämmt und an Weber der Ureinwohner verschickt, die diese Wolle zu Schals, Hüten und anderen Kleidungsstücken verarbeiten.

Im Laden gibt es eine Auswahl an Qiviutprodukten. Neben dem Laden steht das kleine Musk Ox Museum, dessen Führungen jede Dreiviertel-

---

□ **Wissen**

RIESENGEMÜSE

Gemüse gedeiht im Land der Mitternachtssonne prächtig: Bei bis zu 20 Stunden Sonnenschein am Tag wächst das Gemüse im Mat-Su Borough zu absurden Größen heran. Bei dem Versuch, 27 Kilogramm schwere Zucchini zu hieven, wird der Rücken strapaziert. Neun Kilogramm schwere Karotten aus dem Boden zu ziehen, ist eine sportliche Herausforderung. Ein Bund Mangold brachte es auf 2,70 Meter! Die Olympiade für das riesige Obst und Gemüse ist der »Giant Cabbage Weigh-off« auf der Alaska State Fair. Der bisher schwerste Kohlkopf brachte es auf 47 Kilogramm.

Besucher der Moschusochsenfarm stehen den arktischen Bewohnern hautnah gegenüber

stunde beginnen. Im Frühjahr können Sie die neun Kilo schweren Kälber sehen. Später im Jahr können Sie beobachten, wie 360-Kilo-Kolosse in der Brunft mit über 50 Stundenkilometer aufeinander zurasen und die Köpfe gegeneinanderstoßen.

WASILLA

Wasilla liegt 16 Kilometer westlich von Palmer (via Palmer-Wasilla oder Parks Highway). Das **Dorothy Page Museum** *(323 N. Main St., Tel. 907/ 373-9071, www.cityofwasilla.com/museum, Sa–Mo geschl., $)* liegt im alten Teil von Wasilla, einen Block nördlich des Parks Highway. Das kleine Museum zeigt Wechselausstellungen über das Leben der frühen Pioniere.
Am Neuser Drive (Meile 47) sollte man abbiegen und den Schildern zum **Museum of Alaska Transportation & Industry** *(3800 W. Museum Dr., Mile*
(Fortsetzung auf S. 132)

MUSK OX FARM
⛰ Karte S. 109
☎ 907/745-4151

🕐 Mitte Sept.–Mother's Day geschl.
💲 $$
www.muskoxfarm.org

Die Hatcher Pass Road erstreckt sich von der Ebene des Matanuska River bis zur Ebene des Susitna River und windet sich durch das landschaftlich reizvolle Hochland der Talkeetna Mountains.

Historische Gebäude und mit Tundra bedeckte Hänge am Hatcher Pass

In den höheren Lagen schneit es häufig, sodass der mittlere Abschnitt der Straße nicht selten von Oktober bis Anfang Juli geschlossen ist. Im Sommer ist die Straße befahrbar, auch wenn die mittleren 40 Kilometer nur aus einer holprigen Schotterstraße bestehen. Allgemeine Auskünfte erteilt das **Mat-Su Convention & Visitors Bureau** *(Tel. 907/746-5000)* oder **Alaska State Parks** *(Tel. 907/745-3975)*.

Die Strecke beginnt zwölf Kilometer nördlich von Palmer bei Meile 49,5 auf dem Glenn Highway. Vom Highway zweigt nach Westen die Palmer-Fishhook Road ab, sie führt nordwärts durch das Farmland. Bei Meile 8,5 nimmt man die Abzweigung zum **Little Susitna River ❶**, einem Wildbach, der vom Mint Glacier hinabrauscht.

Auf den nächsten acht Kilometern gibt es mehrere Parkbuchten mit Ausblicken zum Little Susitna und auf die mit Tundra bedeckten Berge. Die Strecke endet am Parkplatz des **Gold Mint Trail ❷**. Wer dem Little Susitna folgen will, kann parallel zu ihm auf einem sanft ansteigenden Weg (13 km) durch das schöne alpine Tal zum **Mint Glacier** hinaufwandern. Nach einer scharfen Kurve am Parkplatz steigt die Straße steil bergan. Bei Meile 14,6, **Archangel Road**, zweigt eine Stichstraße (nur für Allrad geeignet) zum Ausgangspunkt der Wanderung zu den **Reed Lakes** ab. Bei Meile 16,4 befindet sich der Parkplatz des Fishhook Trail.

INDEPENDENCE MINE UND UMGEBUNG

Bei Meile 17 beginnt der Zufahrtsweg zum **Independence Mine State His-torical Park ❸** *(Tel. 907/745-2827 oder 907/745-3975, www.dnr.alaska.gov/parks/units/indmine.htm, Mitte Sept.–Mitte Juni geschl., $)*. Firmen hofften, auf die Goldadern zu stoßen, aus denen die Goldplättchen in den Bächen stammten. In ihrer Blütezeit beschäftigte die Independence Mine über 200 Arbeiter. Besucher können herumspazieren und einen Blick durch die Fenster werfen. Im Rahmen von Führungen kann man einige Gebäude besichtigen. Bei Meile 18,9 erreicht die Straße am **Hatcher Pass Summit** (1184 m) ihren höchsten Punkt. Vom Parkplatz starten Wanderwege, auf denen man die Landschaft erkunden und die Aussicht genießen kann. Ähnliche Aus-blicke bietet die **Summit Lake State Re-creation Site ❹** bei Meile 19,3. Hier kann man um den See wandern. Am Gipfel windet sich die Straße über elf Kilometer steil den Berg hinunter, bevor sie wieder flach und gerade verläuft. Dieser Ab-schnitt und die letzten 16 bis 24 Kilometer sind nicht mehr so spektakulär.

> ▲ Siehe Karte S. 108f
> ► Palmer
> ↔ 78 km einfach
> ⏱ 2–3 Std. plus Stopps
> ► Junction of Parks Hwy., 112,7 km nördlich von Anchorage

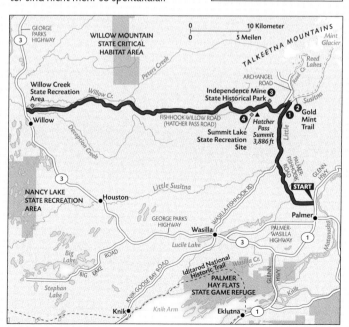

Der Gipfel des Flattop Mountain im Chugach State Park außerhalb von Anchorage

47, Parks Hwy., Tel. 907/376-1211, www.museumofalaska.org, Anfang Sept.–Mitte Mai geschl., $$) folgen. Das Hauptgebäude zeigt Gegenstände von Buschpiloten, Erntewagen und den Drachen, mit dem Robert Burns vom Gipfel des Mount McKinley schwebte. Draußen stehen Boote, Polizeiautos, Helikopter und Militärjets wild durcheinander.

Wasilla ist ein Zentrum der Schlittenhundezucht und der historische Startpunkt des Iditarod, der aus kommerziellen Gründen nach Anchorage verlegt wurde. Auf der Knik-Goose Bay Road liegen die **Iditarod Trail Sled Dog Race Headquarters** (Meile 2,2, Tel. 907/376-5155, www.iditarod.com, im Winter Sa, So geschl.) und das **Knik Museum & Sled Dog Mushers' Hall of Fame** (Meile 13,9, Knik-Goose Bay Rd., Tel. 907/376-2005, Juni–Aug. Do–So). Beide widmen sich dem Thema Hundeschlitten und Iditarod. Einige Schlittenführer der Gegend, z. B. der mehrmalige Iditarod-Gewinner Martin Buser, zeigen ihre Zwinger und erzählen von den Tücken des Rennens und ihren Trainingsmethoden. Wer will, darf die Schlittenhunde und die Welpen streicheln. ■

☐ Tipp

Besuchen Sie im März beim Iditarod Trail Sled Dog Race eine Kontrollstelle, um etwas über Hundeschlitten und ihre Bedeutung für die Gegend zu erfahren (http://iditarod.com/race/checkpoints).

PAM GROVES
UNIVERSITY OF ALASKA, PROFESSORIN

WASILLA
🅰 Karte S. 109
Besucherinformation
✉ 415 E. Railroad Ave.

☎ 907/376-1299
🕐 Sa, So geschl.
www.wasillachamber.org

CHILKOOT CHARLIE'S

Der Komplex mit Bar, Restaurant und Nachtclub hat drei Bühnen und elf unterschiedliche Bars. Die **Swing Bar** ist eine Nachbildung einer Bar aus den 1940er-Jahren, mit Big-Band-Musik, Martinis und Schwarz-Weiß-Fernsehern. Der **Russia Room** und der **Soviet Walk** kopieren zaristisches Ambiente bzw. die Atmosphäre einer russischen U-Bahn. Im **The Deck** bekommen die Gäste ihre Getränke aus einem Eiswagen. Irgendwie schaffen es die Betreiber der Bar immer wieder, bekannte Stars wie die Beach Boys, Metallica und Bon Jovi dazu zu bewegen, hier aufzutreten.

✉ 2435 Spenard Rd., Anchorage ☎ 907/272-1010 **www.koots.com**

CHUGACH STATE PARK HILLSIDE TRAIL SYSTEM

Wanderer schwärmen vom Wegenetz im Chugach State Park östlich von Anchorage; er liegt nur 20 Minuten von der Innenstadt entfernt. Nirgendwo sonst in den USA ist man so schnell von den Wolkenkratzern in der Wildnis. Kurze Stichstraßen vom Hillside Drive führen zu den Startpunkten der wichtigsten Wanderwege: **Prospect Heights** (von O'Malley abgehend) und **Glen Alps** (von Upper Huffman abgehend).

Von Glen Alps führt eine 5,6 Kilometer lange Rundwanderung auf den **Flattop Mountain** – der Anstieg ist bis auf den letzten steilen Teil relativ gut zu bewältigen. Die Mühen werden durch schöne Panoramablicke über Anchorage, Cook Inlet, Kenai Peninsula und selbst die Alaska Range belohnt. Der Höhenunterschied beträgt 472 Meter.

▲ Karte S. 109 ✉ Chugach State Park ☎ 907/345-5014 $ $ (Parken) **www.dnr.state.ak.us/parks/units/chugach**

ULU FACTORY

Es ist ein Messer, das überhaupt nicht aussieht wie ein Messer: Das Ulu wurde über Tausende von Jahren von den Inuit benutzt. Im Altertum wurden die Uluit aus Naturmaterialien hergestellt – die Schneide aus Schiefer und der Griff aus Elfenbein – und für das Häuten und Präparieren von Walrosshaut verwendet, um ein Umiak (Fellboot) herzustellen. Heutzutage bestehen sie normalerweise aus Stahl und Holz und werden für alles mögliche gebraucht, vom Filetieren eines Lachses bis hin zum Schneiden einer Pizza. In dieser Fabrik im Zentrum von Anchorage wird interessierten Besuchern gezeigt, wie ein Ulu benutzt, geformt, geschärft, poliert und der Griff angebracht wird. Alle Arten des Ulu können im angeschlossenen Fabrikladen auch gekauft werden.

✉ 211 W. Ship Creek Ave., Anchorage ☎ 907/276-3119 oder 800/488-5592, So und 1. Jan.–Ende Februar geschl. **http://theulufactory.com**

Kenai
Peninsula

‹ Der Kenai Fjords National Park ist berühmt
für seine vielen Walsichtungen

Zu den Attraktionen der Halbinsel zählen der Kenai Fjords National Park, eine der besten Kanuregionen Alaskas, Museen von Weltrang, Vogelfelsen, Zeugnisse der russischen Vergangenheit, luxuriöse Wildnis-Lodges, endlose Küsten und die weltweit bekannte Sportfischerei.

Fox Island liegt unmittelbar vor Seward in der breiten Einfahrt zur Resurrection Bay

Die Kenai ragt als südwestlich ausgerichtete Halbinsel in das Cook Inlet hinein. 58 000 Menschen leben hier, davon allein 7700 in Kenai, der größten Stadt der Halbinsel; von Anchorage bis zur Nordgrenze sind es nur 84 Kilometer. Sie ist sehr groß, die Seen, Flüsse und Feuchtgebiete nehmen 40 Prozent ihrer Fläche ein. Süß- und Salzwasser nebeneinander machen die Halbinsel zum Paradies der Sportfischer. Die ersten Siedler waren die Athabascan und die Alutiiq (Aleuten) im Süden und Osten. Die Stadt Kenai wurde im Jahr 1791 von russischen Pelzhändlern gegründet, viele Ortsnamen (zum Beispiel Kasilof, Kalifornsky) erinnern an diese Ära. In einigen auf Kenai verstreuten Enklaven leben noch heute Old Believers (Altgläubige), Anhänger der russisch-orthodoxen Religion.
Wie in den meisten Regionen Alaskas begünstigte die Entdeckung von Gold (um 1850) sowie Öl und Gas (um 1960) auch die moderne Entwicklung der Halbinsel. Heute sind die Offshore-Förderung im Cook Inlet, die Fischindustrie und der Tourismus die wichtigsten Wirtschaftszweige.
Der Seward Highway führt nach Seward und zur Resurrection Bay. Der zweite Highway ist der 228 Kilometer lange Sterling Highway. Er zweigt

Richtung Westen vom Seward Highway ab, verläuft anschließend durch das Kenai National Wildlife Refuge, führt nach Soldotna und zieht sich dann Richtung Süden am Cook Inlet entlang bis zum Endpunkt Homer und der Region jenseits der Kachemak Bay. ■

Zur Orientierung

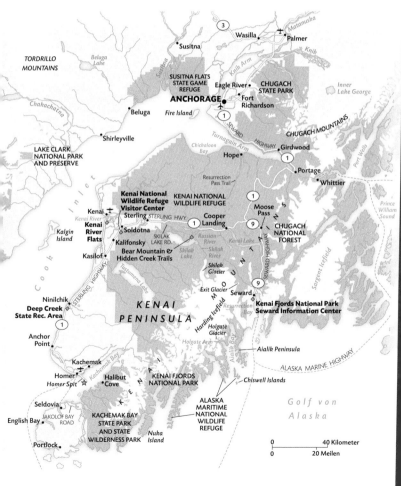

Die Fahrt über den Seward Highway bedeutet harte Arbeit. Die Straße durchzieht die Halbinsel südwärts und verläuft durch die faszinierende Wald- und Gebirgslandschaft des Chugach National Forest. Unterwegs passiert man Wildwasserbäche, Hängegletscher und Biberteiche.

Seward liegt an der Resurrection Bay im Golf von Alaska. Die hübsche Hafenstadt (2800 Einw.) wird von schroffen Gipfeln und dunklen Fichtenwäldern umrahmt. Neben dem gemütlichen historischen Zentrum gibt es jüngere Viertel, die sich rund um den weiter nördlich (1,5 km) liegenden kleinen Hafen gruppieren.

ALASKA SEALIFE CENTER

Das Alaska SeaLife Center ist eines der besten Museen Alaskas und zugleich Forschungszentrum und befindet sich bei der Resurrection Bay bei Mile 0 auf dem Seward Highway. Es kümmert sich um die Wiedereingliederung von Tieren in ihren ursprünglichen Lebensraum und die Erforschung von Alaskas marinen Ökosystemen. Im Museum gibt es Fachinformationen zur Forschung im Beringmeer und zu den Nachwirkungen des Tankerunfalls der »Exxon Valdez«. Im Ozeanarium pressen die Besucher

☐ Erlebnis

EINE SCHIFFFAHRT

Mit Kreuzfahrtschiffen kann man zwar gemütlich das offene Meer befahren, aber die Erkundung verborgener Naturschönheiten – und Alaska bietet zahlreiche Schätze – ist nur mit kleinen Schiffen, die nur wenigen Passagieren Platz bieten, möglich. Vielleicht wählen Sie ein Kajütboot, um durch den Sitka Sound und um St. Lazaria Island zu fahren, wo auf sogenannten Vogelfelsen Tausende von Sturmschwalben, Papageitaucher, Alke und Lummen nisten. Wenn Sie in Homer sind, gehen Sie auf ein altes Fischerboot, das ein paar Dutzend Passagiere zur Halibut Cove bringt. Eine Kombination aus Berglandschaft, Tierbeobachtung und abenteuerlicher Fahrt bietet ein Jetboot auf dem Stikine River. Manche Touren sind herrlich exotisch. Wie wär's mit einer Fahrt ab Ketchikan an Bord eines Krabbenboots? Dabei können Sie zusehen, wie die Mannschaft den Fang des Tages an Bord zieht, darunter Krabben, Shrimps, Kabeljau und jede Menge andere Meerestiere.

Wenn Ihnen keine der organisierten Touren zusagt, können Sie immer noch ein Boot chartern und auf eigene Faust dorthin fahren, wo Sie gern möchten. In einigen ruhigen Regionen können Sie auch ein Landungsboot mieten, mit dem Sie auf den Strand fahren und mitten im Nichts aussteigen können. Eine Liste der verschiedenen Anbieter von Schifffahrten finden Sie im Internet unter *www.travelalaska.com*.

Das Zentrum von Seward ist ein hübscher Mix aus Läden und historischen Gebäuden

ihre Nasen an Glasfenster, um Seehunde und Seelöwen vorbeiflitzen zu sehen. Im Discovery Pool können Kinder über die Fühler von Seeanemonen oder die weichen Fangarme von Seesternen streichen. Im Aviarium lassen sich auf Felsen sitzende Seevögel beobachten, die heftig mit den Flügeln schlagen. Direkt unter der Wasseroberfläche ziehen Gelbschopflunde und Taubenteisten ihre Kreise.

Zuschauer können ein Seelöwentraining vom Besucherdeck aus verfolgen. Interessant ist auch die **Behind-the-Scenes-Führung** *(Buchung notwendig)*. In den Labors erzählen die Angestellten Besuchern alles über Kraken und füttern sie aus der Hand. Auf der täglichen **Encounter Tour** *(Buchung empfohlen, Zuschlagsgebühr)* können Besucher Krakensaugnäpfe anfassen: Sie sind weich und fühlen sich etwa so an wie ein Baby, das sehr kräftig an einem Daumen lutscht.

Über Videomonitore lässt sich die Arbeit mit den Tieren beobachten. Da das Zentrum die führende Einrichtung Alaskas für die Wiederauswilderung von Meeressäugern und Seevögeln ist, ändert sich die Besetzung ständig: An einem Tag sehen Sie, wie einem Papageitaucher Blut entnommen wird, an einem anderen, wie ein Seeotter narkotisiert wird.

SEWARD
🔼 Karte S. 137
Besucherinformation
✉ Seward Chamber of Commerce–
Convention & Visitors Bureau,
2001 Seward Hwy.
☎ 907/224-8051
🕐 Sa–So, Labor Day–Memorial Day
geschl.
www.seward.com

ALASKA SEALIFE CENTER
✉ 301 Railway Ave.
☎ 907/224-6300
💲 $$$$$
www.alaskasealife.org

Im Alaska SeaLife Center schwimmt ein verspielter Seelöwe an den Zuschauern vorbei

HISTORISCHES ZENTRUM

Unmittelbar nördlich des Alaska SeaLife Center beginnt das Zentrum, das sich über ein halbes Dutzend Straßenzüge von Ost nach West und etwa drei Querstraßen in Nord-Süd-Richtung erstreckt. Die Fourth Avenue ist der Mittelpunkt. Im **Seward Community Library Museum** *(239 6th Ave., Tel. 907/224-4082, www.cityofseward.us/libmus, Öffnungszeiten anfragen)* kann man sich Bücher und die Ortsgeschichte ansehen. Die große Sammlung enthält Gemälde führender Künstler Alaskas, russische Ikonen und die Original-Fahne Alaskas, die 1927 von einem Jungen aus dem örtlichen Waisenhaus entworfen wurde. Versäumen Sie nicht, sich das erschütternde Video über das schreckliche Erdbeben anzusehen, das Seward am Karfreitag des Jahres 1964 verwüstete *(3 $)*. Lokalgeschichte bieten die Flure des alten **Van Gilder Hotel** *(308 Adams St., Tel. 800/204-6835, www. alaska.org/detail/van-gilder-hotel)*, in denen zahlreiche alte Fotos hängen. Um einen Geschmack von dem heutigen Leben in Seward zu bekommen, machen Sie einen Halt bei der **Resurrect Art Coffee House Gallery** *(320 3rd Ave., Tel. 907/224-7161, www.resurrectart.com)*, eine umgewandelte einstige lutherische Kirche. Hier treffen sich die Einheimischen gern bei Espresso und feinen Backwaren. Lokale Künstler zeigen hier Kunsthandwerk oder teure Bilder.

SEWARD SMALL BOAT HARBOR

1,5 Kilometer nördlich des Stadtzentrums liegt der Seward Small Boat Harbor, an dem sich westlich ein junges Stadtgebiet entwickelt hat – mit eleganten Restaurants, Galerien und Läden. Am Kai reiht sich ein Sportfischereiausrüster an den anderen. Wenn Sie hier am Ende des Tages bei der Rückkehr der Boote entlangbummeln, können Sie Angler beobachten, wie sie ihre Fänge aufhängen. Am Kai befindet sich auch das Sewards Kenai Fjords National Park Information Center (siehe S. 142). Einige Fachgeschäfte bieten Bootstouren an. Vom Small Boat Harbor aus führt ein **gepflaster-**

ter Küstenpfad 1,6 Kilometer südlich entlang der Bucht und geht dann Richtung Westen am Wasser entlang zum Alaska SeaLife Center. Entlang der Route sind Schilder verteilt, die über eine Vielzahl verschiedener Themen informieren wie über die Pflanzenwelt des Regenwaldes, den gewerblichen Fischfang und die Geschichte der Eisenbahn in Alaska (welche ihre südliche Endstation in Seward hat, in der Nähe des nördlichen Endes des Pfades).

AUSSERHALB VON SEWARD

Ein paar Kilometer weiter südlich liegt die **Lowell Point State Recreation Site** an der Küstenstraße. Das Areal bietet Zugang zum Strand der Resurrection Bay, der vor allem als Ausgangspunkt für Kajakausflüge bekannt ist. Hier beginnt der Wanderweg zur **Caines Head State Recreation Area**. Der sieben Kilometer lange Weg verläuft an der Westseite der Bucht zwischen Strand und Hängen. Manche Abschnitte sind nur bei Ebbe begehbar.

Auf dem Gelände steht **Fort McGilvray**, eine Kommandozentrale, die im Zweiten Weltkrieg nach der Landung der Japaner auf den Aleuten zum Schutz von Seward erbaut wurde. Mit einer Taschenlampe können Besucher durch das unterirdische Labyrinth der Korridore und Räume wandern und die Aussicht vom 198 Meter hohen Felskap genießen. 19 Kilometer südlich von Seward ragen Vogelklippen der **Fox Island** aus der Resurrection Bay. Die Insel kann nur mit den Booten der Kenai Fjord Tours *(Tel. 877/777-4051, www.kenaifjords.com)* besucht werden, einer Firma, die eine drei- bis viereinhalbstündige Bootsfahrt in der Resurrection Bay anbietet und die ein Mittag- oder Abendessen in der attraktiven Fox Island Lodge beinhaltet. ■

CAINES HEAD STATE RECREA-TION AREA
✉ Alaska State Parks, Kenai/PWS Area Office

☎ 907/262-5581
www.dnr.alaska.gov/parks/units/caineshd.htm

—————————— ☐ Wissen ——————————

MOUNT MARATHON RACE

Wohl kaum jemand betrachtet einen über 915 Meter hohen Berg und denkt dabei: »Lass mich den so schnell wie möglich rauf- und runterrennen!« Anders die Leute aus Seward. Seit 1915 starten am 4. Juli Sprinter von einem auf Meereshöhe gelegenen Punkt im Zentrum von Seward und hetzen die 2,4 Kilometer lange Strecke den Mt. Marathon hinauf und wieder zurück. Stellenweise sind die Hänge so steil, dass die Läufer sich mit den Händen hochziehen müssen. Hinzu kommen noch Rinnen, Lockergestein, Eis und Schnee. Der Rekord liegt bei 43 Minuten und 23 Sekunden. Der Wettlauf hat sich zu einem Großereignis mit 900 Läufern entwickelt, Tausende aus ganz Alaska schauen zu.

Der Nationalpark Kenai ist eine Urlandschaft, in der man grundlegende geologische Prozesse erleben kann. Einen Streifen gemäßigten Regenwald ausgenommen, besteht er aus Fels- und Eislandschaft – Eis überzieht den größten Teil des etwa 245 978 Hektar großen Nationalparks. Über die Hälfte des Parks liegt unter den dicken Eisschichten des Harding Icefield begraben.

Bootsausflügler hoffen darauf, einen der Gletscher des Nationalparks kalben zu sehen

Das **Kenai Fjords National Park Seward Information Center** im kleinen Bootshafen der Stadt ist ein guter Einstieg. Im Zentrum gibt es eine Liste der autorisierten Tourveranstalter, von denen einige Nationalparkführer mit auf ihre Boote nehmen. Viele Anbieter haben ihre Büros in den Gebäuden in der Nachbarschaft des Informationszentrums. Zur Auswahl stehen beispielsweise Rundflüge, Bootstouren, Angelausflüge, Kajaktouren und Gletscherwanderungen. Die Ausflüge reichen von dreistündigen Erkundungstouren bis zu dreitägigen Expeditionen. Wer allein unterwegs sein will, kann sich mit einem Charterboot in einer Bucht absetzen und nach einer Woche wieder abholen lassen.

Interesant ist ein Rundflug mit einem Kleinflugzeug oder Hubschrauber. So sieht man zwar nichts aus der Nähe – es sei denn, Sie verabreden eine Gletscherlandung –, doch überfliegt man dafür Parkareale, die für Boote

KENAI FJORDS NATIONAL PARK
🅰 Karte S. 137
✉ Kenai Fjords NP Seward Information Center, 1212 4th Ave., Seward

☎ 907/422-0535
🕐 Okt.–April geschl.
www.nps.gov/kefj

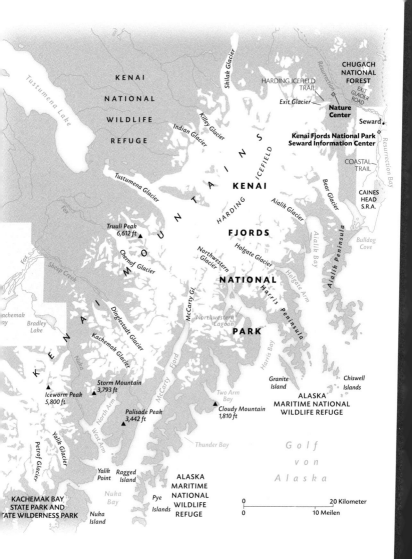

unerreichbar sind. Nach nur wenigen Minuten schweben die Flugzeuge über dem mehr als 77 700 Hektar großen **Harding Icefield**, gleiten über Schneeflächen und Wasserrinnen. Die aus dem Eis ragenden Felsen nennen die Inuit *nunataks*. Die hohen jährlichen Niederschläge werden allmählich zu kompaktem Eis, das die 32 Gletscher nährt. Allerdings schmelzen die Eisströme schneller ab, als sie anwachsen, vergleichbar der Situation am Ende der letzten Eiszeit, als die Gletscher abschmolzen und tiefe, schmale u-förmige Fjorde hinterließen, die dem Park seinen Namen gaben.

In diese Welt der Fjorde gelangt man am besten vom Meer aus. Regelmäßig starten Motorboote in den Park, oder man wählt einen geführten Kajakausflug, bei dem die Kajaks und Fahrer zu entfernten Punkten transportiert werden. So spart man sich den langen Anfahrtsweg von Seward. Die Bandbreite reicht von Drei-Stunden-Rundfahrten durch die Resurrection Bay bis zu zehnstündigen Tagesausflügen. Man kann auch für mehrere Tage ein Boot chartern und in einer Wildnis-Lodge übernachten.

Normalerweise starten die Tagesausflüge am westlichen Ufer der **Resurrection Bay**, wo Weißkopfseeadler, Seeotter und mit etwas Glück auch Orcas zu sehen sind. Das trübe Wasser am Eingang der Bucht ist eine Mischung aus Gletschermehl und Phytoplankton, das den Krill ernährt, der wiederum die Buckelwale anlockt.

Etwas weiter draußen liegen die **Chiswell Islands**, die zu den wenigen leicht erreichbaren Gebieten des **Alaska Maritime National Wildlife Refuge** (siehe S. 186f) gehören. Auf der grasbewachsenen Felsinsel lebt eine Seelöwenkolonie, außerdem gibt es Brutkolonien der Dreizehenmöwen, Trottellummen, Gelbschopf- und Hornlunde.

Am äußersten Endpunkt der Route steuern die Boote die Aialik Bay und den Holgate Arm an und fahren nah an die hoch aufragende Gletscherstirn

---

☐ Erlebnis

KLETTERN UND EISKLETTERN

Möchten Sie Ihren Urlaub am Seil hängend am Berg verbringen? Oder lieber lernen, wie Sie mit einem Eispickel das unkontrollierte Abrutschen auf einem Gletscher bremsen können? Zugegeben, das ist nicht jedermanns Sache, aber wer klettern will oder es lernen möchte, hat in Alaska viele Möglichkeiten.

Die Vielfalt der Aktivitäten reicht von den arktischen Felsspitzen in der Brooks Range über das Freiklettern an den bizarren Felsformationen der Granite Tors bei Fairbanks und das Eisklettern mit Steigeisen auf gefrorenen Wasserfällen am Richardson Highway bis zu den Schluchten auf der Kenai Peninsula und Nordamerikas höchstem Berggipfel, dem Mount McKinley. Unerfahrene Besucher sollten ohne Führer nicht bergsteigen, nur bergwandern. Glücklicherweise gibt es in Alaska fast so viel Bergführer wie Berge. Fragen Sie bei den Public Land Offices (siehe Kasten S. 20) nach Führern, vor allem an beliebten Bergsteigerplätzen wie in den Nationalparks Denali oder Wrangell-St.Elias. Es gibt Anbieter von Unterricht für Anfänger, der von wenigen Stunden bis zu einigen Tagen dauert. Für Fortgeschrittene gibt es auch zweiwöchige Kurse. Beachten Sie, dass in jedem Fall große Fitness erforderlich ist.

Einen einfachen Einstieg zum Klettern in Alaska bietet **Alaska Rock Gym** (665 E. 33rd Ave., Anchorage, Tel. 907/562-7265, www.alaskarockgym.com), wo bereits Kinder im Alter von sechs Jahren mit dem Klettern beginnen.

Riese aus Eis: Gletscher im Kenai Fjords National Park

des **Holgate Glacier** heran. Zwischen glitzernden Eisbergen hindurchzugleiten, ist allein schon die lange Fahrt wert, doch jeder erwartet noch das große Finale: das Kalben des Vorlandgletschers.

AUF DEM LANDWEG

Zum Exit Glacier – nur ihn erreicht man von Seward aus über die Straße – sind es etwa 19 Kilometer. Das Nature Center hält Informationen bereit. Ein knapp ein Kilometer langer Weg führt zur Gletscherstirn. Nehmen Sie die Warnschilder ernst: 1987 gab es einen Unfall mit Todesfolge. Wer näher an den Gletscher heran möchte, kann den steilen **Overlook Loop Trail** (0,8 km) laufen; er führt an die von Spalten durchzogene Gletschernordseite heran. Für den Rückweg gibt es eine Alternativstrecke, die am Exit Creek entlang zum Informationszentrum führt. Geübte Wanderer können den schwierigen **Harding Icefield Trail** (10 km) wählen: Der Rundweg überwindet 914 Höhenmeter. *(Der Trail kann bis in den Sommer hinein wegen Schnees unpassierbar sein.)*. Mit Glück sieht man Schwarzbären und Schneeziegen und genießt einen fantastischen Ausblick. ∎

□ **Tipp**

Besuchen Sie den Exit Glacier an der Alaska 9 nördlich von Seward im Kenai Fjords National Park. Es gibt ein Ausstellungsgebäude und Wege, die direkt zum Gletscher führen.

ROWLAND SHELLEY
NATIONAL GEOGRAPHIC-FELDFORSCHER

An einem Nachmittag 2004 spürte Don Hanks aus Nevada in der Kachemak Bay ein starkes Zerren an seiner Angelleine. Nachdem er diese eingeholt hatte, sah er einen Riesen-Heilbutt am Haken. Zurück in Homer, brachte der Koloss das Mordsgewicht von 159,9 Kilo auf die Waage.

Ein großer Tag für Hanks, nicht nur weil er mit seinem dicken Fisch prahlen konnte: Es stellte sich heraus, dass der Heilbutt 51 298 Dollar wert war. Normalerweise kostet ein Heilbutt keine 146 Dollar pro Pfund, doch mit seinem Tagesfang hatte er zugleich das Homer Jackpot Halibut Derby gewonnen. Die Einheimischen angeln überall, ob am Ufer der Flüsse in der

---

☐ Erlebnis

FISCHEN IM GREAT FISH COUNTRY

Hunderte Anbieter helfen Ihnen in Alaska, Ihr Mittagessen oder eine Trophäe zu angeln. Einige bringen Sie in einem Boot hinaus, andere besitzen Lodges und bieten Touren inklusive Verpflegung, Unterkunft und weiterer Aktivitäten. Es gibt diese Anbieter im ganzen Bundesstaat, aber die meisten finden sich auf der Kenai Peninsula.

Afognak Wilderness Lodge (P.O. Box SYB, Seal Bay, Kodiak, AK 99697, Tel. 360/ 799-3250, www.afognaklodge.com) Eine typische abgelegene Angler-Lodge auf einer Insel im Kodiak-Archipel. Gäste können nicht nur ausgezeichnet Süß- und Salzwasserfische fangen, sondern auch Wale und Bären beobachten und unter Anleitung Tiere fotografieren.

Alaska River Adventures (P. O. Box 725, Cooper Landing, AK 99572, Tel. 907/ 595-2000 oder 888/836-9027, www.alaskariveradventures.com) Dieser renommierte Anbieter bringt Besucher zu den malerischen Flüssen Upper Kenai und Kasilof, wo alle Arten von Lachsen gefangen werden können.

Alaska Wilderness Outfitting Co. (Box 1516, Cordova, AK 99574, Tel. 907/424- 5552, www.alaskawilderness.com). Vielfalt kennzeichnet diesen Anbieter. Angeltouren gibt es mit Übernachtung in einem bewirtschafteten Camp oder einer ebensolchen Lodge, einem entlegenen Camp oder auf einem Hausboot.

The Fish House (P. O. Box 1209, Seward, AK 99664, Tel. 907/224-3674 oder 800/ 257-7760, www.thefishhouse.net) Dieser Anbieter von Angeltouren auf dem Meer betreibt mehr als 60 Schiffe. Sie fahren zum Fang von Silberlachs und Heilbutt zur Resurrection Bay. Dabei werden oft auch Passagiere zum Kenai Fjords National Park befördert.

Homer Ocean Charters (Box 2543, Homer, AK 99603, Tel. 907/235-6212 oder 800/426-6212, www.homerocean.com) Homer nennt sich selbst Welthauptstadt des Heilbuttangelns. Angler holen oft Fische von beinahe 100 Kilogramm aus diesen Gewässern, und Homer Ocean Charters hat schon zahlreiche dieser kapitalen Heilbutte für seine angelnden Kunden aufgespürt. Der Anbieter bringt Angler auf Nachfrage auch zu Plätzen mit Königs- und Silberlachs.

Angler fischen am Kenai River bei Cooper Landing

Wildnis jenseits des Polarkreises oder am Ship Creek im Zentrum von Anchorage. Man schläft in todschicken Lodges für 500 Dollar pro Tag oder in alten Segeltuchzelten und geangelt wird alles: Äsche, Kabeljau (Dorsch), Forellen, Drachenkopf, Seesaibling, Lingcod, Renke und Hecht. Aber am beliebtesten sind Heilbutt und Lachs.

Am ausgeprägtesten ist die Heilbutt- und Lachsbesessenheit auf der Halbinsel Kenai. Homer nennt sich stolz »Welthauptstadt des Heilbuttangelns«. Bei der Fahrt über die Homer Spit folgt ein Sportfischerei-Büro dem anderen: Sie bieten Angelausflüge an, die Wände sind tapeziert mit Fotos strahlender Angler und Fischen, die oftmals größer sind als die Männer.

Das Seward Silver Salmon Derby – einer von zahlreichen Wettbewerben auf der Halbinsel – ist gleichsam ein Symbol für die Versessenheit auf Lachs, insbesondere King Salmon (Chinook/Quinnat), Red Salmon (Sockey/Blaurückenlachs) und Silver Salmon (Coho/Silberlachs). Letzterer steht im Mittelpunkt des Derbys, das 2005 sein 50-jähriges Jubiläum feierte. Tausende von Anglern reisen dazu an. Für den größten Silberlachs gibt es ein Preisgeld von 10 000 Dollar, aber das große Ziel aller sind die 50 000 Dollar, die an jenen Angler gehen, der den (vorher ausgesetzten) Fisch mit dem Anhänger »Grand-prize tag« erwischt. Für das Seward Derby gilt ein strenges Reglement. In den Regeln heißt es: »Auch der leiseste Versuch, das Fischgewicht zu manipulieren, hat den permanenten Ausschluss vom Derby zur Folge.«

Die übertriebene Angelleidenschaft in Alaska wird während der Hauptsaison der Laichwanderungen an leicht zugänglichen Flussufern deutlich, besonders auf Kenai. Scharen von Anglern drängen sich Ellbogen an Ellbogen an den Flussufern und streiten um einen guten Platz. Wer zusehen will, sollte aber nicht zu nah herangehen, sonst landet er am Ende noch selbst am Haken.

Alles begann mit dem Elch. Um diese Tiere und ihren Lebensraum zu schützen, wies Alaskas Regierung 1941 ein großes Territorium auf der Kenai Peninsula als Kenai National Moose Range aus. 1980 wurde das Gebiet erweitert und in Kenai National Wildlife Refuge umbenannt. Heute umfasst das 805 000 Hektar große Areal mehr als die Hälfte der Halbinsel.

Elche sind ein wundervoller Anblick, doch Autofahrer müssen auf die Tiere achten

In Ökosystemen, die von Eisfeldern, alpinen Tundren bis zu Tieflandseen, Flüssen und Fichten-Birken-Mischwäldern reichen, haben hier nicht nur Elche einen Lebensraum, sondern auch Wölfe, Braun- und Schwarzbären, Dallschafe, Kanadakraniche, Luchse, Vielfraße und Trompeterschwäne. Ein guter Ausgangspunkt für die Erkundung ist das **Soldotna Visitor Center** *(44790 Sterling Hwy., Tel. 907/262-9814, www.visitsoldotna.com)*, das nicht so leicht zu finden ist. Bei Meile 96,1 zweigt die Funny River Road ab, von der fast direkt danach rechts die Ski Hill Road abbiegt, die zum Wohnmobil-Parkplatz und Lebensmittelladen führt (1,2 km). Der **Keen Eye Trail** (1,2 km) führt durch einen Mischwald zu einer Aussichtsplattform am Headquarters Lake.

Im Schutzgebiet liegen 4000 Seen, dazu kommen noch zahllose Feuchtgebiete, Flüsse und Bäche. Südlich des Sterling Highway liegen unzählige Teiche zwischen den beiden großen Seen **Skilak** und **Tustumena**. Der Tustumena ist mit einer Fläche von 303 Quadratkilometern einer der größten Seen Alaskas. Das eigentliche Seengebiet aber liegt nördlich des Highways, wo Tausende kleiner Gewässer ineinander übergehen – ein Paradies für Kanuten, das **Kenai National Wildlife Refuge Canoe Trail System**. Der Wasserweg besteht aus zwei Teilen: Die 97 Kilometer lange **Swan Lake Canoe Route** verbindet etwa 30 Seen und ist ideal für Tagesausflüge. Die **Swanson River Canoe Route** (129 km) verknüpft über 40 Seen und 80 Kilometer Flussstrecke und ist eher etwas für Kanuten, die länger unterwegs sein wollen. An den von Fichten und Birken gesäumten Ufern suchen Elche im seichten Gewässer nach Nahrung.

FAHREN UND WANDERN

Man kann auf dem Sterling High-way bis zum Beginn der **Skilak Lake Loop Road** bei Meile 75,5 fahren. Die Schotterstraße (30 km) macht eine Schleife um den Skilak Lake, verläuft anschließend durch die **Skilak Wildlife Recreation Area** und trifft bei Meile 58 wieder auf den Highway. Man genießt einen weiten Panoramablick über den See in den südlichen Teil des Reservats, wo die Kenai Mountains sich als Blickfang am Horizont abzeichnen. In diesem Berggebiet entspringt der Skilak. Er wird vom Skilak Glacier gespeist, der seinen Ursprung im Harding Icefield hat (siehe S. 143ff). Die meisten Wanderwege im Reservat zweigen von der Skilak Loop Road ab.

Auf dem Rundweg **Bear Mountain Trail** (2,5 km) genießt man schöne Ausblicke auf die Kenai Mountains und trifft nicht selten auf Bären. Der schwerere **Hidden Creek Trail** (4 km) schlängelt sich durch das im Jahr 1996 vom Hidden Creek Fire betroffene Gebiet. Unterwegs hat man Sicht über das Cook Inlet und die Aleutian Range. ∎

☐ Tipp

Der Herbst in Alaska ist kurz und grandios. Er lockt mit einem herrlichen Mosaik bunter Farben. Die Luft ist klar und frisch, die Stechmücken sind weg, und das Beerenpflücken macht viel Spaß – doch: Achtung Bären!

PAM GROVES
UNIVERSITY OF ALASKA, PROFESSORIN

KENAI NATIONAL WILDLIFE REFUGE
⛰ Karte S. 137

✉ Headquarters & Visitor Center, Ski Hill Rd., Soldotna
☎ 907/262-7021
www.fws.gov/refuge/kenai

☐ Wissen

BEERENPARADIES

Kenai Peninsula ist das Land der hoch aufragenden Gipfel, Lachswanderungen, üppigen Wälder, aber auch sehr vieler Arten von essbaren Beeren. Zu den bekannten Sorten zählen Blaubeeren und Himbeeren, doch dazu kommen seltenere Arten wie die Moosbeeren, Johannisbeeren und Lachsbeeren. Zu finden sind aber auch Beeren, von denen nur wenige jemals gehört haben: *nagoonberries* (Ackerbeere), *watermelonberries* (Knotenfuß) und *cloudberries* (Moltebeeren). Das Cooperative Extension Service Office in Soldatna, eine Zweigstelle der University of Alaska, gibt unter *Tel. 907/262-5824* Auskunft, wann und wo man Beeren zum Verzehr pflücken kann und woran man giftige Beeren erkennt.

Die günstig über dem Steilufer der Kenai-Mündung gelegene Siedlung war schon früh ein Anziehungspunkt für Siedler und Fremde. Jahrhundertelang lebten die Dena'ina als Fischer, Jäger, Fallensteller und Bauern in der Region um Kenai.

1791 bauten russische Pelzhändler hier ein Fort, es war die zweitwichtigste permanente Siedlung der Russen in Alaska. Fünf Jahre später besiegten die Ureinwohner die Russen in der Schlacht von Kenai, danach verkam der Ort zu einem zweitklassigen Handelsposten.

Zwei Jahre nach dem Erwerb Alaskas bauten die Amerikaner 1869 hier ihr Fort Kenay. Etwa 15 Jahre später erlangte Kenai dank seiner Fischkonservenfabriken einige Bedeutung. Mit der Entdeckung wichtiger Öl- und Gasvorkommen im Cook Inlet in den 1950er-Jahren entwickelte sich Kenai zur größten und am stärksten industrialisierten Stadt der Halbinsel. Trotzdem leben hier nur etwa 7600 Menschen.

STADTBESICHTIGUNG

Die Besichtigung der Altstadt beginnt am **Kenai Chamber of Commerce**, dessen Museum eine exzellente Sammlung indianischer Artefakte und Exponate aus russischer und amerikanischer Zeit zeigt. Im Besucherzentrum gibt es eine Karte mit einem Vorschlag für einen Stadtspaziergang durch die **Old Town,** die sich über einige Straßenzüge zwischen Highway und Flussmündung erstreckt. Die russisch-orthodoxe Kirche **Holy Assumption of the Virgin Mary** ist mit ihren drei taubenblauen Zwiebeltürmen kaum zu übersehen. Durch die prachtvolle Kirche von 1894 werden Führungen angeboten. Eine Querstraße weiter steht die im Blockhausstil erbaute **St. Nicholas Chapel.**

Am Rande der Altstadt hat man jenseits der Mission Road und der Riverview Road einige schöne Ausblicke über den Fluss, die Fischfabriken, die Kenai Mountains im Osten und den Cook Inlet sowie die Aleutian Range im Westen. Die Spruce Street führt zu den **Kenai Beach Dunes**. Der Strand liegt am Nordufer der Einmündung des Kenai in die Bucht.

Südlich des Zentrums und hinter der Bridge Access Road liegen die **Kenai River Flats**, ein 1200 Hektar großes Sumpfgebiet zu beiden Seiten der War-

---

☐ **Tipp**

Anchor Point, südlich von Kenai an der Westseite der Halbinsel, bietet einen tollen Blick über den Cook Inlet; an den seltenen klaren Tagen sieht man vier Vulkane.

ROWLAND SHELLEY
NATIONAL GEOGRAPHIC-FELDFORSCHER

Die Kirche Holy Assumption of the Virgin Mary erinnert an Kenais russische Vergangenheit

ren Ames Bridge. Tausende von Schneegänsen machen hier Mitte April Station, bevor sie nach Sibirien weiterfliegen. Von Mai bis Anfang Juli kalben Karibu-Kühe in den Sümpfen. Im Frühjahr und Sommer schwimmen Seehunde und Belugas während der Laichwanderung von Kerzenfisch und Lachs flussaufwärts, um in der unmittelbaren Nähe der Sümpfe zu fressen.

KENAI LANDING

Kenai Landing *(Bowpicker Lane 2101, Tel. 800/478-0400)* ist ein Neubauprojekt am Ende der Cannery Road. Alte Fischfabriken wurden in einen modernen Komplex mit Hotel, Restaurant, Theater, Museum, einer Ladenpassage und einer Hafenpromenade umgebaut. Ein Teil der Konservenfabrik, in der immer noch einige Sockeys und Cohos verarbeitet werden, ist ebenfalls restauriert worden. ∎

KENAI
🗺 Karte S. 137
Besucherinformation
✉ Kenai Chamber of Commerce,
  11471 Kenai Spur Hwy. an der
  Main St.
☎ 907/283-1991
🕐 Mitte Sept.–Mitte Mai So geschl.
www.visitkenai.com

KENAI RIVER FLATS
🗺 Karte S. 137
☎ Alaska Dept. of Fish & Game:
  907/262-9368
www.audubon.org/important-
bird-areas/kenai-river-flats

Zehn Menschen stehen regungslos auf einer Anhöhe über dem Fluss, schauen gebannt auf einen sich nähernden Braunbären. Das riesige Männchen trottet am Flussufer entlang und nähert sich bis auf 30 Meter. Ein viel zu geringer Sicherheitsabstand, denn ein Bär überwindet diese Distanz in drei Sekunden. Einen Augenblick bleibt der Grizzly unmittelbar vor der Gruppe stehen, watet dann ins Wasser, in der Hoffnung auf eine Lachsmahlzeit.

Stundenlang beobachtet die Gruppe das große Männchen und die etwa 15 bis 20 anderen Bären, die in diesem Flussabschnitt jagen. Einige stehen unterhalb der Stromschnelle im seichten Wasser, plantschen umher, um die Lachse mit ihren etwa 13 Zentimeter langen Krallen ihrer großen Tatzen zu erwischen. Ein Muttertier schleicht mit seinen zwei Jungen am Rand dieses Jagdreviers herum, ebenfalls auf der Suche nach einer Beutechance oder nach Überresten, ohne die Kleinen einer Gefahr auszusetzen. In einem so dicht bevölkerten und verhältnismäßig kleinen Bärengebiet sind Rangkämpfe unausweichlich. Häufig bellen und grunzen sich die Tiere an, und es kommt nicht selten vor, dass ein Jungbär von aggressiven Alttieren getötet wird. Da die Gruppe an einer organisierten Bärenbeobachtung unter fachkundiger

Vor Beginn der Laichwanderungen streifen die Braunbären oft durch offenes Grasland

☐ Erlebnis

GUTE FOTOS SCHIESSEN

Stellen Sie sich vor: Sie kommen nach zwei Wochen Alaska-Urlaub nach Hause und zeigen Ihrer Familie und Ihren Freunden Ihre Fotos. Das erste zeigt irgendetwas verschwommenes Großes, vielleicht den Mount McKinley. Das zweite zeigt ein Säugetier, doch wegen des grellen Lichts lässt sich nicht erkennen, ob es Onkel Harry oder ein Grizzlybär ist. Das dritte ... will schon gar keiner mehr sehen. Vielleicht wählen Sie für Ihren nächsten Alaska-Urlaub eine geführte Fototour in die Wildnis. Es gibt ein großes Angebot, meist werden etwa zehn Teilnehmer von einem Profifotografen geführt. Sie reisen rund eine Woche durch Alaska und machen Fotos von Elchen, kalbenden Gletschern, Wildblumen, ruhenden Seeottern, Papageitaucherkolonien und anderen Highlights in der rauen Wildnis von Alaska. Der Fotograf gibt Ratschläge zu technischen Fragen, weiß aber auch über die Nahrungsgewohnheiten von Grizzlys Bescheid, sodass Sie, wie erhofft, einen Bären, der einen Lachs im Sprung erhascht, aufs Bild bannen können. Ein Anbieter solcher Touren ist **Wilkinson Expeditions** *(Tel. 907/783-4332, www.alaskatrips.com).* Es gibt viele andere, doch um sie zu finden, müssen Sie im Internet suchen oder die örtlichen Tourismuszentralen kontaktieren.

Leitung teilnimmt, geht sie kein größeres Risiko ein. Allein wäre es unverantwortlich, sich derartig nah an einen so großen Pulk hungriger Bären zu wagen. Die Ausflüge finden unter strikten Sicherheitsauflagen der Regierungsbehörde statt. Sie verwaltet das Staatsland, in dem die Bärenbeobachtungen stattfinden. Geleitet werden die Exkursionen von Fachleuten, denen der Umgang mit Bären vertraut ist und die dafür sorgen, dass sich die Teilnehmer unbedingt an die allgemeinen Sicherheitsregeln halten. Und für den Fall der Fälle haben sie ein Gewehr, Pfefferspray oder eine Pistole zum Abschießen von Leuchtkugeln dabei. Autorisierte Führer legen ihre Touren in die Zeit der Laichwanderungen im Sommer und Frühherbst, wenn sich Bären mit Sicherheit an Laichplätzen versammeln. Entsprechende Ausflüge werden in vielen Küstenorten Südalaskas angeboten. Im Winter ruhen die Bären meist und zehren vom Fettdepot. Homer ist ein Zentrum der Bärenbeobachtungstouren. Die Touren gehen in den **Katmai National Park, Tongass National Forest** und das **McNeil River State Game Sanctuary.** Besonders schwer sind die Plätze für den McNeil River zu bekommen, eine rechtzeitige Buchung ist notwendig.

Informationen über fast alle wichtigen Bärenbeobachtungsorte finden sich auf der Homepage *www.alaskacenters.gov* unter dem Stichwort »*bear viewing*«. Die Ausflüge sind teuer, doch das unvergessliche Erlebnis, einen Bären aus 30 Meter Entfernung zu beobachten, ist seinen Preis wert.

Indianer suchten hier nach Schalentieren, russische Pelzhändler zogen ebenfalls durch. Richtig besiedelt wurde Homer erst nach 1867, als die Amerikaner Alaska kauften und in der Nähe Kohle entdeckten. Sie wurde dann per Eisenbahn zu den vor Homer Spit ankernden Frachtern befördert.

Das Pratt Museum zeigt die Geschichte und Naturgeschichte der Region

Um die Kaianlagen entwickelte sich eine Siedlung, die aber 1907 aufgegeben wurde. Bis zur Verlängerung des Sterling Highway nach Homer Anfang der 1950er-Jahre blieb der Ort ein abgelegener Außenposten. Mit dem Highway zog die Moderne in Homer ein. Der Ort hat aber auch heute nur etwa 5400 Einwohner. Die Stadt zieht Reisende an, die von der herrlichen Lage hergelockt werden. Sie ist der ideale Ausgangspunkt für Ausflüge per Boot oder Flugzeug in die Wildnis jenseits der Kachemak Bay (siehe S. 162ff) und die Regionen auf der anderen Seite des Cook Inlet.

ALASKA ISLANDS & OCEAN VISITOR CENTER

Das Zentrum hat zwei wichtige Aufgaben: die Erforschung des **Alaska Maritime National Wildlife Refuge** und die Aufbereitung der Forschungsergebnisse für das breite Publikum. Zum Wildlife Refuge gehören etwa 2500 weit verstreute Inseln, die Meeressäugern und etwa 40 Millionen Seevögeln einen Lebensraum bieten. Eine Bootsfahrt zu einigen der Inseln im Reservat ist ein Muss! Lohnend ist der Besuch des **Seabird Theater** neben dem Eingang des Zentrums. Über den Köpfen der Besucher ragen realistisch aussehende, mit Guano bedeckte Kunstfelsen empor, auf denen über 120 nachgebildete Papageitaucher, kleine Alken und Kormorane hocken.

Per Knopfdruck erweckt man die künstliche Vogelkolonie zum Leben. Andere spannende, zumeist interaktiv gestaltete Ausstellungen beschäftigen sich mit der Naturgeschichte der Inseln, auch der stete Eingriff des Menschen in das Schutzgebiet wird dokumentiert. Ein Aleuten-Trapper in Originalgröße erzählt, wie Füchse auf den Inseln ausgesetzt und anschließend zu einer großen Bedrohung für die dortigen Seevögel wurden.

□ **Tipp**

In allen Häfen für Kreuzfahrtschiffe gibt es Anbieter von Mountainbike-, Wander- und Kajaktouren. Oft sind diese Angebote besser als die auf den Schiffen.

EVERETT POTTER
AUTOR, NATIONAL GEOGRAPHIC
TRAVELER MAGAZINE

Vom Zentrum führen eine Reihe Wege durch das Feuchtgebiet Beluga Slough zum **Bishop's Beach** hinunter. Hier kann man bei Ebbe schön spazieren gehen. Vor lauter Schauen nach den Seevögeln vergisst manch einer die herrliche Gebirgslandschaft rund um die Bucht. Geht man den Strand hinauf, liegt am Stadtrand die Bishop's Beach Picnic Area.

GALERIEN UND MUSEUM

In der Stadt und mit Blick auf die Kachemak Bay befindet sich das **Bunnell Street Arts Center.** Die gemeinnützige Institution ist im größten und ältesten Geschäftshaus Homers, der Inlet Trading Post, untergebracht: Hier wurden früher Haushaltswaren an die Pioniere verkauft. Im Hauptraum der Galerie werden monatlich wechselnde Ausstellungen, oftmals Einzelausstellungen, gezeigt. Der Schwerpunkt liegt auf Gegenwartskunst. Im hinteren Teil können Besucher ganz in Ruhe die Arbeiten von 60 Künstlern Alaskas betrachten. Das Center bietet zudem eine Vielzahl an Konzerten, Seminaren, Lesungen und anderen Veranstaltungen an.

HOMER
🄰 Karte S. 137
Besucherinformation
✉ Homer Chamber of Commerce,
    201 Sterling Hwy.
☎ 907/235-7740
🕐 Sa, So, Labor Day–Memorial Day
    geschl.
www.homeralaska.org

ALASKA ISLANDS & OCEAN VISITOR CENTER
✉ 95 Sterling Hwy.

☎ 907/235-6961
🕐 So Labor Day–Memorial Day
    geschl.
www.fws.gov/refuge/alaska_maritime

BUNNELL STREET ARTS CENTER
✉ 106 W. Bunnell St., Ste. A
☎ 907/235-2662
🕐 Winter So geschl.
www.bunnellarts.org

PIONEER AVENUE

Die Bunell Street Gallery wird allgemein als eine der besten Galerien Alaskas bezeichnet, aber die Konkurrenz ist groß. Homer zählt zu den führenden Kunststädten Alaskas: Weitere Galerien findet man an der Pioneer Avenue; der Abschnitt der East Pioneer Avenue zwischen Svedlund Street und Kachemak Way mit drei weiteren Kunstgalerien wird sogar **Gallery Row** genannt.

In einem luftigen, hellen Ausstellungsraum in der E. Pioneer Ave. 475 präsentiert die **Fireweed Gallery** *(Tel. 907/235-3411, www.fireweedgallery.com, im Winter So geschl.)* ein großes Spektrum hochwertiger Alaska-Kunst, das von Ölbildern über Siebdrucke bis zu Stichen im Stil der Jahrhundertwende reicht. Zu den ausgefallenen Dingen gehören geschnitzte Tierskulpturen aus versteinertem Walflossenbein oder die populären, grotesken Arbeiten des lokalen Künstlers Don Henry, dessen Werke überall in der Stadt zu sehen sind. Henry kreiert Figuren aus Altmetall, zumeist verwendet er dafür alte Küchengeräte.

Neben dem Firewood befindet sich **Ptarmigan Arts** *(Tel. 907/235-5345, www.ptarmiganarts.com)*, eine Vereinigung örtlicher Künstler, die Kunstwerke aus Fiberglas, Malerei, Hüte, Glas sowie Keramik zeigt. Auf der anderen Straßenseite liegt die **Picture Alaska Art Gallery** *(Tel. 907/235-2300, www.picturealaska.com)*, die Kunstwerke, hochrangiges Kunsthandwerk und Fotografien präsentiert.

In der Gallery Row und in anderen Galerien der Stadt wird an jedem ersten Freitagabend im Monat die Kunstleidenschaft Homers mit Abendöffnungen und Ausstellungen neuer Werke unter Beweis gestellt.

PRATT MUSEUM

Auf der Pioneer Avenue liegt auch das Pratt Museum, eines der besten kleinen Museen Alaskas, das sich auf die Naturgeschichte, Geschichte und Kultur der Region spezialisiert hat. Sehenswert ist die Gartenanlage mit

Dicht an dicht liegen Fischerboote, Wassertaxis und Ausflugsschiffe im Hafen von Homer Spit

heimischen Pflanzen und die Harrington Cabin. Im Museum befindet sich direkt hinter der Kasse ein großer Bereich mit zeitgenössischen Exponaten. In den Haupträumen werden Artefakte aus dem Leben der Indianer, Pioniere und Berufsfischer präsentiert. Zu den naturkundlichen Exponaten zählen ein Schnabelwal-Skelett, ein Weißwal-Skelett und eine Fütterung im Sommer, von der eine auf Gull Island installierte Kamera Livebilder überträgt. Die Besucher können den Kameraausschnitt wählen und sich nah an die Vogelkolonie in der Kachemak Bay zoomen. Dienstags und freitags um 16 Uhr können die Besucher helfen, Fische und andere Tiere in der Marine Gallery zu füttern.

PRATT MUSEUM
✉ 3779 Bartlett St.
☎ 907/235-8635

🕐 Mai–Sept. tägl. 10–18,
　 sonst Di–Sa 12–17 Uhr
💲 $$
www.prattmuseum.org

Die bunten Köderfliegen sind ein Beleg für das Angelfieber auf der Halbinsel

OUTDOORS HOMER

Die beste Aussicht auf den Ort hat man vom 300 Meter über der Bucht liegenden Plateau. Wer will, kann hochlaufen oder mit dem Rad hinauffahren: Der Weg beginnt in der Pioneer Road, es geht zunächst ostwärts, bis die Straße in die East End Road einmündet. Nach etwa 1,5 Kilometern stadtauswärts biegt man links in die East Hill Road ab, sie steigt steil bis zur Kreuzung mit dem Skyline Drive an. Dort biegt man links auf die teils gepflasterte Straße ab, die an eleganten Wohnhäusern vorbeiführt und herrliche Aussicht bietet.

Rechts zweigt die E. Skyline Road ab, sie führt nach 2,5 Kilometern zum **Wynn Nature Center,** das an das Center for Alaskan Coastal Studies angegliedert ist. Das etwa 56 Hektar große Areal ist voller Wildblumenwiesen, Fichtenwald und hat einen Wan-

─── ☐ Wissen ───

ZWEI FAHRTEN AUF DER KENAI PENINSULA

Zwei besonders malerische Strecken über die Kenai Peninsula zeigen die Schönheit der Region. Beide beginnen an der Route 1 in Anchorage, am Seward Highway. 64 Kilometer weiter südlich teilt sich die Straße, die Route 1 wird zum Sterling Highway nach Westen und Süden (Kenai, dann Homer) und zur Route 9, die weiterhin Seward Highway heißt und südlich nach Seward führt.

Der **Seward Highway** verläuft durch den Chugach National Forest; von der Straße zweigen Wanderwege ab. Nahe der Straßenteilung liegt der bei Vogelbeobachtern beliebte Tern Lake. Ein Stück weiter findet sich der Kenai Lake und dann der ruhige Snow River.

Der **Sterling Highway** ist 219 Kilometer lang, einige seiner Highlights sind im Kapitel über das Kenai National Wildlife Refuge (siehe S. 148f) beschrieben. Es gibt zahlreiche Wanderwege. Der Russian Lakes Trail (7 km) zum Russian River eignet sich für Familien; im Sommer sieht man Lachse, die über die Stromschnellen springen. Am Cook Inlet ziehen die Berge die Aufmerksamkeit auf sich, darunter der Redoubt Volcano, der 1989/90 ausbrach. Die Bergpanoramen begleiten den Weg bis Homer.

▢ Erlebnis

VÖGEL UND NOCH MEHR VÖGEL

Manchen Besuchern genügt es, einige Weißkopfseeadler zu sehen, die in Alaska sehr häufig sind. Andere Gäste werden alles tun, um einen einzigen Borstenbrachvogel zu entdecken, eine nur in Alaska heimische Art. Rund 470 Vogelarten sollten alle Vogelbeobachter zufriedenstellen. Viele Anbieter schließen Vogelbeobachtung in ihre Touren ein. So fahren Schiffe, die Reisende über die Kachemak Bay zur Kenai Peninsula bringen, oft an der Gull Island vorbei, um die Dreizehenmöwen und Papageitaucher dort zu zeigen. Bei anderen Touren, etwa zu den Pribilof Islands, sind Seevogelkolonien das Hauptthema – doch dabei geht es auch zu den Seebärenkolonien der Pribilofs. Die Vogelwelt Alaskas wird bei einer Reihe von Festivals gefeiert, etwa beim **Sandhill Crane Festival** im August in Fairbanks, beim **Bald Eagle Festival** im November in Haines und beim **Copper River Delta Shorebird Festival** im Mai in Cordova. Die beste Informationsquelle in Alaska zum Thema Vögel ist **Audubon Alaska** *(Tel. 907/276-7034, http://ak.audubon.org)* in Anchorage. Das Büro vermittelt keine Unterkünfte, aber die Mitarbeiter freuen sich, Vogelbeobachtern per Telefon und über ihre Homepage zu helfen. Sie haben eine ganze Fülle an Informationen wie Vogelkarten, Verzeichnisse über seltene Vogelarten und Ratgeberbücher.

---

derkorridor für Elche und Schwarzbären. Man kann auf den Wegen auf eigene Faust wandern oder sich alternativ einer geführten Tour anschließen. Und schließlich: Ein touristisches Muss ist **Homer Spit**. Hier endet der Sterling Highway auf der äußersten Spitze der Landzunge. Der berühmte, aus Sand und Kies bestehende Finger schiebt sich rund sieben Kilometer weit in südöstlicher Richtung in die Kachemak Bay. Die Landzunge ist das Herz Homers. Im Sommer ist sie vollgestopft mit Ausflugsverkehr und Fußgängern. Die Leute strömen hierher, um am Strand entlangzuspazieren, Galerien zu durchstöbern, essen zu gehen, Drachen steigen zu lassen, die Kajaks zu Wasser zu lassen, ein Bier bei Salty Dawg zu trinken, Seeotter zu beobachten, zu zelten oder im Land's End Resort abzusteigen.

Hier legen auch die Fischkutter, Ausflugsschiffe, Wassertaxis und Alaska-Fähren an. Der Hafen für die Sportfischereiboote befindet sich ebenfalls hier. Täglich besteigen Hunderte von Anglern in der Hoffnung auf den großen Heilbutt- oder Königslachsfang ihre Boote und schippern in die Bucht und ins Cook Inlet hinaus. ■

WYNN NATURE CENTER
☎ Center for Alaskan Coastal Studies: 907/235-5266

🕒 Mitte Juni–Labor Day tägl.; sonst unterschiedlich
💲 $$

Die Kachemak Bay und ihre südliche Küste sind weitläufig und unberührt. Generationen von Mitarbeitern des Center for Alaskan Coastal Studies (*Tel. 907/235-6667, www.akcoastalstudies.org*) haben die Geheimnisse der Region erforscht. Ausflügler können heute von ihrem Wissen profitieren.

Ein Ausflug in die Kachemak Bay verspricht Tierbeobachtung und herrliche Landschaften

Im Sommer bietet das Forschungszentrum täglich Ausflüge an. Die zehnstündige Exkursion beginnt im Hafen, fast am Ende von Homer Spit, wo die große Industrie-Fischereiflotte ankert und die Sportfischerboote liegen. In nur 30 Minuten erreicht man mit den einfachen Schiffen des Forschungszentrums **Gull Island ❶**, nach weiteren 30 Minuten ist die nur wenige Hektar große Insel langsam umrundet. Im Sommer nisten in der Brutkolonie Tausende Seevögel, unter anderem Dreizehenmöwen und Trottellummen. Von der Insel bis zur **Peterson Bay Coastal Science Field Station ❷** ist es etwa eine Seemeile. Die Feldstation des Forschungszentrums liegt, von Fichten umstanden, auf einem Hügel oberhalb der Peterson Bay. Wenn das Wetter mitspielt, halten Wissenschaftler ihre Vorträge auf der Veranda. Während der folgenden Wanderung geht es vor allem um das Studium der Gezeitentümpel, deshalb steht zunächst der Besuch der Meerwasserbecken an. In den Becken können viele Tiere aus Gezeitentümpeln nicht nur angesehen, sondern auch angefasst werden: der Fisch fressende Seestern oder eine Käferschnecke.

WANDERN UND KAJAKFAHREN

Die **Waldwanderung ❸** führt zunächst an verstreut liegenden Jurten vorbei, von denen einige vermietet werden. Die Flora am Weg ist äußerst artenreich, hier in der Übergangszone zwischen dem Küstenwald und dem Binnenwald nördlicher Breiten. In Wassernähe schlängelt sich der Weg durch einen Geisterwald aus toten Fichten. Die Bäume starben ab, als sich während des Erdbebens 1964 der Boden um 1,8 Meter senkte und Meerwasser in den Wald eindrang.

Der Weg mündet am steinigen Strand der **China Poot Bay** ❹, wo sich bei Ebbe die geheimnisvolle Welt der Gezeitentümpel auftut. Während des ein- bis zweistündigen Aufenthalts werden Spalten untersucht und die Lebewesen dort studiert: Seeanemonen, Muscheln und Napfschnecken. Wieder am Forschungszentrum, geht es nach einer halbstündigen Einweisung mit den Kajaks aufs Wasser. Mal paddelt die Gruppe Richtung Gull Island, mal weiter bis in die **Peterson Bay** ❺, wo man Seeotter und einen Austernzuchtbetrieb sieht. Nach zwei bis drei Stunden kehrt man zur Anlegestelle des Zentrums zurück und steigt auf das große Boot für die Rückfahrt nach Homer um.

> ⬧ **Siehe Karte S. 137**
> ► Homer
> ⏱ **10 Std.**
> ► Homer

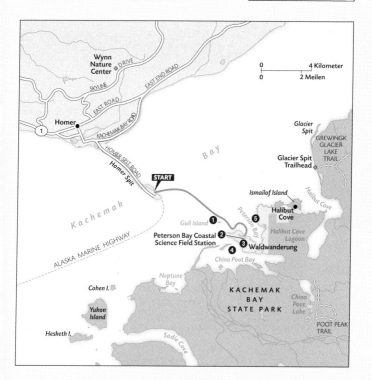

Dieser Landstrich Alaskas besitzt keinen Eigennamen. Man nennt ihn einfach »*across Kachemak Bay*«. Die Region umfasst den 32 bis 96 Kilometer breiten Landvorsprung an der Südwestspitze der Halbinsel Kenai, der von der Kachemak Bay im Norden und dem Golf von Alaska im Süden begrenzt wird.

Der Süd- und Westteil dieser Region ist kaum zugängliche Wildnis. Dieses Kapitel beschreibt die Küstenstriche nahe Homer und das Hinterland des 162 000 Hektar großen Kachemak Bay State Park. Selbst die nahe Homer gelegenen Regionen sind abgelegen und nur per Schiff oder Kleinflugzeug erreichbar. Die Zivilisation beschränkt sich auf die zwei kleinen Orte Seldovia und Halibut Cove sowie einige Häuser, Hütten und Lodges. Nähere Informationen über das Angebot an Schiffsfahrten und Flügen bietet das Homer Chamber of Commerce (*Tel. 907/235-7740, www.homeralaska.org*). Bootsausflüge mit Landgängen bietet das **Center for Alaskan Coastal Studies** (*Tel. 907/235-6667, www.ak coastalstudies.org*) an (siehe S. 160). Ein- bis zweimal wöchentlich steuert eine **Alaska-State-Fähre** (*Tel. 907/465-3941 oder 800/642-0066, www.dot.state.ak.us/amhs*), im Sommer von Homer kommend, **Seldovia** an (75 Min.), wo die Passagiere vier Stunden Aufenthalt haben. Auch ein paar Wassertaxis in Homer bringen Passagiere ans andere Ufer der Bucht. Wer besonders fit ist, legt die Strecke mit dem Kajak zurück. Empfehlenswerter ist es jedoch, sich Kajaks bei Verleihern auf der anderen Seite der Bucht auszuleihen und von dort zu starten.

Vier in Homer ablegende Schiffe fahren in den Sommermonaten täglich auf die andere Seite der Bucht. Die **»Danny J«** (*Tel. 907/226-2424*), ein Fischerboot für 29 Personen, legt zweimal täglich in Halibut Cove an. Die 12-Uhr-Fähre macht eine kleine Rundfahrt um Gull Island; in Halibut Cove liegt sie

Das Geschäftsviertel von Seldovia umfasst eine Handvoll Läden, darunter auch Herring Bay Mercantile

Erlebnis

LODGES IN DER WILDNIS

Alaska ist reich an Bären, Kälte, Stechmücken, Regen und vielem mehr, was das Leben eines Campers erschwert. Eine Alternative sind Lodges in der Wildnis. Einige sind einfach, andere luxuriös, die meisten sind irgendwo dazwischen – alle jedoch bieten Sicherheit und Komfort in der Wildnis. Häufig bekommt man auch fachkundige Auskunft, Ausrüstung und Führer. Viele sind auf Angler und Jäger eingestellt, aber immer mehr Lodges nehmen Gäste auf, die wandern, Tiere beobachten oder die Landschaft genießen wollen. Einige der besten Einrichtungen dieser Art liegen am Ufer der Kachemak Bay gegenüber von Homer. **Homer Chamber of Commerce Visitor Information Center** *(Tel. 907/235-7740, www.homeralaska.org).*

drei Stunden vor Anker. Die 17-Uhr-Fähre legt für drei Stunden in Halibut Cove an. Hier befindet sich das Restaurant Saltry *(www.thesaltry.com).* Central Charters *(Tel. 907/235-7847, www.centralcharter.com)* befördert Gäste mit der größeren »**Discovery**«. Der Ausflug dauert rund sechs Stunden. Rainbow Tours *(Tel. 907/235-7272, www.rainbowtours.net)* ist mit der »**Rainbow Connection**« unterwegs: Das 97-Personen-Fahrgastschiff macht täglich einen siebenstündigen Ausflug nach Seldovia mit dreistündigem Aufenthalt in der Stadt. Den schnellsten Ausflug nach Seldovia bewältigt die »**Kachemak Voyager**« *(Seldovia Bay Ferry, Tel. 907/435-3299 oder 877/703-3779, www.seldoviabayferry.com),* die mit fast 48 km/h von Homer dorthin fährt.

HALIBUT COVE

Wer nach Halibut Cove (über 50 Einw.) kommt, erkennt schnell, dass dies kein typischer Ort Alaskas ist. Unübersehbar sind einige Häuser (nicht Hütten!) aus Baumstämmen gebaut. An Land gekommen, wird man Straßen vermissen. Die Bewohner fahren nur mit Kajaks oder Ruderbooten durch die Lagune, in deren Mitte der Ort liegt, oder gehen zu Fuß über die erhöht am Ufer führenden Plankenwege. Gäste dürfen zwischen 13 und 21 Uhr über die privaten Bohlenwege zu den Häusern spazieren.

Die erste Anlaufstelle ist meist **The Saltry** (siehe Reiseinformationen S. 292), es zählt zu den Spitzenrestaurants Alaskas. Anfang des 20. Jahrhunderts gab es 36 Verarbeitungsbetriebe für Salzheringe in Halibut Cove, die Einwohnerzahl stieg auf etwa 1000. Schon bald war der Hering überfischt. Mitte des Jahrhunderts zogen die Bewohner fort, doch dank der

KENAI PENINSULA TOURISM MARKETING COUNCIL
✉ 35477 Kenai Spur Hwy., Ste. 205, Soldotna

☎ 907/262-5229 oder 800/535-3624
www.kenaipeninsula.org

Dreizehenmöwe

Weißkopfseeadler

Luchs

Wölfe

Orca

Weißflankenschweinswal

Aleutensee-
schwalbe

Rotgesichts-
scharbe

Gelbschopf-
lund

Kanada-
kranich

Seeotter

Silberalk

Trottellumme

Hornlund

Königslachs

Eiderente

Anemone

Gelbe
Krustenanemone

Seestern

Ockerstern

Bewohner der
Kachemak Bay

Sonnenblumenseestern

Pazifischer Hering

Braunbär

Elch

Seehund

Bergstrand-
läufer

schönen Lage kamen nach und nach Künstler zurück in die kleine Bucht. Heute gibt es hier Ferienanlagen, Bed-and-Breakfast-Häuser und Blockhütten zum Übernachten.

Besucher können sich die Werke ortsansässiger Künstler in der **Experience Fine Art Gallery** *(Tel. 907/296-2215)* ansehen, eine Kooperative, die nur deren Werke zeigt. Die **Cove Gallery** *(Tel. 907/226-2424)* gehört der Familie der Künstlerin Diana Tillion, die 2010 verstorben ist. Die Galerie stellt immer noch einige von Tillions innovativen Bildern aus, von denen viele mit Oktopus-Tinte gemalt sind, welche den Tieren mit einer Injektionsnadel entnommen wird. Aber keine Sorge – die Oktopusse werden dabei nicht verletzt und können die Tinte immer wieder herstellen.

KACHEMAK BAY STATE PARK

An die Stadt grenzt der Kachemak Bay State Park mit seinen Wanderwegen. Viele Startpunkte sind nur per Boot erreichbar – Wassertaxis bringen Wanderer zu den Startpunkten. Ein lohnender Weg ist der **Grewingk Glacier Lake Trail,** er führt zum Gewingk Glacier Lake (5 km einfach). Es geht am Strand entlang, durch Wälder und über felsiges Gelände bis an den See mit grandiosem Blick auf den Gletscher. Schwieriger ist der **Poot Peak Trail,** der zur unteren Kuppe des Poot-Gipfels führt.

SELDOVIA

Das Fischerdorf Seldovia (über 250 Einw.) liegt am anderen Ufer der Kachemak Bay und besitzt sogar eine gepflasterte **Main Street.** Von hier sieht man auf einem kleinen Hügel die bescheidene russisch-orthodoxe Kirche **St. Nicholas** (1891). Dem Hafen gegenüber, auch in der Hauptstraße, stehen ein kleines Museum, ein Besucherzentrum und ein Souvenirshop des **Seldovia Village Tribe.** Am Südende der Hauptstraße erkennt man auf dem Seldovia Slough noch die Reste des Bohlenwegs, der bis zum Erdbeben 1964 den Hafen säumte. Der bis Homer ausgebaute Highway und das Erdbeben kosteten Seldovia die Spitzenstellung im unteren Cook Inlet.

Die Lodges liegen meist im Waldgürtel an der Südküste der Kachemak Bay

Am Ende der Vista Avenue beginnt hinter der Schule der **Otterbahn Trail** (2 km), der an einer Lagune vorbei zum **Outside Beach** führt. Bei Flut ist man auf der Outside Beach abgeschnitten (Gezeitentabelle beachten!). Mit einem Auto ist auch ein Ausflug auf der unbefestigten **Jakolof Bay Road** interessant. Die Route führt 21 Kilometer entlang der Kachemak Bay. Bei Meile 7,5 führen Treppenstufen zur **McDonald Spit** hinunter. Die 2,5 Kilometer lange in die Bucht ragende Landzunge wird von Meeressäugern und Seevögeln bewohnt. Auf den letzten Kilometern besteht die Möglichkeit, zur **Jakolof Bay** mit ihren Gezeitentümpeln hinunterzusteigen. ∎

KACHEMAK BAY STATE PARK
🅰 Karte S. 137
☎ Dept. of Natural Resources: 907/
262-5581
**www.dnr.alaska.gov/parks/units/
kbay/kbayl.htm**

SELDOVIA
🅰 Karte S. 137
Besucherinformation
☎ 907/234-7612
www.seldovia.com

COOPER LANDING

Cooper Landing bezeichnet eine Ortschaft, die meilenweit verstreut am Sterling Highway liegt. Besucher können das kleine **Cooper Landing Museum** besuchen. In der **K'beq Footprints Heritage Site** bieten die hier ansässigen Dena'ina geführte Wanderungen an. Aber wer Cooper Landing sagt, meint auch den Kenai Lake, den Oberlauf des Kenai und den Zusammenfluss von Kenai und Russian River. Einige Unternehmen bieten geführte Floßfahrten auf dem ruhigen **Upper Kenai** (mit einigen Stromschnellen der Kategorie II) an. Auch Seekajaktouren zum **Kenai Lake** sind möglich. Einige Unternehmen befördern ihre Gäste in Booten *(drift boat)* zum Angeln: Der Zusammenfluss von Kenai und **Russian River** gilt im Sommer, zur Zeit der Lachswanderung, als eines der weltweit besten Anglerreviere. Teilweise drängen sich die Boote und stehen die Angler in Reihe. Um mitten ins Geschehen zu kommen, empfiehlt sich die **Russian River Ferry,** eine Seilfähre, die an das andere Kenai-Ufer übersetzt, wo der Sockey (Blaurückenlachs) laicht.

🅰 Karte S. 137 ✉ Besucherinformation Cooper Landing Chamber of Commerce & Visitors Bureau ☎ 907/595-8888 **www.cooperlandingchamber.com**

> ## Tipp
>
> **Wandern Sie auf dem Grewingk Glacier Lake Trail zu dem gleichnamigen See (S. 165). Wer abenteuerlustig ist, wählt den oberen Weg mit tollen Blicken auf Kachemak Bay und Grewingk Glacier.**
>
> GREGORY WILES
> NATIONAL GEOGRAPHIC-FELDFORSCHER

NINILCHIK

Die kleine Stadt (880 Einw.) liegt am Sterling Highway an der Mündung des Ninilchik River in den Cook Inlet. Sportfischer kommen hierher, um in der **Deep Creek State Recreation Area** zu angeln. Andere Gäste wollen in einem am Wasser gelegenen Lokal Meeresfrüchte essen. Eine Sehenswürdigkeit ist die **russisch-orthodoxe Kirche** (1901).

🅰 Karte S. 137 Besucherinformation ☎ 907/567-3571 **www.ninilchikchamberofcommerce.com**

RESURRECTION PASS TRAIL

Der 61 Kilometer lange Fernwanderweg von Cooper Landing nach Hope führt teils durch den **Chugach National Forest.** Er gehört zu den schönsten Wegen der Region. Obwohl man zwei bis vier Tage unterwegs ist, handelt es sich um eine relativ einfache Tour. Wer Glück hat, entdeckt Wölfe und Karibus. Am Weg gibt es Hütten, die man mieten kann (im Sommer reservieren).

🅰 Karte S. 137 ☎ 907/743-9500 **www.fs.usda.gov/chugach**

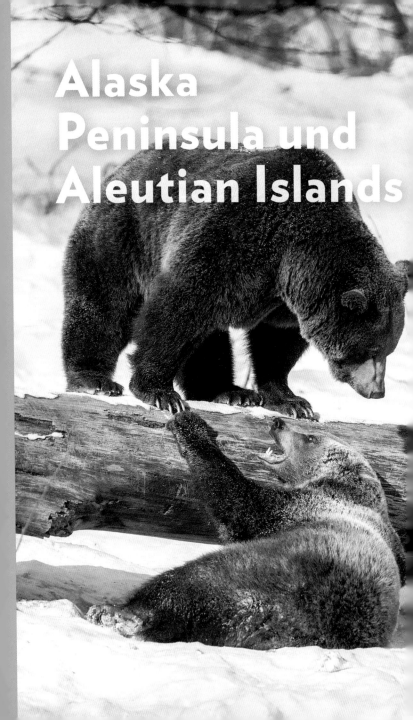

Alaska
Peninsula und
Aleutian Islands

‹ Eine Braunbärin mit ihrem Jungen im
Lake Clark National Park

Die entlegensten Teile dieser windgepeitschten, zerklüfteten Region befinden sich nur wenige Hundert Kilometer von Russland entfernt – sie liegen damit näher an Asien als an Alaska. Doch so weit braucht man gar nicht zu reisen, um eine Wildnis vorzufinden, die kaum jemals ein Mensch zuvor betreten hat.

Die Alaska-Halbinsel und die rund 1800 Kilometer lange Inselkette der Aleuten liegen auf dem »Ring of Fire« (Feuerring), einer Reihe von Vulkanen, die weite Teile des Nordpazifiks umgeben. Zu diesem Bogen – dem Rückgrat Südwestalaskas – gehören mehr als 60 oft noch tätige Vulkane. Ursache dieser Aktivität ist die Subduktion der Nordpazifischen Platte unter die Nordamerikanische Platte entlang des 7800 Meter tiefen Aleutengrabens. Trotz Vulkanausbrüchen, Erdbeben und Tsunamis sowie Stürmen, die diese Region häufig heimsuchen, wimmelt es von Leben. Viele Millionen Zugvögel haben hier ihre Brutplätze: Mehr als eine halbe Million Eissturmvögel nisten alleine auf Chagulak Island (der weltgrößten Brutkolonie). Und auf dem winzigen Kaligagan Island leben über 100 000 Gelbschopflunde – sie bilden die größte Kolonie Alaskas. Große Säugetiere wie Karibus, Eisfüchse, Elche, Wölfe und Kodiakbären durchstreifen das Land. Im Wasser fühlen sich zahlreiche Meeressäuger wohl, darunter Buckel-, Weiß-, Grönland- und Grauwale, Schwertwale (Orcas), Seelöwen, Walrosse und Seeotter.

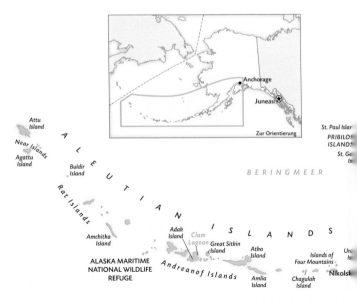

Attu Island

Near Islands

Agattu Island

A L E U T I A N

Buldir Island

Rat Islands

Amchitka Island

ALASKA MARITIME NATIONAL WILDLIFE REFUGE

Adak Island

Clam Lagoon

Great Sitkin Island

Andreanof Islands

Amlia Island

I S L A N D S

Atka Island

Islands of Four Mountains

Chagulak Island

Anchorage

Juneau

Zur Orientierung

BERINGMEER

St. Paul Islan

PRIBILOF ISLANDS

St. Ge Is

Un Is

Nikolsk

PAZIFISCHER OZ

Dieser Reichtum lockte vor langer Zeit das Volk der Unangan, besser bekannt als Aleuten, die sich auf den meisten der über 200 Inseln ansiedelten, sowie die Alutiiq, die sich hauptsächlich auf Kodiak Island und Alaska Peninsula niederließen. Jahrtausendelang lebten sie von diesem unwirtlichen, aber reichen Land – bis im 18. Jahrhundert die Russen kamen und sowohl die Seeotterpopulation als auch die Unangan nahezu ausrotteten. Heute gibt es kaum mehr 8000 Aleuten, die auf nur fünf Inseln wohnen. Doch das Erbe sowohl der Unangan als auch der Alutiiq hat in Südwestalaska überlebt. Der Einfluss der USA wurde an zwei Dingen spürbar: dem kommerziellen Fischfang und den Kämpfen, die im Zweiten Weltkrieg auf den Aleuten stattfanden. ■

Lachsfilets trocknen unweit vom Lake Clark im Freien

Das riesige Schutzgebiet ist rund 15 000 Quadratkilometer groß. Es umfasst 3000 Meter hohe Vulkane, Küstenstriche voller Seevogelkolonien, dichte Fichtenwälder, in denen Wölfe und Bären umherstreifen, Lake Clark, Wildwasserflüsse und ein tundrenartiges Plateau, über das Karibuherden wandern.

Am besten erreicht man diesen Park mit einer Chartermaschine. Manche Besucher lassen sich per Boot am Küstenabschnitt absetzen, aber die meisten nehmen die Wasserflugzeuge oder andere kleine Maschinen, die auf Schotterpisten aufsetzen können. **Port Alsworth** ist eine kleine Siedlung am Lake Clark und Sitz der Parkverwaltung. Hier beginnt der **Tanalian Falls Trail**, der durch einen Birken- und Fichtenwald vorbei am schäumenden Tanalian River zum Kontrashibuna Lake führt und vier Kilometer weiter beim gleichnamigen Wasserfall endet. An den Felshängen klettern Dallschafe, an den Teichen weiden Elche, und überall kann es Bären geben. Auch der **Telaquana Trail** führt durch spektakuläre Natur: vom Lake Clark zum Telaquana Lake. Viele Besucher erkunden den Park in Kajaks und Kanus, die man jedoch selber mitbringen muss. Eine Paddeltour auf einem der großen, nahezu unberührten Seen, z. B. **Turquoise, Twin, Two** sowie **Upper** und **Lower Tazimina**, ist Alaska-Erlebnis pur. ■

LAKE CLARK NATIONAL PARK AND PRESERVE
△ Karte S. 171
✉ Field Headquarters, 1 Park Pl., Port Alsworth

☎ 907/644-3626 (Headquarters) oder 907/781-2117 (Port Alsworth)
www.nps.gov/lacl

Ein heißes Bad entspannt nach einer langen Wanderung im Lake Clark National Park

Das große Vorkommen an Braunbären am McNeil River hat drei Ursachen: viele Lachse, eine Landschaft mit niedrigen Wasserfällen und Stromschnellen, in denen die Wandergeschwindigkeit der Fische reduziert ist, und das Fehlen vergleichbarer Fischgründe in der näheren Umgebung.

Am McNeil River wird in Zelten übernachtet

Der McNeil River ist schwierig zu erreichen: Pro Jahr werden nur 250 *permits* per Losentscheid ausgegeben. Wer zu den Glücklichen zählt, muss mehrere Hundert Dollar zahlen (für eine sichere, geführte viertägige Exkursion), ein Flugzeug chartern, seine eigene Campingausrüstung mitbringen und gut drei Kilometer zu einer drei mal drei Meter großen Kiesfläche stapfen. Dort steht man zusammen mit zehn anderen Touristen und einem Ranger sechs bis acht Stunden – nicht selten in Regen und Kälte. Freilich ist all das vergessen, wenn ein 450 Kilogramm schwerer Grizzly keine 20 Meter – manchmal auch nur drei Meter – entfernt vorbeimarschiert oder eine Bärin mit ihren beiden verspielten Jungen herantapst, um sich ein paar Fische zu schnappen. Im Laufe eines Tages bekommt man gewöhnlich mehrere Dutzend Bären zu Gesicht. Der Rekord liegt bei 74 Tieren, die meisten davon nicht mehr als 60 Meter entfernt. Spektakulär ist auch die Landschaft im Schatten des Vulkans Augustine, in der man oft Rotfüchse, Seehunde und Weißkopfseeadler zu sehen bekommt. ∎

MCNEIL RIVER STATE GAME SANCTUARY
🅰 Karte S. 171
✉ *permits:* Alaska Dept. of Fish & Game, Wildlife Conservation, McNeil River State Game

Sanctuary, 333 Raspberry Rd., Anchorage, AK 99518
☎ 907/267-2189
💲 $$$$$ (für Auswärtige) plus Gebühren
www.adfg.alaska.gov

Der mehr als 20 000 Quadratkilometer große Nationalpark bietet grandiose Szenerien und Gelegenheit zur Wildtierbeobachtung. Im Mittelpunkt stehen zwei besondere Attraktionen: Vulkane und Bären. 15 Feuerberge gehören zum Parkgebiet, einige davon sind noch aktiv. Und zu ihren Füßen streifen 1500 bis 2000 Braunbären umher, eine der größten Populationen des gesamten Kontinents.

Katmai ist ausschließlich auf dem Luftweg zu erreichen. Die meisten Besucher kommen mit Linienmaschinen von Anchorage, die in **King Salmon** landen. Diese Ortschaft liegt unmittelbar außerhalb der Grenzen des Nationalparks, dort befinden sich auch die Parkverwaltung und ein Visitor Center. Von hier aus besteigt man ein Wasserflugzeug *(Juni–Mitte Sept. tägl.)* nach Brooks Camp.

Brooks Camp ist der Hauptanlaufpunkt des Parks und in den Sommermonaten stark frequentiert. Es gibt ein Visitor Center, eine Lodge *(Brooks Lodge, siehe Reiseinformationen S. 293)*, einen Campingplatz, einen beschränkten Lebensmittelverkauf, Ausrüster und ein Büro, das Führer vermittelt. Nur rund 20 Prozent der Sommertage sind sonnig, häufig regnet oder nieselt es tagelang. Und wegen der 1500 Braunbären sollte jeder Besucher unbedingt das von der Parkverwaltung angebotene kurze »Bear Safety«-Programm absolvieren. Der mäßig anspruchsvolle 6,4 Kilometer lange

--- ☐ Tipp ---

Nehmen Sie einen Feldstecher mit; Sie werden ihn bei der Tierbeobachtung jeden Tag verwenden.

EVERETT POTTER
AUTOR, NATIONAL GEOGRAPHIC
TRAVELER MAGAZINE

Weg zum Gipfel des **Dumpling Mountain** (744 m), der beim Campingplatz beginnt, wartet mit wunderschönen Panoramablicken über den Naknek Lake und die dahinterliegenden Vulkane auf.

THREE FORKS OVERLOOK

Ein Höhepunkt ist die achtstündige Busrundfahrt über die 37 Kilometer lange unbefestigte Straße durch das **Valley of Ten Thousand Smokes** *(Juli–Aug. Reservierung empfohlen)* zum **Three Forks Overlook.** Das vormals grüne Tal wurde 1912 beim Ausbruch des Novarupta (siehe Kasten S. 177) teilweise mehr als 200 Meter hoch von Vulkanasche und -gestein verschüttet. Robert Griggs notierte 1916: »So weit das Auge reicht, war das Tal er-

Die unberührte Schönheit der Hallo Bay an der Küste von Katmai bezaubert Naturfreunde

Zwei Braunbären kämpfen um den besten Platz zum Lachs fischen

füllt von Hunderten, nein Tausenden – buchstäblich Zehntausenden – Rauchsäulen, die aus den Bodenspalten aufstiegen.«
Wanderer können dem 2,5 Kilometer langen steilen **Ukak Falls Trail** vom Aussichtspunkt hinunter und über den Talboden folgen, wo der turbulente **Ukak River** tiefe Schluchten in die Ascheschichten gekerbt hat. Besonders beeindruckend ist die **Three Forks Convergence Area**, an der der Ukak und seine Nebenflüsse zusammentreffen.

———————————————————— ☐ Erlebnis ——————

ALPENFLORA

Alaska ist zwar ein Land der Berge und Gletscher, doch im Frühling und Frühsommer auch ein Land der Blumen. Von Mai bis in den Juli hinein sind Wiesen und Feuchtgebiete mit Blüten übersät. Ganze Felder können mit Wildblumen in herrlichen Farben bedeckt sein. In der Blütezeit stehen sie für Alaskas Vegetation, die zur faszinierenden Tierwelt hinzukommt.
Staatsblume ist das Alpen-Vergissmeinnicht, das auf den Bergwiesen bis zu 30 Zentimeter hoch wird und vorwiegend von Ende Juni bis Ende Juli blüht. Herrlich sind auch die Blaue Pfauenblume, *Microseris douglasii* (eine Asternart) und die Prachthimbeere. Um die Flora von Alaska kennenzulernen, sollte man den **Alaska Botanical Garden** in Anchorage *(Tel. 907/770-3692, www.alaska bg.org)* besuchen. Er bietet viele Gärten und Programme.

☐ **Wissen**

ASCHEREGEN

Im Juni 1912 explodierte der Novarupta mit der zehnfachen Gewalt des Mount St. Helens (1980). Gas, Bimsstein und Asche wurden aus dem Bauch der Erde geschleudert und verdunkelten den Himmel über weiten Teilen der nördlichen Hemisphäre. Um vieles ergreifender als Fakten und Zahlen klingt der Augenzeugenbericht eines Aleuten-Fischers:»Wir erwarten hier jede Minute den Tod. Wir sind von Asche verschüttet – an manchen Stellen über zwei Meter hoch. Tag und Nacht brennen die Lampen. Wir sehen kein Tageslicht ... und wir haben kein Trinkwasser. Alle Flüsse sind mit Asche bedeckt. Es ist Dunkelheit und die Hölle, Donner und Getöse. Es ist entsetzlich. Wir beten.«

BÄRENBEOBACHTUNG

Ein Muss für jeden Katmai-Besucher sind die Braunbären, die an den **Brooks Falls,** 800 Meter vom Brooks Camp entfernt, Lachse fischen. Von einer Aussichtsplattform kann man die Tiere beobachten. Während der Hochsaison, zur Sockeye-Laichzeit (Rotlachs) im Juli, bilden sich lange Besucherschlangen, und man darf sich nur eine Stunde lang hier aufhalten. Eine zweite Plattform steht an der Mündung des Brooks River in den Naknet Lake. Kein Andrang herrscht an der Hallo Bay an der Küste. Acht bis zehn Gäste können in der **Hallo Bay Bear Lodge** *(Tel. 907/235-2237, www.hallobay.com, Mai–Sept. fünfstündige bis siebentägige Touren, $$$$)* wohnen und sich unter Braunbären mischen. Vier bis fünf Leute gehen mit einem Führer los und sind mit den Bären fast auf Tuchfühlung. Für Sicherheit sorgen die Erfahrung des Führers, das Bemühen der Veranstalter, die Bären nicht an Menschen zu gewöhnen, sowie Leuchtraketen. ∎

☐ **Tipp**

Wenn Sie den Katmai National Park and Preserve besuchen möchten, reservieren Sie und bereiten Sie sich richtig vor. Es gibt keine Mobilfunkverbindung: Bringen Sie Wasser, Nahrung und warme Kleidung mit – selbst im Juli kann es schneien.

KATHY SPANGLER
RANGER, KATMAI NP & P

KATMAI NATIONAL PARK AND PRESERVE
🅰 Karte S. 171
Besucherinformation
✉ Headquarters, P.O. Box 7, King Salmon, AK 99613

☎ 907/246-3305
www.nps.gov/katm

Die 16 größeren und zahlreichen kleineren Inseln des Kodiak-Island-Archipels verteilen sich im Golf von Alaska über insgesamt 280 Kilometer. Fast drei Viertel der Landfläche der Inselgruppe nimmt Kodiak Island ein, die zweitgrößte Insel der USA. Bekannt für ihre riesigen Braunbären, ist sie zugleich der am einfachsten erreichbare und am besten erschlossene Teil im Südwesten Alaskas.

KODIAK ISLAND

Mit rund 6300 Einwohnern ist der Fischereihafen **Kodiak** der größte Ort auf dem Archipel (sowie in ganz Südwestalaska) und per Flugzeug oder Fähre erreichbar. 160 Kilometer Schotterstraßen – das einzige Straßennetz der Region – führen von Kodiak aus durch die Natur.

Dichter Bewuchs aus *Oplopanax horridus* bedeckt den Boden des Regenwalds

Ausgangspunkt des Stadtrundgangs ist der Hafen, wo die »**Star of Kodiak**«, das letzte »Liberty Ship« der Alliierten aus Kriegszeiten, neben dem Visitor Center vor Anker liegt.

Die russische Vergangenheit von Kodiak wird im **Baranov Museum** lebendig. Das älteste russische Gebäude in den USA wurde 1808 von der Russisch-Amerikanischen Handelskompanie als Lager für Seeotterpelze errichtet. Gezeigt wird eine Fülle von Ausstellungsstücken aus russischer Zeit.

Die **Holy Resurrection Russian Orthodox Church** *(385 Kashevarof St., Tel. 907/486-3854, Führungen möglich)* eine Querstraße weiter ist ein weiteres russisches Erbe. Der Bau von 1945 ist von den blauen Kuppeln bis zum Innenraum ein wahrer Augenschmaus. Weiter nordöstlich liegen eine bezaubernde Kapelle und das **St. Herman Theological Seminary** *(414 Mission Rd., Tel. 907/486-3524)*, eines von nur drei russisch-orthodoxen Priesterseminaren in den USA.

Das **Kodiak National Wildlife Refuge Visitor Center** nördlich des Zentrums ist Museum und Infostelle zum Schutzgebiet in einem.

Über die wechselvolle Geschichte der Ureinwohner, insbesondere die Kultur der seit mehr als 7500 Jahren ansässigen Alutiiq, informiert das **Alutiiq Museum & Archaeological Repository** *(215 Mission Rd., Tel. 844/425-8844)*. Es zeigt Alltagsgegenstände der Alutiiq und anderer Inuit-Völker.

An die jüngere Vergangenheit des Archipels erinnert der **Fort Aber-**

=========== ⬜ **Tipp** ===========

Kodiak Island ist hinreißend. Die Angelmöglichkeiten sind fantastisch – aber achten Sie bei einem Mietwagen darauf, dass alle Fischreste entfernt wurden.

DAVID GRIMALDI
NATIONAL GEOGRAPHIC-FELDFORSCHER

crombie State Historical Park *(1400 Abercrombie Dr., Tel. 907/486-6339)*; auf dem Rezanof Drive (der zur Monashka Bay Road wird) sind es 6,3 Kilometer in nordöstlicher Richtung. Hier stehen Betonbunker aus dem Zweiten Weltkrieg, und man blickt aufs Meer oder die Seeotter, Papageitaucher und Wale.

KODIAK NATIONAL WILDLIFE REFUGE

Das mehr als 7500 Quadratmeter große Schutzgebiet umfasst die südwestlichen zwei Drittel von Kodiak Island, die Inseln **Uganik** und **Ban Island** sowie Teile von **Afognak Island.** Hier leben mehr als 3000 Kodiakbären, eine Unterart des Braunbären. Führer und Lufttaxis bringen Besucher sicher zu den Beobachtungsplätzen. Besonders viele Bären lassen sich im Sommer während der Lachssaison sehen. Die Bären sind jedoch nur eine von vielen Attraktionen: Der Park wartet auch mit Bergen, Tundra, tiefen Fjorden und vielen weiteren Tieren auf.

SHUYAK ISLAND UND AFOGNAK ISLAND STATE PARKS

Die äußeren Inseln des Archipels bieten zwei State Parks, den Shuyak Island State Park (190 km²), der den Großteil der Insel umfasst, sowie den Afognak Island State Park (300 km²) auf dem dicht bewaldeten Nachbareiland. Wer Komfort sucht, dem sei die **Afognak Wilderness Lodge** *(Tel. 360/799-3250, www.afognaklodge.com)* empfohlen. ∎

KODIAK ISLAND
🗺 Karte S. 171
Besucherinformation
✉ Kodiak Island Convention & Visitors Bureau, 100 W. Marine Way, Suite 200, Kodiak
☎ 907/486-4782 oder 800/789-4782
🕐 Mo–Fr, gelegentlich am Wochenende
www.kodiak.org

BARANOV MUSEUM
✉ 101 Marine Way, Kodiak
☎ 907/486-5920
🕐 Sommer Mo–Sa 10–16, sonst Di–Sa 10–15 Uhr
💲 $
www.baranov.us

KODIAK NATIONAL WILDLIFE REFUGE VISITOR CENTER
✉ 402 Center Ave.
☎ 907/487-2626
🕐 Sommer tägl., sonst So, Mo geschl.
www.fws.gov/refuge/kodiak

KODIAK NATIONAL WILDLIFE REFUGE
🗺 Karte S. 171
✉ 1390 Buskin River Rd., Kodiak
☎ 907/487-2600
www.fws.gov/refuge/kodiak

SHUYAK ISLAND UND AFOGNAK ISLAND STATE PARKS
🗺 Karte S. 171
✉ 1400 Abercrombie Dr., Kodiak
☎ 907/486-6339
http://dnr.alaska.gov/parks/ units/kodiak/shuyak.htm

VOGELBEOBACHTUNG AUF ATTU ISLAND

Eurasische Erlenzeisige, Sibirische Blaunachtigallen, Braunschnäpper aus Asien, Orientturteltauben. Vogelbeobachter, die diese Liste sehen, haben sofort einen magischen Ort vor Augen: Attu, die westlichste Insel der Aleuten, 1000 Meilen vom nordamerikanischen Festland entfernt.

Alle in Attu beobachteten Vogelarten dürfen auf die Nordamerikaliste eingetragen werden. Gemäß der American Birding Association gehört Attu zu Nordamerika, obwohl es näher an Asien liegt. Wenn also ein Vogelbeobachter auf Attu einen Erlenzeisig sichtet, kann dieser für Nordamerika abgehakt werden – sichtet er ihn in Asien, geht das nicht. Dies ist der Hauptgrund, warum manche Tausende von Dollar ausgeben, um auf Attu Vogelarten zu sehen, die sie wesentlich einfacher und billiger in Asien sichten könnten. Wegen der Stürme, die asiatische Spezies nach Attu verschlagen, und der Zugvogelrouten, auf denen die Insel liegt, kann man hier während der zwei- bis vierwöchigen Saison 30 bis 35 asiatische Vogelarten beobachten. 1977 entdeckten die ersten *birdwatcher* (Vogelbeobachter) die Insel, bald folgten organisierte Touren. Die Veranstalter flogen eine Piste aus dem Zweiten Weltkrieg an und gründeten im Südosten der Insel ein Camp. Tagsüber verteilten sich die Vogelbeobachter entlang der Küste, über die Tundra, die Bucht und weitere Lebensräume. Erblickte einer einen seltenen Vogel, gab er dies über Funk bekannt und alle eilten zum genannten Ort. Attu ist nur auf dem Wasserweg erreichbar. **Zugunruhe Birding Tour** (*www. zbirdtours.com*) bietet Ausflüge nach Attu an. Man kann sich auch bei Bird Treks (*Tel. 717/548-3303, www.birdtreks.com*) und Wildeside Nature Tours (*Tel. 888/875-9453, http//wildsidenaturetours.com*) anmelden.

Der unverkennbare Hornlund, ein häufiger Gast auf Attu, begeistert *birdwatcher*

Die Strecke folgt der reizvollen Nordostküste von Kodiak Island um drei tiefe Buchten herum, bevor sie ostwärts abbiegt und bei Cape Chiniak und Cape Greville endet. Sie führt durch unterschiedliche Landschaften, darunter gemäßigter Regenwald, Bergwiesen, hügelige Tundra, Erlen- und Pappelhaine sowie Küstenstriche mit donnernder Brandung und ausgeprägten Gezeiten.

Die Nebenstraßen auf Kodiak Island laden zum Erkunden der Schönheiten der Insel ein

Der Highway bietet Einblicke in das ländliche Alaska, das neben der Wildnis existiert: An der Route liegen ein Weingut sowie Rinder- und Bisonranches. Die ersten 20 Kilometer sind geteert, der Rest ist eine passable Schotterstraße. Ausgangspunkt der Fahrt ist die Ecke Marine Way und Rezanof Drive in **Kodiak** ❶ *(nähere Infos beim Kodiak Island Convention & Visitors Bureau, siehe S. 180)*. Der Rezanof Drive geht südwestwärts in den Chiniak Highway über. Bei Meile 2,4 bietet sich am **Deadman's Curve** ein herrlicher Blick über den Hafen von Kodiak, die Chiniak Bay und einige der Inseln des Archipels. Zurück am Highway, zweigt bei Meile 4,4 ein Weg zur **Buskin River State Recreation Site** ❷ *(Tel. 907/486-6339, http://dnr.alaska.gov/parks/aspu nits/kodiak/buskinriversrs.htm)* ab. Er ist der beliebteste mit dem Auto erreichbare Angelplatz der Insel: Vor allem im Sommer wandern hier riesige Mengen Sockeyes und Cohos flussaufwärts. Strandläufer bekommen viele Weißkopfseeadler zu Gesicht, die ebenfalls auf Lachsfang sind. Etwa 800 Meter weiter liegt die Abzweigung zur **Anton Larsen Bay Road,** einer 19 Kilometer langen Nebenstraße, die – vorbei am Golfplatz der Insel – entlang der Westküste der **Anton Larsen Bay** verläuft, einem hübschen Fjord mit großen Inseln. Bei Meile 6,6 des Highways kommt die größte Station der U.S. Coast Guard in Sicht – hier arbeiten über 1000 Menschen. 500 Meter hinter der Einfahrt gelangt man zur **Womens Bay** ❸, an der die Straße

---

> ⬛ **Tipp**
>
> **Stehen Sie früh auf, wenn Sie auf Kodiak Island übernachten, gehen Sie zum Café am Hafen und beobachten Sie die Fischer, die in ihren Schiffen zu den Fischgründen starten.**
>
> SARAH ROESKE
> NATIONAL GEOGRAPHIC-FELDFORSCHERIN

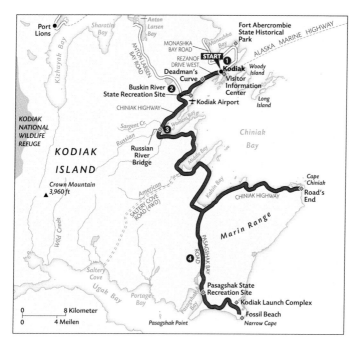

mehrere Kilometer weit entlangführt. Die Bucht verdankt ihren Namen den Alutiiq-Frauen, die früher an dieser Bucht fischten. Bei Meile 10 überspannt eine Brücke die Mündung des **Sargent Creek**, wo ab dem Herbst Kaisergänse überwintern. 500 Meter weiter lassen sich von der **Russian River Bridge** aus laichende Lachse beobachten (Aug.–Sept.). Zwischen Meile 19 und 21,5 lohnt es sich, entlang der **Middle Bay** in den Pappelwäldern nach Adlern und ihren Horsten zu schauen.

Bei Meile 30,6 liegt die Kreuzung mit der **Pasagshak Bay Road** ❹, die gut 25 Kilometer weit südwärts zu zwei ungewöhnlichen Orten führt: zum Kodiak Launch Complex, von dem aus Raketen zu kommerziellen und militärischen Zwecken in den Weltraum geschossen werden *(nicht öffentlich zugänglich)*, und zum **Fossil Beach,** wo das Gestein viele Fossilien enthält. Zurück an der Kreuzung mit dem Chinak Highway geht es nach Osten zur Küste der Chiniak Bay. Bei gutem Wetter sieht man Fischerboote in den Golf von Alaska fahren. Die Straße endet in Road's End.

Infobox (rechts):

- Siehe Karte S. 171
- ► Kodiak
- 138 km hin und zurück, ohne Nebenstraßen
- 4 Stunden plus Stopps
- ► Kodiak

Eine unterseeische Vulkankette bildet die über 200 Inseln und Inselchen der Aleuten, die sich von der Spitze der Alaska-Halbinsel aus rund 1800 Kilometer weit westwärts Richtung Russland und Japan erstrecken.

Das Zusammentreffen der milden Kuroschio-Meeresströmung mit der kalten Beringsee erzeugt Regen, Nebel, Wind und Stürme, die – auch wegen der isolierten Lage – die Gründe sind, warum auf den Aleuten nur etwa 8000 Menschen leben, die Hälfte davon auf Unalaska Island. Der Ort Unalaska auf der gleichnamigen Aleuteninsel ist der Nabel dieser Inselwelt. Weniger als zehn der Inseln sind bewohnt, und viele gehören zum **Alaska Maritime National Wildlife Refuge** (siehe S. 186f).
Die staatliche Fähre, die Unalaska von Ende April bis September zweimal im Monat anläuft, ist die preisgünstigste Möglichkeit, die Aleuten zu besuchen. Passagiere können in Kodiak (aber auch in Homer oder Seldovia auf Kenai Peninsula) zusteigen. Auf der drei- bis viertägigen Fahrt entlang der Alaska Peninsula und der Aleuten bis Unalaska sieht man Seeotter, Robben, Tümmler und Wale. Auch die von Dunst verhangenen Landspitzen, die nackten Klippen, die von Tundra bedeckten grünen Inseln und die Vulkankegel sind faszinierend – sofern nicht dichter Nebel die Sicht behindert. In Unalaska angekommen, haben die Passagiere rund 5,5 Stunden Zeit. Wer länger bleiben will, kann auch zurückfliegen.

UNALASKA ISLAND

Unalaska wird auch »Dutch Harbor« genannt, doch genau genommen heißt so nur der Hafen. Etwa 4300 Einwohner leben im Ort; zur Fischereisaison zwischen November und April halten sich hier mindestens doppelt so viele Menschen auf. Die Stadt liegt auf zwei Inseln: Auf Unalaska und Amaknak, beide sind über die 150 Meter lange »Bridge to the Other Side« miteinander verbunden. Einen ersten Überblick bietet das **Museum of the Aleutians**

 Wissen

HEILBUTT-FIEBER

Jeden Sommer herrscht in Alaska das Heilbutt-Fieber. Kleine Exemplare schmecken am besten, doch viele Angler wollen die großen Trophäen – bei Angelwettbewerben kann der größte Fisch einige Tausend Dollar einbringen. Den Weltrekord hält zur Zeit ein Heilbutt mit 208 Kilogramm, der auf Unalaska Island gefangen wurde, doch der Angler, Mike Golat, verlor seinen Rekord fast durch kleinliche Vorschriften. Die Regeln besagen, dass der Fisch am Haken ins Boot gezogen wird. Doch bei einem solchen Brocken wäre Golats kleines Boot mit Wasser vollgelaufen. Also schleppte er den Fisch an Land.

Stolz präsentiert ein Fischer zwei Krabben vor der russisch-orthodoxen Kirche von Unalaska

am Salmon Way. Es informiert über die indigene Kultur der Insel, die russische Ära und den Aleuten-Feldzug im Zweiten Weltkrieg. Im Umkreis von fünf Kilometern liegen 25 prähistorische Unangan-Siedlungen, darunter das 9000 Jahre alte **Unalaska Bar,** eine der ältesten Fundstätten Alaskas. Bekanntestes Wahrzeichen der Stadt und ein herausragendes Symbol der russischen Epoche ist die russisch-orthodoxe **Church of the Holy Ascension.** Der von zwei blauen Kuppeln bekrönte heutige Holzbau datiert aus dem Jahr 1895, das erste Gotteshaus an diesem Ort wurde 1825 geweiht. Im Inneren gibt es eine wunderbare Sammlung mehrerer Hundert Ikonen, Kunstwerke und Artefakte. Über die jüngere Vergangenheit kann man sich in der **Aleutian World War II National Historic Area** informieren. Kaum bekannt ist, dass eine der blutigsten Schlachten des Pazifischen Kriegsschauplatzes zwischen den Alliierten und Japan auf der Aleuteninsel Attu stattfand. Unweit des Flughafens beherbergt ein Bau aus Kriegszeiten ein Besucherzentrum mit Museum, das über die Kämpfe informiert, die mit der Bombardierung von Unalaska begannen. Bei einem Spaziergang um Fort Schwatka, der Küstenfestung auf Amaknak Island, sieht man die »**S. S. Northwestern**« halb versunken nahe der Captain's Bay liegen. ■

UNALASKA ISLAND
🅐 Karte S. 171
Touristeninformation
✉ Unalaska/Port of Dutch Harbor Conv. & Visitors Bureau, 15 S. Fifth St.
☎ 907/581-2612 oder 877/581-2612
www.unalaska.info

MUSEUM OF THE ALEUTIANS
✉ 314 Salmon Way, Unalaska
☎ 907/581-5150
🕐 Di–Sa 11–16, Do 13–19 Uhr
💲 $$
www.aleutians.org

ALEUTIAN WORLD WAR II NATIONAL HISTORIC AREA
✉ Visitor Center beim Unalaska Flughafen
☎ 907/581-9944
🕐 Sommer tägl., sonst So, Mo geschl.
www.nps.gov/aleu

Das riesige Schutzgebiet umfasst mehr als 2500 Inseln und Inselchen, Riffe, Felstürme und Küstenstriche rund um Alaska. Als Zentren gelten die Gebiete vor der Küste der Alaska Peninsula, der Kodiak-Archipel, die Pribilof Islands und, ganz besonders, die Aleuten.

Weite Teile des Schutzgebietes sind nur unter Mühen mittels Charterflugzeug und -boot zu erreichen. Es gibt jedoch drei Plätze in Südwestalaska, wo man dieses Naturreservat preiswerter kennenlernen kann.

VON KODIAK NACH UNALASKA

Die Fähre »Tustumena« (siehe Reiseinformation S. 269) legt zwischen April und Oktober alle zwei Wochen in Homer und Seldovia ab, läuft anschließend Kodiak an und fährt dann, vorbei an verschiedenen Sehenswürdigkeiten des Schutzgebietes, an der Alaska-Halbinsel und den Aleuten entlang bis Unalaska. Die Überfahrt dauert mehrere Tage, nicht selten bei schwerem Seegang. Wer nicht viel Zeit hat, kann auch zurückfliegen. In Unalaska bieten verschiedene lokale Reiseveranstalter Exkursionen in die nahe gelegenen Teile des Schutzgebietes an (Informationen über Unalaska/Dutch Harbor Convention & Visitors Bureau siehe S. 185).

ADAK ISLAND

Rund die Hälfte dieser 563 Kilometer westlich von Unalaska gelege-

□ **Tipp**

Sie wollen an die Küste fahren? Das Schöne ist, dass Sie dort keinen Insektenschutz brauchen. Die Mücken vertragen kein Salzwasser.

SARAH ROESKE
NATIONAL GEOGRAPHIC-FELDFORSCHERIN

nen, rund 48 Kilometer langen Insel gehört als »Wilderness area« zum Schutzgebiet. Man erreicht diesen isolierten Ort mit dem Flugzeug von Anchorage und über das Straßen- und Wegenetz eines großen, seit 1997 geschlossenen Marinestützpunkts.

Interessant ist der zehn Kilometer lange **Wildlife Drive** um die hübsche **Clam Lagoon,** wo man Seeotter, Robben und verschiedene Vögel (darunter seltene Arten aus Asien, siehe S. 181) beobachten kann. Bei der **Finger Bay,** einem fjordartigen Einschnitt ins Inselinnere, führt ein 1,5 Kilometer langer Wanderweg zum **Lake Betty.** Direkt vor der Stadt erstreckt sich der schwarze Sandstrand von **Kuluk Bay,** wo man bei halbwegs guter Sicht den 32 Kilometer entfernten 1739 Meter hohen Vulkan erkennen kann, der Great Sitkin Island bildet.

Hunderttausende Seebären kommen zur Paarung und Aufzucht ihrer Jungen zu den Pribilofs

Relikte aus dem Zweiten Weltkrieg auf dem Flughafen in Unimak

ST. PAUL ISLAND

Wem Adak Island noch nicht abgeschieden genug ist, der kann die rund 320 Kilometer nördlich der Aleuten in der Beringsee gelegenen **Pribilof Islands** besuchen, deren größte, **St. Paul,** etwa 13 mal 22 Kilometer misst. PenAir *(Tel. 800/ 448-4226, www.penair.com)* fliegt diese Insel vier- bis fünfmal wöchentlich von Anchorage aus an. Nahezu alle Besucher kommen mit St. Paul Island Tours *(Tel. 877/424-5637, www.alaskabirding.com),* einem von Unangan geführten Reiseveranstalter. Unangan (Aleuten) machen auch fast die gesamte Bevölkerung (knapp 700 Einw.) der Pribilof-Inseln aus – sie sind die größte Aleutenpopulation weltweit. Alle Besucher müssen im King Eider Hotel absteigen; andere Unterkünfte oder Zeltplätze existieren auf der Insel nicht.

Die Führer zeigen ihren Gästen Eisfüchse, Rentiere, nistende Papageitaucher und andere Seevögel, vor allem aber die Nördlichen Seebären: Rund 800 000 dieser massigen Meeressäuger kommen alljährlich zur Fortpflanzung zu den Pribilofs; die größte Konzentration dieser Art weltweit. Von ausgewiesenen Plätzen aus lassen sich Robbenmütter beim Säugen ihrer Jungen und Bullen beim Rivalenkampf beobachten. ∎

ALASKA MARITIME NATIONAL WILDLIFE REFUGE
🄰 Karte S. 170f
✉ Alaska Islands und Ocean Visitor Center, 95 Sterling Hwy., Homer
☎ 907/235-6961
🕓 Anfang Sept.–Ende Mai So, Mo geschl.
www.fws.gov/refuge/alaska_ maritime

www.fws.gov/refuge/Alaska_Ma ritime/visit/visitor_center.html

ADAK ISLAND
🄰 Karte S. 170
✉ Aleutian Islands Unit NWR, 146B Seawall Rd., Adak
☎ 907/592-2406 (Sommer) oder 907/235-6546 (restliches Jahr)
www.fws.gov/refuge/alaska_ maritime

ALASKA PENINSULA UND BECHAROF NATIONAL WILDLIFE REFUGES

Die beiden aneinander angrenzenden Parks auf der Alaska-Halbinsel werden gemeinsam verwaltet und ihrem Ruf mehr als gerecht: Seeotter, Falken, Elche, Seelöwen, Wölfe, Wasservögel – Artenvielfalt und Individuenzahl sind beeindruckend. Eine 10 000-köpfige Herde Barren-Ground-Karibus verbringt einen Großteil des Jahres hier. Die meisten Lachse der Bristol Bay Fishery, der reichsten Lachsfischgründe der Welt, laichen in Bächen, die in diesen Schutzgebieten entspringen. Vorkommen und Größe der Braunbären sind legendär. Auf insgesamt 22 260 Quadratkilometern liegen zudem (teils noch tätige) Vulkane, der zweitgrößte See Alaskas, zerklüftete Küstenstriche, windgepeitschte Tundra und reißende Flüsse sowie außergewöhnliche geologische Formationen.

Bei den **Gas Rocks** beim Mount Peulik dringen ständig Gase durch Spalten im Granit. Etwa 1,5 Kilometer weiter findet man die außerirdisch anmutenden **Ukinrek Maars.** Runde Krater, die im Jahr 1977 bei einer Reihe von Eruptionen entstanden. Bei **Castle Cape Fjords** ragen hell-dunkel geschichtete Felstürme in den Himmel, die so auffällig sind, dass Seefahrer sie früher als Navigationshilfe benutzten.

Trotz all dieser Sehenswürdigkeiten kommen nur wenige Besucher hierher. Beide Parks sind schwer zu erreichen, ausgesprochen unwegsam und unerschlossen. Dazu kommt das wechselhafte Wetter. Obwohl der Ort **King Salmon** – das »Tor zur Alaska Peninsula« – nur rund 400 Einwohner hat, gibt es hier gute Unterkünfte, Läden, Restaurants und auch Bars. Im **King Salmon Visitor Center** hilft man gerne bei der Routenplanung.

◢ Karte S. 171 ⊠ King Salmon Visitor Center, King Salmon Flughafen ☎ 907 / 246-4250 (Visitor Center) **www.fws.gov/refuge/Becharof/Plan_Your_ Visit/Visitor_Center.html**

IZEMBEK NATIONAL WILDLIFE REFUGE

Am berühmtesten ist Izembek bei Naturfreunden für die Schwärme von Wasservögeln, die wegen der reichen Seegrasbestände der **Izembek Lagoon** (388,5 km^2) angeflogen kommen.

Izembek ist relativ leicht erreichbar. Linienflüge und Fährschiffe verkehren nach **Cold Bay,** einer Kleinstadt am Rande des Schutzgebiets, wo sich die Parkverwaltung befindet und einige touristische Einrichtungen liegen. Mit einem Mietwagen können Sie die rund 65 Kilometer Schotterstraßen erkunden, die fächerartig in Teile des Parks hineinführen.

◢ Karte S. 171 ☎ 907/532-2445 oder 877/837-6332 **www.fws.gov/ refuge/izembek**

Prince William Sound und Umgebung

❮ Mit dem Kajak von Valdez zum Columbia-Gletscher im Prince William Sound

Die Region umfasst eine weitläufige Tiefebene mit Fichten- und Regenwald, majestätischen Flüssen und einem Hochland mit gewaltigen Berggipfeln und riesigen Gletscherflächen.

Am Prince William Sound, einer etwa 48 mal 112 Kilometer großen Bucht am Golf von Alaska, verschmelzen Land und Meer zu einer Welt aus üppig bewaldeten Inseln, Fjorden, Halbinseln und tiefen Küstengewässern mit einer vielfältigen Unterwasserwelt. Das 5,3 Millionen Hektar große Wrangell-St. Elias National Park and Preserve ist bis heute die Heimat der Ahtna, eines Stammes der Athabasken. Der Prince William Sound liegt im Territorium der Alutiiq, die aber vorwiegend auf Kodiak Island und der Alaska-Halbinsel im Südwesten leben. Die kleine indigene Gruppe der Eyak lebt rund um das Delta des Copper River im Grenzgebiet zwischen Wrangell-St. Elias National Park und Prince William Sound.

1778 gab James Cook der Bucht den Namen Sandwich Sound. Als er nach England zurückkehrte, war sein Gönner, der Earl of Sandwich, in Ungnade

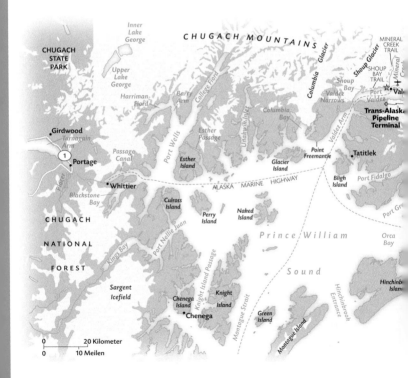

Buschflugzeuge nehmen Gäste mit auf Flightseeing-Exkursionen oder bringen sie zu Campingplätzen in der Wildnis

gefallen. Cooks Kartografen änderten daraufhin den Namen zu Ehren des dritten Sohnes des Königs, des späteren King William IV. Der größte Zustrom an Fremden kam in den späten 1890er-Jahren ins Land, als durch den Klondike-Goldrausch Glückssucher in den Hafen von Valdez strömten. Nachhaltiger wirkten sich jedoch die Kupferfunde aus: Von 1906 bis 1938 betrieb die Kennecott Mines Company mitten im heutigen Nationalparkgebiet eine Kupfermine.

Im Prince William Sound lag das Epizentrum des verheerenden Erdbebens vom Karfreitag 1964. Die nachfolgenden Stoß- und Flutwellen zerstörten Dörfer und die Stadt Valdez, die später an höherer Stelle wiederaufgebaut wurde. Am 24. März 1989 lief der Öltanker »Exxon Valdez« auf Grund: 41 Millionen Liter Rohöl flossen ins Meer. Die Säuberungsarbeiten haben zwar die sichtbaren Spuren des Tankerunglücks beseitigt, doch die Renaturierungsmaßnahmen sind bis heute im Gange. ■

McCarthy/ Kennicott, Copper Center, und Tetlin NWR (siehe Karte S. 181)

RICHARDSON HWY. 4

WRANGELL-ST. ELIAS NATIONAL PARK AND PRESERVE

Trans-Alaska Pipeline

Copper

Bremner

CHUGACH MOUNTAINS

Tiekel

Rude

CHUGACH

NATIONAL

Million Dollar Bridge

FOREST Childs Glacier

SHERIDAN MOUNTAIN TRAIL

Cordova

Sheridan Glacier

COPPER RIVER HIGHWAY 10

HAYSTACK TRAIL

Copper River Delta

Alaganik Slough

f von Alaska

Anchorage

Juneau

Zur Orientierung

Valdez gibt es zweimal in Alaska: Die eine Stadt existierte bis Karfreitag 1964, die andere wurde weiter westlich neu gebaut. 1897 wurde das alte Valdez von rund 7000 Gold suchenden Glücksrittern gestürmt, die zumeist vergeblich versuchten, die Goldfelder am Klondike zu erreichen.

Nach dem Erdbeben von 1964 entstand Valdez an höherer Stelle neu. Mit dem Wachstum der Ölindustrie in den 1970er-Jahren und nachdem die Trans-Alaska-Pipeline hier ihren Zielhafen erreicht hatte, wuchs die Stadt rapide. Heute ist Valdez (ca. 4000 Einw.) ein blühendes Städtchen, ein wichtiger Ölhafen und ein attraktives Reiseziel: Hier kann man angeln, Kajak und Floß fahren, Rundflüge buchen, wandern, Ski laufen, Wildtiere beobachten und die Ostseite des Prince William Sound erkunden.

STADTZENTRUM UND UMGEBUNG

Ein guter Startpunkt für den Stadtrundgang ist das **Valdez Museum** am Egan Drive. Es zeigt eine Mischung aus Artefakten der Urbevölkerung, Exponaten aus der Zeit des Goldrausches, der ersten Besiedlung und der Ölindustrie. Die Geschichtsstunde setzt sich in der Ausstellung **Remembering Old Valdez** fort, einem Ableger des Museums vier Blocks weiter südlich. Sie erinnert an das alte Valdez vor dem Erdbeben. Ein detailgetreues Modell zeigt das historische Stadtbild.

Fischerboote liegen im Hafen von Valdez vertäut

Die Trans-Alaska-Pipeline und ihre Endstation sind auf der anderen Seite der Bucht von Valdez zu sehen (für Besucher gesperrt). Eine Alternative dazu sind die Ausstellungen und Informationen zu der Pipeline und ihrer Geschichte im Valdez Museum. Eine gute Sicht auf echte Öltanker während des Verladevorgangs (wenn auch 4,8 km entfernt) bietet der **Dock Point Trail** (1,2 km). Der Rundweg beginnt am Anleger auf der östlichen Seite des kleinen Bootshafens.

Wem der Sinn eher nach einem Wasserfall und einem dramatischen Canyon steht, der sollte auf dem Egan Drive in westlicher Richtung zur Mineral Creek Road fahren. Am Ende der Straße führt der **Mineral Creek Trail** (2,8 km) zum Canyonende und zu einer verlassenen Goldmühle.

Eine sehr lange Tageswanderung führt über den **Shoup Bay Trail** (14,4 km), der am West Egan Drive auf der anderen Seite der Mineral Creek Road beginnt. Die ersten 4,8 Kilometer bis Gold Creek sind leicht, auf den folgenden 9,6 Kilometern wird es zunehmend steil und felsig. Wer die Bucht erreicht, wird mit Ausblicken auf eine nahe gelegene Dreizehenmöwenkolonie und den Shoup Glacier belohnt.

In einem neuen Gebäude beim Prince William Sound Community College ist das **Maxine & Jesse Whitney Museum** untergebracht, das als landesweit größte Privatsammlung mit Kunst und Kunsthandwerk der Urbevölkerung gilt. Das Highlight des Museums ist jedoch ein Raum mit feiner Elfenbeinschnitzerei. ∎

☐ Tipp

Sie benötigen nicht das stärkste Mückenschutzmittel, das leicht Allergien hervorrufen kann. Präparate mit Deet 28 % (z. B. Autan) sind in den meisten Fällen ausreichend.

SARAH ROESKE
NATIONAL GEOGRAPHIC-FELDFORSCHERIN

VALDEZ

🅐 Karte S. 192

Besucherinformation

✉ Valdez Convention & Visitors Bureau, 309 Fairbanks Drive

☎ 907/835-2984

🕐 Labor Day–Memorial Day Sa, So geschl.

www.valdezalaska.org

VALDEZ MUSEUM

✉ 217 Egan Dr.

☎ 907/835-2764

🕐 Anfang Sept.–Mitte Mai Mo geschl.

💲 $$

www.valdezmuseum.org

MAXINE & JESSE WHITNEY MUSEUM

✉ 303 Lowe St.

☎ 907/834-1690

🕐 Sommer tägl., sonst nach Vereinbarung

💲 Spende

www.mjwhitneymuseum.org

Der landschaftlich reizvolle Richardson Highway verbindet den Prince William Sound mit dem nördlichen Hinterland. Er folgt den Spuren alter Goldgräberpfade an Flüssen vorbei ins küstennahe Gebirge und weiter in die Ebene des Copper River.

Der Blick vom Thompson Pass reicht kilometerweit über die Chugach Mountains

Auf der Fahrt sollte man stets beachten, dass die Meilenangaben noch aus der Zeit vor dem Erdbeben von 1964 stammen, das Old Valdez zerstörte. Die Stadt wurde 6,4 Kilometer entfernt neu aufgebaut. Ein Meilenstein am Thompson Pass, der die Zahl »26« trägt, steht 26 Meilen (41,8 km) von Old, aber 30 Meilen (48,3 km) von New Valdez entfernt. Etwa 14,5 Kilometer außerhalb von Valdez stößt der Highway auf den **Lowe River**. Bei Meile 13 schwenkt der Highway nach Nordosten ab und erreicht die Engstelle des **Keystone Canyon** ❶. Schäumende Wasserfälle stürzen von hoch aufragenden Klippen in den Lowe River hinab. Bei Meile 13,4 liegen die **Horsetail Falls** und 800 Meter weiter die **Bridal Veil Falls** ❷. Hier beginnt die anspruchsvolle Wanderung auf dem **Valdez Goat Trail** (4 km). Dieser folgt einem alten Pfad der Ureinwohner. Bei Meile 16,4 bietet ein Veranstalter spannende Floßfahrten durch den Keystone Canyon an.

Ab Meile 18,8 ändert sich die Landschaft: Deutlich steigt der Highway an, überschreitet nach einigen Kilometern die Baumgrenze und erreicht die Bergtundra. Bei Meile 24 führt eine unbefestigte Straße (1,6 km) bis zur

Blueberry Lake State Recreation Site ❸, die einen Campingplatz, Rastplätze und Angelmöglichkeiten bietet.

HÖCHSTER PUNKT UND WEITER

Nach weiteren 3,2 Kilometern erreicht die Straße ihren höchsten Punkt, den **Thompson Pass ❹** (816 m). An einem einzigen Tag sind hier schon 1,5 Meter Neuschnee gefallen, in einem Winter summierte sich das auf unvorstellbare 25,4 Meter! Nächster Halt ist die **Worthington Glacier State Recreation Site ❺** bei Meile 28,7, wo ein Weg zur nahen Gletscherstirn führt. Im Verlauf der folgenden 64 Kilometer kommen immer wieder Haltebuchten. In den Feuchtgebieten zwischen Meile 53 und 58 tauchen häufig Elche und Biber auf. Bei Meile 64 kreuzt die Trans-Alaska-Pipeline den Highway, bei Meile 64,7 informieren Schautafeln an der **Pump Station No. 12** über die Ölleitung. Dann verläuft der Highway parallel zu den Flüssen **Little Tonsina** und **Tonsina**. Die Fahrt endet bei Meile 82,5; dort trifft der Edgerton Highway auf den Richardson.

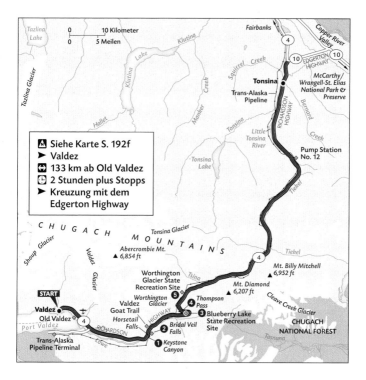

Die Bucht zählt zu den schönsten Meeresbuchten der Welt. Der vielge-
staltige Küstenstreifen mit Hunderten von kleinen und großen Buchten,
Lagunen, Meerengen und tiefen Fjorden ist 2414 Kilometer lang.

Das Festland ist mit seinem dichten Regenwald, den ins Meer kalbenden
Gletschern und den zerklüfteten Chugach Mountains ein landschaftliches
Highlight und die Bucht ein Muss für jeden Alaska-Reisenden.

WESTERN SOUND

Das Eingangstor zum Westteil der Bucht ist **Whittier.** Mit dem Auto fährt
man durch einen Tunnel dorthin (siehe Kasten S. 199). Fast alle Einwohner
leben in einem Dutzend Betonhochhäusern aus den 1950er-Jahren. Whittier liegt nur 96 Kilometer von Anchorage entfernt, sodass viele Besucher,
die den Prince William Sound besichtigen wollen, dort übernachten. Es
gibt zahlreiche Anbieter von Schiffs-, Charter-, Angel- oder Kajaktouren.
Die Fähre von und nach Whittier ist ebenfalls beliebt. Die meisten Touren
führen südlich von Whittier in die **Blackstone Bay,** wo man das spektakuläre Kalben der Gletscher ins Meer beobachten kann. Andere Touren gehen aber auch in nordöstlicher Richtung zum **College Fjord, Barry Arm**
und **Harriman Fjord,** wo Dutzende von Gletschern zu sehen sind; wieder
andere gleiten gemächlich durch die **Esther Passage,** die sich an manchen
Stellen auf wenige Meter verengt. Überall im Westteil stürzen hohe, von
Gletschern gespeiste Wasserfälle ins Meer, an den Ufern gehen Bären auf
Fischfang, und Schneeziegen klettern über hohe Hänge. Die Greater Whittier Chamber of Commerce *(www.whittieralaska.gov)* listet alle Veranstalter.

EASTERN SOUND

Valdez (siehe S. 194f) ist das Tor zur Ostseite der Bucht. Manche Tagestouren mit dem Schiff von Valdez führen in westlicher Richtung durch den
oberen Teil des **Valdez Arm,** die Boote nähern sich bis auf 180 Meter dem
bewaldeten Nordufer. Dutzende von Wasserfällen ergießen sich hier.
Gleich hinter dem Shoup Glacier dringt das Schiff in die **Valdez Narrows**
vor: Hier nähern sich zwei Landvorsprünge bis auf 548 Meter. Die Köpfe
von Weißkopfseeadlern zeichnen sich als weiße Punkte in den Wipfeln der
Fichten ab, mehrere wuchtige Horste sind zu erkennen.

PRINCE WILLIAM SOUND
🅰 Karte S. 192f
Besucherinformation
✉ Valdez Convention & Visitors Bu-
reau Visitor Information Center,
309 Fairbanks Dr.

☎ 907/835-2984
🕐 Labor Day–Memorial Day Sa, So
geschl.
http://valdezalaska.org

Sea kayaking ist ein beliebter Freizeitsport im Prince William Sound

Sobald das Schiff Point Freemantle umrundet und in nordwestlicher Richtung auf Columbia Bay zusteuert, kommen Eisberge ins Blickfeld, ein Zeichen, dass das Schiff sich seinem Hauptziel nähert: dem **Columbia Glacier.** Mit einer Fläche von weit über 1000 Quadratkilometern, einer Länge von 48,4 Kilometern und einer Dicke von 610 Metern zählt er zu den größten und aktivsten Gletschern der nördlichen Hemisphäre. Das Schiff verlangsamt die Fahrt durch die Eisberge. Einige sind so groß wie ein Haus, andere dienen Seehunden als Fähre. Das Schiff nähert sich der Gletscherstirn (4,8 km breit, 91,5 m hoch) bis auf 800 Meter, sodass man in sicherer Entfernung zuschauen kann, wie riesige Eisbrocken mit lautem Krachen ins Wasser stürzen. Die Rückfahrt führt an einer Kolonie Hunderter laut brüllender Seelöwen vorbei, auch bunte Papageitaucher, Schneeziegen sowie Buckel- und Schwertwale sind dann zu sehen. ■

―――――――――――――――――――――――――――――― ☐ Wissen ――――――

ANTON ANDERSON MEMORIAL TUNNEL

Um die Militärbasen von Anchorage und Fairbanks über die Schiene an einen Ozeanhafen (Whittier) anzubinden, sprengten Armeeingenieure im Zweiten Weltkrieg einen 1,6 Kilometer langen Tunnel durch den Begich Peak und einen weiteren 3,6 Kilometer langen Tunnel durch den Maynard Mountain. Im Jahr 2000 wurde der Tunnel für den Autoverkehr umgebaut, dazu wurden die Schienen versenkt. Im Konvoi fahren Autos alternierend mit den Zügen durch den Tunnel. Mit 40 km/h geht es an feuchten Felsen durch einen düsteren Tunnel – definitiv nichts für klaustrophobisch Veranlagte. Gelegentlich dröhnen die gigantischen Ventilatoren, die die Tunnelabgase abführen.

Der Ort Cordova liegt am Fuß der von gemäßigtem Regenwald und Gletschern bedeckten Berge am Orca Inlet und ist für seinen fantastischen Wildlachs aus dem Copper River berühmt. Im Frühling und Sommer verdoppelt sich die Einwohnerzahl durch Angler und Saisonarbeiter der fischverarbeitenden Betriebe.

Das 283 300 Hektar große Delta des Copper River ist etwa 96 Kilometer breit. Im Delta liegen Watten, von Weiden umstandene Sümpfe, Bäche und Teiche. Im Frühjahr geben bis zu fünf Millionen Zugvögel den Auftakt zum Shorebird Festival (siehe Kasten S. 202).

CORDOVA

Beginnen Sie einen Bummel beim Dock nahe der Hafeneinfahrt am **Prince William Sound Science Center** *(300 Breakwater Ave., Tel. 907/424-5800, www.pwssc.org, Sa, So geschl.).* Von seiner Terrasse aus hat man einen ausgezeichneten Blick über den Hafen, in dem zwischen den vielen Fischerbooten Seeotter schwimmen, denn Hunderte von ihnen leben im Orca Inlet. Das Science Center ist vor allem eine Forschungs- und Bildungseinrichtung. Von dort geht es die Breakwater Avenue entlang, die an der Nordseite des Hafens verläuft. Das **Anchor Bar & Grill** *(207 Breakwater Ave., Tel. 907/424-3262)* ist ein uriges Stammlokal der Fischer. Am Ende dieser Straße geht es an Konservenfabriken vorbei nach rechts in die North Railroad Avenue, der östlichen Hafenseite.

Hinter einem langen Häuserblock biegen Sie rechts in den Nicholoff Way an der südlichen Hafenseite. Nahe der Straßenecke liegt das **Baja Taco** *(137 Harbor Loop Rd., Tel. 907/424-5599),* ein kleines Lokal mit Aussicht. Das ganze Café beschränkte sich früher auf den roten Schulbus, in dem jetzt die Küche ist. Ein paar Häuser weiter liegt das **Ilanka Cultural Center** *(110 Nicholoff Way, Tel. 907/424-7903).* Im kleinen Museum sind u. a. eine Geldbörse aus Schwanenfüßen und ein Schwertwalskelett zu sehen.

Downtown: Das Zentrum von Cordova besteht aus ein paar Häuserblocks östlich des Hafens. Am lebhaftesten geht es auf der First Street zu. **Orca Book & Sound Company** *(507 1st St., Tel. 907/424-5305)* ist ein guter kleiner Buch- und Musikladen, der auch regionale Kunstwerke ausstellt. Auf der Straße gibt es zwei weitere Bars: **Alaskan Hotel & Bar** *(600 1st St., Tel.*

☐ **Wissen**

ANFAHRT

Cordova ist nur per Flugzeug oder auf dem Wasserweg erreichbar. Die Alaska-State-Fähren verkehren mehrmals wöchentlich; Flugzeuge fliegen regelmäßig.

☐ Wissen

WILDLACHS

Alaska ist ganz wild auf Wildlachs. Der kommerzielle Wildlachsfang ist weltweit der intensivste. Gut 160 Millionen Lachse werden jährlich gefangen. Der Staat verbietet derzeit Fischzuchtfarmen und wirbt für die Vorteile, die der Wildlachs für Gesundheit, Wirtschaft und Naturschutz hat. In Fischerorten wie Cordova preisen Autoaufkleber den Wildlachs. Das Alaska Seafood Marketing Institute *(Tel. 907/465-5560, www.alaskaseafood.org)* ist eine Quelle des Wissens über Wildlachs: Einkaufsratgeber, Rezepte und der Lebenszyklus eines Lachses sind hier abrufbar.

907/424-3299) und **Cordova Hotel & Bar** *(604 1st St., Tel. 907/424-3388).* Ein paar Häuser weiter erreicht man das **Cordova Historical Museum.** Es ist der 315 Kilometer langen Eisenbahnstrecke von der Kupfermine im Wrangell-St. Elias National Park zum Hafen von Cordova gewidmet. Auch

CORDOVA
🗺 Karte S. 193
Besucherinformation
✉ Cordova Chamber of Commerce,
   401 1st St.

☎ 907/424-7260
http://cordova chamber.com

In der Hoffnung auf Anglerglück fahren Angler einen Seitenarm des Copper River flussaufwärts

andere interessante Dinge aus Cordova werden gezeigt: Fotos vom Iceworm Festival, ein Einbaum der Eyak, ein kleines Gemälde von Sydney Laurence und Fischereigeräte. Es gibt Planungen für einen Umzug des Museums in das neue Cordova Center, einen Steinwurf vom jetzigen Standort entfernt.

Einen Häuserblock östlich des Museums befindet sich das Cordova Ranger District Office des Chugach National Forest im historischen Gerichtsgebäude. Die Forstbehörde überwacht das Copper River Delta und informiert über das Ökosystem. Ein Erlebnis ist ein Rundflug über das Delta, oder man fährt mit dem Auto auf dem **Copper River Highway** (78,5 km) durch das Delta.

COPPER RIVER HIGHWAY

Meile 0 liegt bei der Fähranlegestelle im Norden von Cordova. Die Ocean Dock Road geht in die First Street und dann in den Copper River Highway über. Bei Meile 7 durchquert der Highway ein Gebiet, das von den Einheimischen »the gap« genannt wird und den Übergang von den Bergen und Wäldern zum offenen Delta markiert. Bis zu zehn Prozent der weltweiten Population von Trompeterschwänen brütet hier, einige überwintern sogar. Bei Mei-

---

☐ Erlebnis

SHOREBIRD FESTIVAL

Das Copper River Delta ist das größte zusammenhängende Feuchtgebiet an der nordamerikanischen Pazifikküste; im Mai finden sich dort Millionen von Küstenvögeln ein. Sie ruhen hier aus, bevor sie die nächste Etappe ihres Frühlingszuges nach Norden in Angriff nehmen. Hunderttausende von Vögeln sind gleichzeitig zu beobachten, darunter Regenpfeifer, Strandläufer, Trompeterschwäne und Spießenten. Cordova feiert den Vogelzug beim **Copper River Delta Shorebird Festival,** Anfang Mai mit Workshops, Touren, Essen und Umzügen. Information auf der Seite der Handelskammer von Cordova: *http://cordovachamber.com* und auf *www.copperriverdeltashorebirdfestival.com*.

Der Copper River ist ein Labyrinth aus Wasserläufen und Sumpfgebieten

le 10,5 stehen Informationstafeln des Forest Service. Nach weiteren 4,8 Kilometern erschließt eine Nebenstraße (6,4 km) den **Sheridan Glacier.** Der anspruchsvolle **Sheridan Mountain Trail** führt an Wasserfällen entlang zu einem schönen Bergkessel.

Bei Meile 16,8 des Highways zweigt eine Sackgasse zum **Alaganik Slough** ab. Ein erhöhter und beschilderter Holzsteg führt hier durch einen typischen Abschnitt des Deltagebiets. Der **Haystack Trail** (1,3 km), ein leicht begehbarer Holzsteg, beginnt bei Meile 19,1 am Highway; er führt durch Fichtenwald zu einer Kuppe, von der aus man das Delta und den dahinterliegenden Golf von Alaska überblickt.

Nahe bei Meile 27 überbrückt der Highway die Hauptkanäle des Copper River. Unglücklicherweise musste das Verkehrsministerium von Alaska die Brücke bei Meile 36 aus Sicherheitsgründen schließen. Zwar sollte eine neue Brücke gebaut werden, aber im Sommer 2015 wurden die Pläne aus Kostengründen erst einmal auf Eis gelegt. Bis auf Weiteres kann man daher nur bis Meile 36 fahren.

Ein Erdbeben zerstörte 1964 die Million Dollar Bridge über den Copper River

☐ Tipp

Bei der Million Dollar Bridge am Copper River gibt es einen Campingplatz, von dem aus man dem Childs Glacier beim Kalben zusehen kann. Das »Stöhnen« des Gletschers ist deutlich zu hören.

ROWLAND SHELLEY
NATIONAL GEOGRAPHIC-FELDFORSCHER

Der folgende Abschnitt ist zwar befahrbar, kann aber mit dem Auto nur erreicht werden, wenn die Brücke doch noch gebaut wird. Nach Meile 36 schwenkt der Highway nach Norden und endet bei Meile 48,1 an der **Million Dollar Bridge**. Der Bau der 472 Meter langen Brücke 1910 kostete sogar 1,4 Millionen Dollar. Die Brücke war Teil der Eisenbahnstrecke zwischen Cordova und den Kennecott-Kupferminen, stürzte jedoch beim Erdbeben des Jahres 1964 ein. Über den kleinen Campingplatz bei der Brücke geht es zum Flussufer. Auf der anderen Seite liegt der **Childs Glacier**, der regelmäßig kalbt. Aber Achtung: Die Flutwellen können über den Fluss bis an das gegenüberliegende Ufer laufen. ∎

CORDOVA HISTORICAL MUSEUM

✉ 622 1st St.
☎ 907/424-6665
🕐 Memorial Day–Labor Day So geschl., restliches Jahr So, Mo geschl.
💲 $
www.cordovamuseum.org

COPPER RIVER DELTA

🗺 Karte S. 193
Besucherinformation
✉ Cordova Ranger District, Chugach National Forest, 612 2nd St., Cordova
☎ 907/424-7661
www.fs.usda.gov/chugach

Gewaltige Berge und Gletscher, eine Vielfalt an Wildtieren, aktive Vulkane, die verzweigte Küstenlinie des Golfs von Alaska, weite Taiga, endlose Tundra, weiß schäumende Flüsse und nur wenige Spuren einer Zivilisation: Wrangell-St. Elias verkörpert wie kein anderes Schutzgebiet das wilde Alaska. Und es ist groß – bei Weitem der größte Nationalpark der USA.

Am westlichen Rand des Nationalparks befindet sich in der kleinen Gemeinde Copper Center das **Headquarters Visitor Center,** ein guter Ausgangspunkt zur Erkundung des 5,3 Millionen Hektar großen Parks. Dort wird der 20-minütige Film *Crown of the Continent* gezeigt. Es gibt im Park nur einen Campingplatz und nur sehr wenige markierte Wanderwege. Der einzige Außenposten der Zivilisation tief im Parkinneren ist die kleine Enklave McCarthy/Kennicott (siehe S. 210f). Zu den wenigen Wanderwegen gehört der **befestigte Weg** hinter dem Besucherzentrum. Der 800 Meter lange Rundweg am Rand des Höhenzuges bietet Schautafeln und großartige Ausblicke auf die mit Fichtenwald bestandene Ebene und die sich dahinter auftürmenden Wrangell Mountains mit den Vulkanen Mount Drum, Mount Wrangell und Mount Blackburn.

> ☐ **Tipp**
>
> **Wrangell-St. Elias bietet perfekte Möglichkeiten, die Wildnis zu erleben. Gute Fähigkeiten im Kartenlesen und die richtige Ausrüstung sind unumgänglich.**
>
> TODD STOEBERL
> RANGER, WRANGELL-ST. ELIAS NP & P

Im Jahr 1900 wurde in Kennicott Kupfer entdeckt, wovon noch die alten Minen zeugen

DAS HINTERLAND

Besucher können über die Nabesna Road und die McCarthy Road in das Schutzgebiet fahren. Viele Führer bieten ihre Dienste an – sie wohnen in McCarthy/Kennicott, winzigen Ortschaften entlang der Highways an der Südgrenze des Wrangell-St. Elias, und in Yakutat im Südosten des Parks. Die wichtigsten Parkgemeinden sind Glennallen, Copper Center und Chitina (*Greater Copper Valley Chamber of Commerce, Tel. 907/822-5555, www.coppervalleychamber.com*).

Wer das herrliche Hinterland erleben möchte, ohne tagelang Bäche zu durchwaten oder Berge zu erklettern, kann auch fliegen. Charterflugzeuge setzen kleine Besuchergruppen an entlegenen Stellen ab, indem sie auf Kiesstreifen an Flussufern, auf einem verlassenen Minengelände, an flachen Berghängen und sogar auf Gletschern landen. Man schlägt sein Zelt

Ein Felsbrocken »reitet« auf dem Bagley Ice Field gletscherabwärts

◻ **Wissen**

ANREISE

Die wichtigsten Flughäfen sind Gulkana, Chitina und McCarthy. Der Flughafen in Tok erschließt den Nordteil, die Flughäfen Glennallen, Valdez, Cordova und Yakutat den Südteil.

inmitten der Bergtundra oder an einem See auf, auf dem Eisberge, so groß wie Autos, schwimmen. An manchen Landeplätzen gibt es sogar Hütten. Zur vorab festgelegten Zeit holen die Piloten ihre Passagiere wieder ab. Wer den Park nur überfliegen möchte, kann auf einer sogenannten **Flightseeing-Tour** einen Blick auf die Urlandschaft werfen, wie er sonst nur Bergsteigern vorbehalten ist: Vier Gebirgszüge treffen im Wrangell-St. Elias aufeinander, allein neun der 16 höchsten Gipfel des Landes liegen in den Grenzen des Nationalparks. An erster Stelle steht der 5489 Meter hohe Mount St. Elias. Mount Wrangell, einer der größten aktiven Vulkane Nordamerikas, lässt immer mal wieder Rauchfahnen aufsteigen. Auch die breit dahinfließenden und mäandrierenden großen Flüsse, die vom Hochland meerwärts strömen, bieten ein eindrucksvolles Bild. Und sie bieten ebenfalls Zugang ins Hinterland, sei es im Rahmen einer halbstündigen oder mehrwöchigen Floßfahrt. Beliebte Floß- und Kajakflüsse sind **Copper**, **Kennicott**, **Chitina**, **Nabesna** und **Nizina**. Manche Flüsse bieten halsbrecherische Abenteuer durch Stromschnellen der Klasse IV, ande-

WRANGELL-ST. ELIAS NATIONAL PARK AND PRESERVE
🄰 Karten S. 193 und 209
✉ Meile 106,8 Richardson Hwy.
☎ Visitor Center: 907/822-5234
🕐 Visitor Center Sommer tägl., sonst Sa, So geschl.
www.nps.gov/wrst

re gleiten sanft dahin, sodass Angeln und Tierbeobachtungen entspannt möglich sind. Die besten Kajakreviere bieten die Küstengewässer von **Icy Bay** und **Yakutat Bay** in der äußersten südöstlichen Parkecke. Die Kajakfahrer können ungestört Weißkopfseeadler, Tümmler, Kragenenten und die muskulösen Stellerschen Seelöwen beobachten, die so schwer wie ein Mittelklasseauto werden.

Wer das Hinterland nicht auf eigene Faust oder mit einem Führer erkunden möchte, bekommt einen kleinen Eindruck auf der Autofahrt entlang der McCarthy Road (siehe S. 210f) oder Nabesna Road. Doch auch die Fahrt über die stellenweise nicht asphaltierten und rauen Straßen ist kein Kinderspiel – nichts ist einfach im Wrangell-St. Elias. Von beiden Straßen zweigen Nebenstraßen ab.

NABESNA ROAD

Die 67,6 Kilometer lange Nabesna Road beginnt in **Slana** an der nördlichen Parkgrenze *(Meile 59,8 auf dem Glenn Hwy. bzw. Meile 65,2 auf dem Tok Cutoff)*. Die Slana Ranger Station *(Tel. 907/822-4701 Ende Mai–Anfang Sept.)* hat einen aktuellen Straßenzustandsbericht – manchmal wird die mit Schlaglöchern übersäte Nebenstraße durch das Wetter unpassierbar, vor allem nach Meile 29. Sogar die Menschen in Geländewagen mit Vierradantrieb würden gerne einen Bogen um die letzten 6,4 Kilometer machen. Die Fahrt beginnt in einer von Schwarzfichtenwäldern bewachsenen Ebene. Bei Meile 7 gleitet der **Rufus Creek** auf der nördlichen Seite der Straße vorüber, während im Süden das Band des **Copper River** sichtbar wird. Beide Wasserwege kündigen ein bald auftauchendes Feuchtgebiet an – eine Welt aus Teichen und Seen, die im Norden, Süden und Osten von Bergen umrahmt wird. Das Feuchtgebiet ist ein Dorado für Elche.

Bei Meile 16,6 und 16,7 liegen einfache Campingplätze, doch die eigentliche Attraktion der Plätze ist der weite Blick auf Kettle Lake, Mount Wrangell (4317 m), Tanada Peak (2816 m) und Mount Sanford (4949 m). Bei Meile 29 – der Umkehrpunkt, wenn die Flüsse zu hoch angestiegen sind

---

☐ Wissen

AM BESTEN IM SOMMER

Die beste Zeit, um den Wrangell-St. Elias zu besuchen, ist der Sommer. Hütten und Touranbieter stehen von Mitte Mai bis Ende September zur Verfügung. Im Juni gibt es die meisten Wildblumen, die Beeren reifen im August. Der Juli ist meist am wärmsten. Am Himmel treiben oft Wolken, doch der September kann klar und schön sein, mit buntem Laub, ohne Stechmücken und frischem Schnee auf den Bergen. Abenteuerlustige frönen im März und April dem Skilanglauf.

☐ Wissen

BIS ANS LIMIT GEHEN

Von Osten verlaufen die Chugach Mountains am Prince William Sound entlang und ziehen sich fast 500 Kilometer weit bis zur Kenai Peninsula im Süden. Meeresstürme umtosen die Gipfel und führen zu einer durchschnittlichen jährlichen Schneemenge von bis zu 15 Metern. Extrem-Ski- und Snowboardfahrer lieben die wilden Hänge; die Abfahrten überwinden Höhenunterschiede zwischen 0,9 und 1,5 Kilometern.

– kann man auf dem **Trail Creek** wandern. **Lost Creek** bei Meile 31 bietet eine ähnliche Gelegenheit, der dortige Wanderweg führt zu mehreren Seen und zu einer Quelle. Auf dem letzten Drittel der Fahrt rücken die Berge immer näher und die Schotterstraße wird immer holpriger. Schließlich biegt der Highway nach Süden zur ehemaligen Minensiedlung **Nabesna** vor einer Wand von Bergen ab. Dahinter liegt nur noch die Wildnis des Wrangell-St. Elias – sie zieht sich über 322 Kilometer Richtung Süden. ■

Lange bevor Menschen auf der Suche nach landschaftlicher Schönheit und Unberührtheit in den Park vordrangen, kamen sie auf der Suche nach Kupfer dorthin. Zwischen 1911 und 1938 wurde hier Kupfererz im Wert von 100 bis 200 Millionen Dollar gefördert und in den Kennicott-Kupferminen tief im Innern des heutigen Nationalparks verarbeitet.

Tipp

Versäumen Sie an der Straße nach McCarthy die Stadt Chitina nicht. Beobachten Sie im Juli die Angler außerhalb der Stadt am Copper River.

SARAH ROESKE
NATIONAL GEOGRAPHIC-FELDFORSCHERIN

1900 wurde hier Kupfer entdeckt. Die Siedlung Kennicott entstand rund um die Mine und ist heute im Wesentlichen eine Geisterstadt. Acht Kilometer weiter blüht jedoch das kleine Städtchen McCarthy. Das war schon so, als in der Mine noch Kupfer gefunden wurde. Die Bergwerksgesellschaft wollte Kennicott »sauber« halten, und so schossen die Bars und Bordelle im nahen McCarthy wie Pilze aus dem Boden.

Die McCarthy Road von Chitina an der westlichen Parkgrenze ist eine von lediglich zwei Straßen, die durch den Wrangell-St. Elias National Park führen (Nabesna Road siehe S. 208f). Die McCarthy Road, die 96,5 Kilometer tief in die Wildnis vordringt, ist eine Legende in Alaska. Die Straße ist unbefestigt, eng und von Fahrrinnen zerfurcht. Sie führt in 73 Metern Höhe auf einer alten einspurigen Brücke über einen Fluss und auf einem verlassenen Eisenbahnbett entlang.

MCCARTHY

Die McCarthy Road erreicht McCarthy nicht. Sie endet am Kennicott River, wo die Autofahrer parken (Gebühr) und die Kanäle des Flusses auf zwei Fußgängerbrücken überqueren müssen. Jenseits des Flusses fahren dann Shuttlebusse ($) in das 1,6 Kilometer entfernte McCarthy.

McCarthy entstand als Versorgungs- und Erholungsort für die Minenarbeiter. Heute gibt es ein paar Restaurants, Hotels und private Unterkünfte, viele in historischen Gebäuden. Am Ortseingang steht das nette **McCar-**

Wissen

ANREISE
Als Alternative zum eigenen Auto bietet Backcountry Connection *(Tel. 907/ 822-5292, www.kennicottshuttle.com)* einen Shuttlevan-Service an. Auch Flugzeuge fliegen McCarthy an.

Die Veranda der Kennicott Glacier Lodge bietet weite Ausblicke

thy-Kennicott Museum. Im Mittelpunkt steht natürlich die Bergbauära, aber auch das Alltagsleben.

KENNECOTT MINES

Ein Van (*$*) fährt zu den Werksgebäuden der Kennecott Mines hinauf. Zwei Goldsucher fanden hier ein grünes Fleckchen für ihre Pferde; es stellte sich heraus, dass es sich um Kupfererz handelte.

Das Kennecott Visitor Center verteilt eine Broschüre, mit der man die Mine auf eigene Faust erkunden kann. Alle Innenräume sind jedoch nur im Rahmen einer Führung zugänglich.

Leben im Ort findet man außer bei der Mine nur noch in der historischen **Kennicott Glacier Lodge** *(Tel. 907/258-2350 oder 800/582-5128, www.ken nicottlodge.com, im Sommer geöffnet)*. Sie ist ideal zum Essen, Übernachten oder um auf der Veranda die Aussicht auf den Kennicott und Root Glacier zu genießen. Näher an den Gletscher heran führt der mittelschwere **Root Glacier Trail**, er verläuft 2,4 Kilometer am Gletscher entlang. ∎

MCCARTHY/KENNICOTT
🗺 Karte S. 209
Besucherinformation
✉ Copper Valley Chamber of Commerce, Glennallen
☎ 907/822-5555
www.coppervalleychamber.com

KENNECOTT MINES NATIONAL HISTORIC LANDMARK
✉ Visitor Center, Kennecott Mines
☎ 907/822-7476 (Sommer), 907/822-7250 (Winter)
🕑 Mitte Sept.–Memorial Day geschl.
www.traveltoalaska.com

Wenn Jane und John die Fotos von ihrer Reise durch die Inside Passage im Jahr 1963 hervorkramen, sind darunter eindrucksvolle Aufnahmen vom Mendenhall Glacier, der in 457 bis 549 Metern Entfernung vom Besucherzentrum aufragt. Kämen sie heute wieder her, wären sie schockiert darüber, dass der Gletscher inzwischen bereits 1,6 Kilometer vom Besucherzentrum entfernt endet.

Überall in Alaska schmelzen die Gletscher ab. Von wenigen Ausnahmen abgesehen, befinden sich nach einer Einschätzung des Geologen Bruce Molnia vom U.S. Geological Survey landesweit 99 Prozent der Gletscher mit einer Dicke von weniger als 1600 Metern auf dem Rückzug. Zwar schmelzen alle Gletscher Alaskas seit dem Ende der Kleinen Eiszeit um die Mitte des 19. Jahrhunderts, doch eine große Studie, die 2002 in *Science* veröffentlicht wurde, zeigte, dass der Abschmelzungsprozess in den letzten 50 Jahren erheblich zugenommen hat und sich seit den 1990er-Jahren dramatisch beschleunigt. In den letzten Jahren ist der Mendenhall um 152 Meter jährlich geschmolzen, das ist sehr viel mehr als durchschnittlich in den vorigen Jahrzehnten.

Eisschichten von geringer Dicke, wie sie 80 Prozent des gesamten Gletschereises des Bundesstaates ausmachen, schmelzen nicht nur am Ende

Das Gewicht des Rainbow Glacier hat eine trogförmige Vertiefung hinterlassen

Erlebnis

GLETSCHER-TREKKING

Gletschermühlen, Kames, Firngrenze, Bergschrunden, Séracs, Ogiven – mit dem Schritt auf einen Gletscher betreten Sie eine exotische Welt. Eine Gletschermühle etwa ist eine schmale Röhre in der Oberfläche eines Gletschers, durch die Wasser einfließt. Ein Sérac ist ein zerklüfteter Eisturm. Bei einer Gletschertour werden Sie einige dieser Phänomene sehen und etwas darüber lernen. Wenn Sie nicht gut mit Gletschern vertraut sind, sollten Sie eine geführte Tour wählen. Gletscher bergen Gefahren. Es müssen gar keine Spalten oder einstürzende Schneebrücken sein, schon das Laufen auf einer relativ flachen festen Gletschereisfläche kann ohne Steigeisen kompliziert sein.

Viele Touren beginnen damit, dass die Teilnehmer ihre Steigeisen anlegen müssen und auf einem relativ sanften Hang das Laufen auf Eis üben. Dann lernen die Trekkers die weitere Ausrüstung wie Eispickel kennen und werden in die Grundregeln des Wanderns auf gefrorenem Eis eingewiesen. Dann geht's los in die Welt der strahlend blauen Becken und der glitzernden Eishöhlen. Touren von zwei bis vier Stunden erlauben einen ersten Eindruck vom Gletschertrekking. Andere dauern Tage und kombinieren Gletschertrekking mit Bergsteigen; die Teilnehmer campieren vielleicht sogar auf einem Gletscher. Beliebte Ziele fürs Gletscher-Trekking sind der **Matanuska Glacier** im Mat-Su Valley (ein guter Anbieter ist **MICA Guides**, *www.micaguides.com*) und der Mendenhall Glacier bei Juneau (**NorthStar Trekking**, *www.northstartrekking.com*).

einer Gletscherzunge, sondern auf weiten Teilen der Oberfläche. In der Studie von 2002 untersuchten Glaziologen 67 Gletscher in Alaska. Sie stellten fest, dass seit Mitte der 1950er-Jahre innerhalb von nur 40 Jahren Gletschereis in einem geschätzten Umfang von 2000 Kubikkilometern abgeschmolzen ist. Alaska besitzt 50 000 bis 100 000 Gletscher. Nahezu alle dünnen Gletscher schmelzen in hohem Tempo ab. In der in *Science* veröffentlichten Studie wird darauf hingewiesen, dass die abschmelzenden Gletscher Alaskas mit ihrem Wasser den Meeresspiegel weltweit jedes Jahr um 2,54 Zentimeter ansteigen lassen könnten. Dadurch beschleunigt sich das Abschmelzen der Gletscher auf der Erde noch einmal. Es ist bekannt, dass bereits ein Anstieg des Meeresspiegels von wenigen Zentimetern zu Überflutungen vieler Küstengebiete führt.

Tipp

Der Icefield Trail ist eine gute Möglichkeit, den Exit Glacier bei Seward zu sehen. Die Moränen am Straßenrand zeigen das Ausmaß der Kleinen Eiszeit.

GREGORY WILES
NATIONAL GEOGRAPHIC-FELDFORSCHER

COPPER CENTER

Das 320-Seelen-Dorf wurde 1896 am westlichen Rand des Wrangell-St. Elias National Park and Preserve gegründet und war die erste europäische Siedlung in Südzentralalaska. In der Zeit des Goldrausches landeten die Glücksritter bei ihrem Wettlauf über den Valdez Glacier zum Klondike im Städtchen Copper Center. Sie kehrten beim Blix Roadhouse ein. 1932 trat das **Old Town Copper Center** *(Tel. 907/822-3245 oder 866/330-3245)* an dessen Stelle. Das Gebäude von 1932 wurde nach einem Brand im Jahr 2012 wiederum durch eine dreistöckige Lodge ersetzt. Auch das Restaurant besteht nach wie vor und serviert unter anderem ein Heilbuttsandwich, das an ein ganzes Pfund Fisch erinnert.

Nebenan liegt das **George I. Ashby Memorial Museum** *(Auskünfte in der Lodge, Mai–Sept tägl. 10–17 Uhr, frei)* in den Räumen zweier historischer Blockhäuser. Die Ausstellung im ersten Haus zeigt Pioniergeschichte, regionale Kultur der Urbevölkerung usw. Die Ausstellung ist hübsch, aber einfach: In der Schublade mit der Aufschrift »Rocks and Stuff« finden sich alte Minenwerkzeuge, historische Fotos und Briefe. Das zweite Haus konzentriert sich auf den Goldrausch des Jahres 1898.

🅰 Karte S. 209 Besucherinformation ✉ Copper Valley Chamber of Commerce, P.O. Box 469, Glennallen, AK 99588 ☎ 907/822-5555 **www.coppervalley chamber.com**

Alte Hütten in Copper Center aus der Zeit des Goldrauschs am Klondike River

KAYAK ISLAND

Die lange, schmale Insel erstreckt sich südöstlich vom Prince William Sound außerhalb der schützenden Bucht im offenen Pazifik. Kayak Island war der erste Ort Alaskas, auf den Vitus Bering auf seiner Entdeckungsreise nach Russland 1741 stieß. Aber weder Bering noch die Insel verdienen den Ruf, Person und Ort der ersten Begegnung zwischen Europa und Alaska gewesen zu sein. Ein Untergebener Berings, Alexej Tschirikow, befehligte ein zweites Schiff, das bei schwerer See vom gemeinsamen Kurs abkam und tatsächlich ungefähr einen Tag früher in Alaska landete.

Der Kanadakranich ist im Sommer ein häufiger Gast in Alaska, überwintert allerdings im Südwesten der Vereinigten Staaten

Ist die historische Bedeutung auch etwas geschmälert, bleibt Kayak Island doch ein ganz besonderer Ort voll landschaftlicher Schönheit und vielen Wildtieren. Wenige Touristen kommen hierher, obwohl es mit dem Flugzeug nur 100 Kilometer nach Cordova sind. (Von Cordova fahren Schiffe zur Insel, die 16-stündige Überfahrt ist manchmal sehr rau.) Eine Wanderung an der Küste von Kayak Island gleicht einer Schatzsuche: Strandgut aller Art wird vom Pazifik an die Südweststrände der Insel gespült.

🔺 Karte S. 209 Besucherinformation ✉ Cordova Ranger District, 612 Second St., Cordova, AK 99574 ☎ 907/424-7761 **www.fs.usda.gov.chugach**

TETLIN NATIONAL WILDLIFE REFUGE

Das 278 000 Hektar große Schutzgebiet ist zum größten Teil von Wasser bedeckt. Zur Zugzeit landen an den Teichen und Seen Millionen von Wasservögeln, allein 200 000 Kanadakraniche. Elche, Grizzly- und Schwarzbären, Karibus und Wölfe finden hier Zuflucht. Das Schutzgebiet ist unwegsam, aber der Alaska Highway verläuft rund 105 Kilometer an seiner Grenze entlang (der entsprechende Streckenabschnitt beginnt 48 Kilometer südöstlich von Tok). An sieben Parkbuchten stehen Informationstafeln. Das Besucherzentrum befindet sich bei Meile 1229.

🔺 Karte S. 209 Besucherinformation ✉ Refuge Headquarters, Tok ☎ 907/883-5312 **http://tetlin.fws.gov**

Zentralalaska

❮ Zwei Elchbullen im Wonder Lake mit dem
mächtigen Massiv des Denali im Hintergrund

In Zentralalaska dominiert die Natur. Besucher wollen den Denali (Mount McKinley) bestaunen, Grizzlybären beobachten, im Denali National Park and Preserve zelten oder Kanutouren unternehmen. Sie wollen sehen, was schon die ersten Koyukon-Athabascan sahen.

An Seen entlang des Elliott Highway sieht man häufig Elche

Zwar erweckt Alaska leicht den Eindruck eines Küstenstaates, doch fern von Pazifik, Polarmeer und Beringsee breitet sich im Binnenland Alaskas Kernland aus. Hier gibt es ganz einzigartige Landschaftsformen.

Taiga bedeckt weite Teile des nördlichen Landesinneren. Im Gegensatz zu den üppigen Küstenwäldern im Süden ist die Taiga spärlich bewachsen; anspruchslose Weißfichten werden nur neun bis zwölf Meter hoch – auf dem nährstoffarmen Boden der »Drunken Forests« (»Betrunkene Wälder«) sogar nur halb so hoch. In Zentralalaska sind weite Flächen mit Tundra bedeckt. Die windgepeitschten Hänge und flachen Feuchtgebiete sind baumlos – hier gedeihen nur Pflanzen in Bodennähe. Zentralalaska ist schon seit Jahrtausenden besiedelt. Die Nomadenstämme der Athabasken folgten den Karibuherden und schlugen im Sommer ihre Lager an den Lachsflüssen auf. Sie hatten ab den 1820er-Jahren Kontakt zu russischen Pelzhändlern; viele waren für die Russian American Company als Trapper tätig.

Moderne Siedlungen entstanden im Binnenland erst ab 1902, als Goldfunde Tausende in die Gegend von Fairbanks lockten und die Stadt schnell zum Zentrum der Region wurde. Die Fertigstellung der 755 Kilometer langen

Alaska Railroad von Seward nach Fairbanks 1923 ermöglichte die weitere Entwicklung des Landesinneren. Im Zweiten Weltkrieg setzten militärische Baumaßnahmen ein, und ab den 1960er-Jahren wurde Öl in der Prudhoe Bay gefördert, wofür man viele Pipelines baute. ■

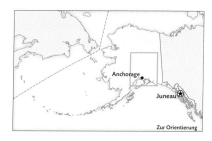

Zur Orientierung

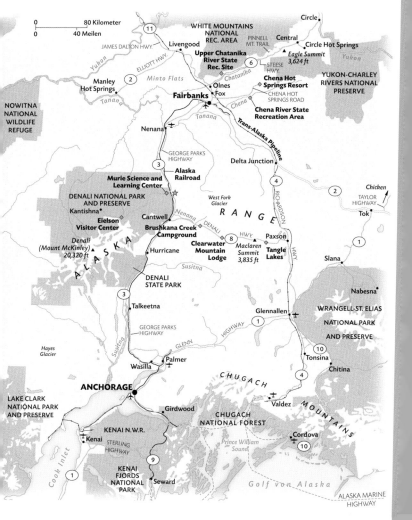

Talkeetna ist das perfekte Gegenmittel zu einem hektischen modernen Lebensstil. Das ruhige 900-Seelen-Dorf besteht aus Holzhäusern und einer Landebahn, die eher an einen ungepflegten Kiesweg erinnert. Hier geht man lieber zu Fuß als mit dem Auto zu fahren.

Im West Rib Pub & Grill gibt es auch Moschusochsen-Burger

Talkeetna liegt am Ende einer 23 Kilometer langen Straße, die bei Meile 98,7 vom Parks Highway abzweigt; sie geht beim Village Park in die **Main Street** über. Dort finden Sie auch das **Talkeetna Roadhouse** (*Tel. 907/733-1351, www.talkeetna roadhouse.com*) aus dem Jahr 1917. Auch mehrere Kunstgalerien finden sich hier, darunter die kleine **Talkeetna Air Taxi's Downtown Gallery** (*Tel. 907/733-2218*), die Künstler aus Alaska zeigt. Lohnend ist der Bummel durch den **Talkeetna Historic District** (*Talkeetna Historical Society, Tel. 907/733-2487*), durch den die Historical Society Führungen veranstaltet. Das kleine **Talkeetna Historical Society Museum** (*Durchgang südlich der Main und B Street, Tel. 907/733-2487*) ergänzt die Eindrücke.

Buschpiloten bieten im Sommer **Rundflüge** über den Denali National Park an; **Bootsfahrten** führen zum Zusammenfluss von Talkeetna, Susitna und Chulitna. Der zwischen Talkeetna und dem Hurricane-Gulch-Gebiet pendelnde **Hurricane Turn** ist ein Zug, der auf Handzeichen hält! ■

TALKEETNA
🅰 Karte S. 219
Besucherinformation

✉ Talkeetna Chamber of Commerce
☎ 907/414-0376
www.talkeetnachamber.org

🗌 Wissen

SHELDON, DER EDLE RITTER

Um 1950 flog der Buschpilot Don Sheldon Forscher und Bergsteiger zu den Gletschern des Mount McKinley und vollbrachte dabei Landemanöver, die kaum ein anderer Pilot gewagt hätte. Er rettete viele verirrte Wanderer und Bergsteiger aus gefährlichen Situationen. Zu den vielen Storys über Sheldons Taten gehört auch die folgende: Nachdem ihr Boot gekentert war, hingen fünf Männer an einem Felsen inmitten der Stromschnellen des Susitna. Sheldon landete mit seinem Wasserflugzeug weiter flussaufwärts, ließ sich abwärts treiben und hievte die Männer nacheinander unter Lebensgefahr ins Flugzeug.

Wer erwartet, dass der Denali Highway durch den Denali National Park and Preserve führt, hat sich geirrt: Die Straße verläuft südöstlich des Parks. Doch der Highway hat seine ganz eigenen Reize.

180 der insgesamt 216 Kilometer sind ungeteert, staubig, voller Schlaglöcher. Unterwegs stehen nur ein paar *road houses* (Raststätten) und Hütten. Die ersten Kilometer ab **Cantwell** (Parks Highway) sind geteert, dann beginnt die Schotterstraße. Nach ein paar Kilometern erreichen Sie den **Nenana River,** der auf den folgenden 24 Kilometern parallel zur Straße fließt. Unterwegs gibt es viele Möglichkeiten, Kanu und Kajak zu fahren. Wer zelten will, fährt bei Meile 30 zum Brushkana Creek Campground mit 18 Stellplätzen. Auf den folgenden 16 Kilometern gibt es mehrere Straßenbuchten mit tollem Blick auf den West Fork Glacier und die Gipfel der Alaska Range.

Bei Meile 52,8 steht die Clearwater Mountain Lodge *(Tel. 907/203-1057, https://clearwatermountain lodge.com).* Dabei handelt es sich um eines dieser bodenständigen »Alles-in-einer-Hand«-Häuser, die Zimmer, Essen, Rundflüge, Jagdausflüge und Zeltplätze anbieten.

Tipp

Mieten Sie für eine preiswerte Erkundung Zentralalaskas ein Wohnmobil/ Auto, das sich für Schotterstraßen eignet. Halten Sie irgendwo am Denali Highway und wandern Sie in die Tundra: Wildnis pur.

SARAH ROESKE
NATIONAL GEOGRAPHIC-FELDFORSCHERIN

Die Feuchtgebiete entlang der ganzen Strecke, vor allem aber zwischen Meile 75 und 90, sind ideale Orte, um nach Trompeterschwänen, Elchen und Fischottern Ausschau zu halten. Gute Aussicht bietet der Rastplatz auf dem 1169 Meter hohen **Maclaren Summit,** dem zweithöchsten Pass des Bundesstaates. Der Blick reicht über die Berge und die Flüsse Maclaren und Susitna. Wer die Wildnis selbst erkunden will, fährt zu den **Tangle Lakes** bei Meile 112. Das Tangle River Inn hilft bei Touren aller Art. Hinter den Seen ist die Straße wieder geteert und führt an Aussichtsplätzen vorbei, bevor sie in Paxson endet. ■

DENALI HIGHWAY
▲ Karte S. 219
Besucherinformation
✉ Bureau of Land Management
Glennallen Field Office, Mile
186.5 Glenn Hwy., Glennallen
☎ 907/822-3217

www.blm.gov/ak/st/en/fo/gdo/
denali_hwy.html

TANGLE RIVER INN
✉ Mile 115 Denali Hwy.
☎ 907/822-3970 (Mai–Sept.) oder
907/892-4022 (Winter)

Ein Reiz bei Touren in die Natur Alaskas ist die Ungewissheit. Wird Ihnen ein Wolf über den Weg laufen? Wird ein Gletscher vor Ihren Augen kalben? Doch eines ist sicher: Besucher haben sehr viele Fragen zur Natur, die sie sehen. Was fressen Wölfe? Weshalb teilen sich Gletscher?

Reisende, die ausführliche Antworten suchen, sollten sich vielleicht für eines der rund 20 sogenannten Feldseminare, die jährlich vom Alaska Geographic Institute und seinen Partnern angeboten werden (die überwiegende Anzahl im Sommer), entscheiden. Fast alle Kurse werden ab dem Denali National Park's Murie Science and Learning Center durchgeführt. Sie werden zusammen mit rund zehn weiteren Teilnehmern durch die Natur streifen und dabei von Experten angeleitet. Die Seminare sind danach eingeteilt, welche Fitness die Teilnehmer mitbringen. Die meisten Seminartage vergehen mit Wandern auf der Suche nach Tieren, Niederknien zur Identifizierung von Pflanzen, durch ein Vergrößerungsglas auf die Flechten und das Gestein eines Felsens blicken. Die Nächte werden meist im Zelt verbracht, oft gibt es abends Diskussionen am Lagerfeuer. Die Denali-Seminare nützen meist einen Campingplatz am Teklanika River etwa 48 Kilometer tief im Park. Das Essen wird in der dafür vorgesehenen Jurte serviert, und die Teilnehmer werden zum Schlafen zu viert auf die stabilen Zelte verteilt.

Themenreichtum: Die Vielfalt der Seminare spiegelt die Vielfalt der Naturwunder Alaskas wider. Jedes Jahr gibt es einige neue Themen, doch viele tauchen auch alljährlich wieder auf. Sie könnten ein Seminar über die großen Säugetiere im Denali wählen, bei dem Sie das Verhalten von Karibus, Bären und Elchen kennenlernen, während Sie deren Spuren folgen. In dem Kurs »Alpines Wildleben« können die Besucher an hoch gelegenen Orten Freundschaften schließen. Zu einem Seminar über Zugvögel gehört eine Tour mit dem Ornithologen des Parks, bei der durch ein Beobachtungsfernrohr die geflügelten Besucher beobachtet werden. Wenn Sie den Dingen gern auf den Grund gehen, bietet sich das Geologieseminar an, bei dem Berge, Gletscher, Flüsse und andere Bestandteile des Ökosystems erkundet werden. Außerdem widmet sich das Institut auch Themen wie der Kunst des Fliegenfischens. Dazu gehören Einführungen in die Ökologie der Bäche und in die Hydraulik sowie die Aufzeichnung von Erfahrungen bei der Feldforschung. Abgerundet werden die etwa 20 Seminare, die jedes Jahr angeboten werden, durch Kurse für Familien mit Kindern, etwa über Tiere oder Dinosaurier. Weitere Infos bieten die **Alaska Geographic Association** (Tel. 907/274-8440 oder 866/257-2752, http://akgeo.org) und das **Murie Science and Learning Center** (Tel. 907/683-6432, www.nps.gov/rlc/murie/index.htm). Denken Sie daran, dass die Kurse sehr beliebt und begehrt sind. Reservieren Sie, sobald die Seminare bekanntgegeben werden, meist Anfang des Jahres.

Denali ist groß, nicht nur flächenmäßig (über 2,4 Mio. ha): Die Gletscher sind kilometerlang, die Flüsse Tausende Meter breit. Elche erreichen eine Schulterhöhe von über zwei Metern. Und über allem thront der 6194 Meter hohe Denali (Mount McKinley), der höchste Berg des Kontinents.

Einheimische nennen ihn schlicht »the mountain«. 809 371 Hektar sind reine Wildnis, und auch die restlichen 1,7 Millionen Hektar zeigen nur wenig menschlichen Einfluss. Stattdessen trifft man auf Grizzlybären und Wölfe. Der Nationalpark wurde zum Schutz von Bären, Wölfen, Karibus, Dallschafen und Elchen gegründet. Ab 1903 änderten sich die Jagdmethoden schlagartig wegen der Goldfunde in der Nähe des Berges. Mit den Goldsuchern kamen professionelle Jäger und töteten viel Wild, um die Schürfer mit Fleisch zu versorgen.

Charles Sheldon, ein Freund von Theodore Roosevelt und Outdoor-Fanatiker, kam in die Region zum privaten Jagen und war angewidert

Der Denali (Mount McKinley) dominiert diesen Teil der Alaska Range

von der Schlächterei der Berufsjäger. Er arbeitete in den Folgejahren unermüdlich daran, einen Nationalpark zum Schutz der Tiere zu schaffen. 1917 erreichte er sein Ziel: Präsident Woodrow Wilson unterzeichnete ein Dokument, das die Region zum Mount McKinley National Park erklärte. Den Stift, den er dabei benutzte, überreichte er dem erfreuten Sheldon.

ORIENTIERUNG

Wegen der Größe und Unzugänglichkeit des Parks ist ein Besuch nicht ganz einfach. Der Nationalpark wird in den vorderen *(front country)* und den hinteren *(back country)* Teil gegliedert. Der hintere, größere Bereich ist für Privatwagen gesperrt. Die einzige Straße, die **Park Road** (siehe S. 226ff), dürfen nur Shuttlebusse befahren. Der vordere Parkbereich hat seinen ganz eigenen Reiz. Lohnenswert sind die Promenade über den tosenden Fluss Nenana sowie die Ausblicke von einigen Restaurants und Hotels. Mehrere Veranstalter bieten Ausflüge in den Nationalpark an. »**Flightseeing**«-**Touren** sind beliebt, wenn auch kostspielig. Die Rundflüge führen über den

Bergsteiger graben sich oft Zeltplätze in den Schnee

Park und – bei gutem Wetter – um den Berg. Wenn man den 2015 offiziell von Mount McKinley in seinen alten Namen Denali zurückgetauften Berg umkreist, erahnt man erst seine wahre Größe. Mit 6194 Metern ist er der König der Berge in Nordamerika. Ab dem Meeresspiegel gemessen, ist er zwar um 2743 Meter niedriger als der Mount Everest, aber von der Basis aus gemessen, übertrifft der Denali den Everest um 1829 Meter.

VISITOR CENTER

Orientierung bietet gut zwei Kilometer nach dem Parkeingang das **Denali National Park Visitor Center**, das zugleich ein naturgeschichtliches Museum ist. Hier wird beeindruckendes Filmmaterial gezeigt. Geführte Wanderungen und Busse zum Hundezwinger des Parks, wo ausschließlich Schlittenhunde gehalten werden, starten hier. Im Besucherzentrum befindet sich auch das **Murie Science & Learning Center**. Sein Programm richtet sich an Schulklassen, ein kleinerer Teil aber auch an Parkbesucher. Ganz Eifrige können an drei- bis fünftägigen Feldkursen teilnehmen.

WANDERUNGEN

Im Hinterland des Parks gibt es nur sehr wenige, im vorderen Teil jedoch viele gepflegte Wanderwege. Denalis Natur ist so unberührt, dass man selbst im *front country* regelmäßig auf Tiere, darunter auch Bären und Elche trifft. Die Parkaufsicht rät zu einem Mindestabstand von 25 Metern zu einem Elch (50 m zu einer Elchkuh mit Kalb) und 275 Metern zu einem Bären. Zum Schutz aller Säugetiere sollte man sich diesen auf höchstens

DENALI NATIONAL PARK AND PRESERVE
🄰 Karten S. 219 und 225
✉ Mile 237 Parks Hwy.
☎ 907/683-2294
💲 $$
www.nps.gov/dena

DENALI CHAMBER OF COMMERCE
☎ 907/683-4636
www.denalichamber.com

25 Meter nähern. Ungefähr 100 Meter Sicherheitsabstand wird bei brütenden Greifvögeln empfohlen.

Der **Savage River Loop Trail** (3,2 km, Rundweg) beginnt bei Meile 14,8 der Park Road, alle anderen Wege starten in der Nähe des Besucherzentrums. Der leichteste Wanderweg ist der **Taiga Trail** (4,2 km, Rundweg), der sich durch den subarktischen Wald schlängelt und mit drei anderen Pfaden verbunden ist. Am beliebtesten ist der **Horseshoe Lake Trail** (2,3 km, Rundweg), der an einem Fluss, einem Bach, Teichen und dem namengebenden See vorbeiführt. Länger ist der **Mount Healy Overlook Trail** (7,2 km, Rundweg ab Taiga Trail, oder 8,9 km Rundweg ab Besucherzentrum) in Angriff nehmen. Er führt in die wichtigsten Lebensräume des Parks, bietet von einem Grat eine tolle Aussicht auf Dallschafe, Habichte, Adler und Falken. Vom Besucherzentrum geht man 800 Meter auf dem Taiga Trail bis zum Anfang dieses Weges. Der neueste Weg ist der **McKinley Station Trail** – 2,4 Kilometer durch Fichtenwald, vom Visitor Center zum Riley Creek. ■

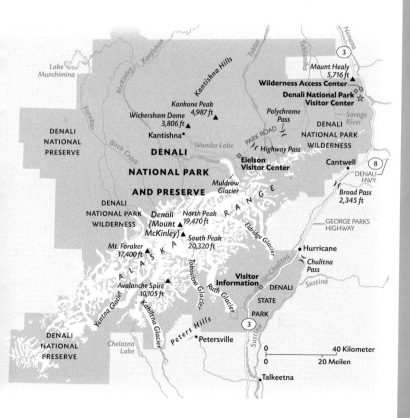

Die 148 Kilometer lange Park Road führt in Denalis ansonsten unberührte Wildnis, durch Fichten- und Espenwälder, auf Bergstraßen über breite Flusstäler, durchquert ausgedehnte Bergtundra und bietet viele Möglichkeiten, die im Park heimische Tierwelt zu beobachten.

Die Straße ist so beliebt, dass die Parkaufsicht 1972, als George Parks Highway eröffnet wurde, große Teile davon für den Privatverkehr sperren musste. Ab Kilometer 24 dürfen nur noch Shuttlebusse die Strecke befahren. Die Businsassen können an bestimmten Plätzen aussteigen, umherwandern und mit einem späteren Bus weiter- oder zurückfahren (soweit Plätze frei sind). Wer sich für einen Zwischenstopp entscheidet, muss mindestens eine Stunde in der Wildnis auf den nächsten Bus warten. Regenkleidung und Insektenschutzmittel sollten nicht fehlen.

Das **Wilderness Access Center** ❶, 800 Meter vom Parkeingang entfernt, bietet eine Reihe von Informationen; hier fahren auch die Busse ab. Busreservierungen nimmt vor Ort das WAC entgegen, doch im Sommer empfiehlt es sich, schon Wochen oder Monate im Voraus Plätze zu buchen *(Tel. 907/272-7275 oder 866/761.6629, www.reservedenali.com)*.

Der Nationalpark bietet eine Vielfalt von Reisemöglichkeiten: Die erste Entscheidung ist die Wahl zwischen Tour- und Shuttlebussen. Tourbusse bieten viele Annehmlichkeiten. Auf der Tundra Wilderness Tour etwa ist ein Naturführer an Bord, es gibt Mittagessen und Getränke, man kann au-

Ein Park-Shuttlebus unterwegs auf der Straße über den Polychrome Pass

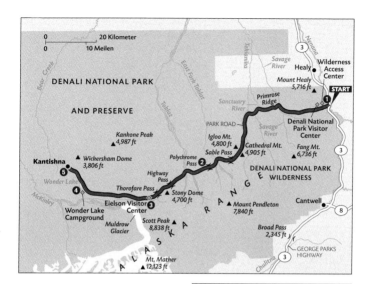

ßer am WAC an verschiedenen Plätzen zusteigen und der Bus fährt zum Teklanika River oder Toklat River (Meile 31,3 bzw. 53) und zurück. Shuttlebusse sind reine Trans-

🏔 **Siehe Karten S. 219 und 225**
► **Wilderness Access Center**
⏱ **170 bis 296 km lange Rundtour**
🕐 **5 bis 13 Stunden**
► **Wilderness Access Center**

portfahrzeuge, die Fahrer sind meist aber recht gut informiert und können Fragen zum Park beantworten. Besucher wählen aus einem halben Dutzend Strecken und Zielen: von der zweistündigen Rundfahrt (bis Meile 15) bis zur 13-stündigen Rundfahrt zum Ende der Straße bei Meile 92. Die beste Sicht hat man mit Blick nach Süden.

ZUM POLYCHROME PASS

Die ersten – geteerten – 24 Kilometer zum Savage River führen am Fuß der **Healy Ridge** entlang durch zwei Flusstäler. Bei der Fahrt durch die Taiga verstellen zunächst noch Bäume die Aussicht. Doch nach ein paar Kilometern steigt die Straße bergan, und die Weißfichten, Espen, Papierbirken und Balsampappeln werden kleiner und weniger. Weiter oben dünnt die Vegetation immer weiter aus. Zu bestimmten Zeiten sieht man die Polarhasen mit ihren übergroßen Pfoten alle paar Tausend Meter. Oft erspäht man auch ihren gefährlichsten Feind, den Luchs. Bei Meile 9 rückt an klaren Tagen der Gipfel des Denali (Mount McKinley) ins Bild, obwohl er über 113 Kilometer entfernt liegt.

Wanderer auf dem Weg zum Polychrome Pass

Auf der Höhe von Meile 14,7 markiert der **Savage River** die Grenze zwischen *front country* und *back country*. Hier passieren die Busse einen Kontrollpunkt, ab dem Privatfahrzeuge (mit ein paar Ausnahmen) verboten sind. Von nun an ist die Straße nicht mehr geteert. Die nächsten 13 Kilometer verläuft sie parallel zur **Primrose Ridge**, meist oberhalb der Baumgrenze in der Tundra. Vom Bus aus hat man ungehinderte Sicht auf die mächtige Alaska Range etwa 24 Kilometer im Süden sowie über Flusstäler und mit Tundra bedeckte Berghänge.

Die Strecke zwischen dem Savage River und dem Polychrome Pass bei Meile 45,9 bietet beste Chancen, Tiere zu sehen. Gleich nach der Brücke über den **Sanctuary River** bei Meile 22 führt die Straße gen Süden und 27 Kilometer am Teklanika River entlang zum Sable Pass. Im Flusstal streifen manchmal Wölfe umher, die sogar an oder auf der Straße beobachtet wurden. Elche bevorzugen Teiche und das Weidendickicht der Auenwälder. An den Hängen sieht man häufig Dallschafe, ebenso an der Quelle. Grizzlybären tauchen häufig unvermittelt auf – Muttertiere mit ihren Jungen sieht man regelmäßig am **Sable Pass** (Meile 39,1), wo auch eines der 14 Wolfsrudel im Park heimisch ist.

SPEKTAKULÄRE KULISSE

Auf der Straße zum **Polychrome Pass** ❷ hinauf ist Schwindelfreiheit von Vorteil: Die schmale Straße führt an steilen Abgründen entlang, doch die grandiose Aussicht entschädigt für die Aufregung. Ganz entspannt kann man dann an der Raststation den Ausblick genießen: Der Blick reicht über Berge, Flusstäler und Gletscher zu den orange, gelb, rot, lila, schwarz und weiß gestreiften Ausläufern der Alaska Range, nach denen der Pass benannt ist. Tiere und fantastische Landschaften sind auch auf den 32 Kilometern vom Polychrome Pass zum Eielson Visitor Center zu sehen. Mitten in der offenen Tundra erhebt sich der **Highway Pass** – mit 1213 Metern die höchste Stelle der Straße. Außer den kreisenden Steinadlern sieht man in den Felsen auch ihre Beute: Pfeifhasen und Murmeltiere. Auf Kämmen und Schneebänken laufen Karibus.

Spielt das Wetter mit, entfaltet der **Denali (Mount McKinley)**, von der Veranda des **Eielson Visitor Center** ❸ aus betrachtet, seine ganze Pracht. Sommerregen sorgt für den Großteil der jährlich 410 Millimeter Niederschlag im Park. Auch an klaren Tagen verdecken Wolken oft seinen Gipfel.

Vom Eielson Center aus führt die Straße bergab zum Thorofare River, vorbei am Muldrow Glacier, und folgt dann dem McKinley River zum **Wonder Lake** ❹. In den Teichen an der Straße tummeln sich Elche, Biber, Bisamratten und Wasservögel. Bei Meile 84,6 nehmen die meisten Busse die Straße zum einsamen **Wonder Lake Campground**, einem herrlichen Platz zum Picknicken oder Wandern. Hier kommen die Besucher dem 43 Kilometer entfernt aufragenden Denali am nächsten.

Ein paar Busse fahren weiter nach **Kantishna** ❺ (Meile 91), das eine Meile vor dem Ende der Straße liegt. Das Gebiet wurde im Zuge der Erweiterung 1980 in den Park aufgenommen, zusammen mit weiteren 1,7 Millionen Hektar Land. Ein paar Privatlodges, die es schon vorher hier gegeben hatte, sind die komfortable Alternative für alle Besucher, die nicht zelten wollen.

Wissen

RUCKSACKTOURISMUS

Wer auf einer der wenigen Straßen Alaskas entlangfährt, die von Bergen, Wald und Tundra gesäumt sind, wird sich wohl fragen, was hinter dem schmalen Streifen Asphalt (oder Schotter) liegt. Was würden Sie entdecken, wenn Sie ausstiegen und einfach zu wandern begännen? Packen Sie alles, was Sie für eine sichere Wanderung brauchen, in einen Rucksack und ziehen Sie los! Sie können einem Pfad folgen oder Ihren eigenen finden. Doch sorgfältige Vorbereitung ist für Alaskas Wildnis nötig.

Bei grundlegenden Fragen helfen die **Alaska Public Lands Information Center** (siehe Kasten S. 20). Was eignet sich als Ziel? Wollen Sie den gemäßigten Regenwald erkunden? Die Tundra? Die Berge? Wollen Sie Tiere beobachten? Angeln? Gebirgsblumen sehen? APLIC berät Sie auch bei Sicherheitsfragen, wie Kälte, Bären, Stechmücken und Orientierung. Dieser Gedankengang führt Sie zu einer weiteren Entscheidung: markierter Weg oder querfeldein? Es gibt wenige Wege in Alaska, von denen einige häufig begangen sind, weil die Landschaft spektakulär ist; dazu zählen der Resurrection Pass Trail oder der Chilkoot Pass Trail. Wenn Sie querfeldein wandern wollen, sollten Sie an einer geführten Tour teilnehmen – es sei denn, Sie haben langjährige Erfahrung als Rucksacktourist. Nehmen Sie einen Feldstecher mit, damit Sie Tiere beobachten können.

Nicht weit vom George Parks Highway liegt der Ort Nenana (ca. 400 Einwohner). Der traditionelle Versammlungsplatz der Athabasken diente im frühen 20. Jahrhundert als Basisstation beim Bau der Alaska Railroad.

1923 schlug hier Präsident Warren G. Harding zur Feier der Fertigstellung des Schienenweges einen goldenen Schienennagel ein. Noch immer ist Nenana der Hafen für Schlepp- und Lastkähne, die die Flüsse Tanana River und Yukon River befahren, um die abgelegenen Ortschaften in der eisfreien Zeit zu versorgen. Hinter dem Highway ist das Besucherzentrum, eine Holzhütte mit Grasdach. Daneben liegt die farbenfrohe »Taku Chief«, ein Schleppkahn, der mehr als 30 Jahre lang die Flüsse befuhr. Ein paar Blocks die A Street hinunter findet man neben einigen Läden das **Rough Woods Inn** (*2nd St. und A St., Tel. 907/832-5299*). Das Café ist für seinen leckeren Kuchen bekannt.

ZWEI HISTORISCHE ZENTREN

An der Kreuzung A Street und Front Street steht das **Alaska State Railroad Museum** im Bahnhof von 1922. Neben Eisenbahn-Exponaten zeigt es Objekte zur Geschichte der Ureinwohner und des Goldrauschs. Vier Blocks östlich, am Tanana-Ufer, befindet sich das 1998 eingeweihte **Alfred Starr Nenana Cultural Center** (*415 Riverfront, Tel. 907/832-5527, Winter geschl.*), das die Geschichte der Urbevölkerung und Kultur präsentiert. Von der Terrasse lassen sich Kähne beobachten, die bis zu 2250 Kilometer fahren, um abgelegene Dörfer zu versorgen. Flussaufwärts holen Schöpfräder Fische aus den Flüssen. ■

NENANA
🅰 Karte S. 219
Besucherinformation
✉ Parks Hwy., Nenana
☎ 907/832-5435

🕐 Sa–So, Labor Day–Memorial Day geschl.

NENANA CITY OFFICE
☎ 907/832-5441
www.nenana.org

━━━━━━━━━━ 🔲 Wissen ━━━━━━━━━━

NENANA ICE CLASSIC

Seit 1917 wird gewettet, wann die Eisdecke auf dem Tenana River bei Nenana aufbrechen wird. Jeden Winter stellen die Bewohner Nenanas einen großen Dreifuß aufs Eis und ziehen von dort eine Schnur zu einer Uhr in einem Gebäude am Ufer. Wenn das Eis aufbricht – Ende April/Anfang Mai –, fällt der Dreifuß um und hält die Uhr an: Der Zeitpunkt steht fest. Zwischen 1. Februar und 5. April werden in ganz Alaska 300 000 Wettscheine zu je 2,50 Dollar verkauft (*www.nenanaakiceclassic.com*). Die Hälfte des Geldes bekommt der Gewinner, die andere (abzüglich Verwaltungskosten) geht an wohltätige Einrichtungen.

Fairbanks ist ein wichtiges Dienstleistungszentrum und die De-facto-Hauptstadt Zentralalaskas. In der zweitgrößten Stadt Alaskas leben rund 33 000 Einwohner – was in dieser weiten, dünn besiedelten Region jedoch sehr viel ist. Fairbanks hat die größte Universität der Region, es gibt Shoppingmalls, bedeutende Festivals und viele kulturelle Einrichtungen.

Im Golden Heart Park erinnert eine Statue an die Ureinwohner, die von Asien hierherkamen

Fairbanks liegt am Chena River, unweit des Zusammenflusses mit dem mächtigen Tanana River. Der Stadtgründer, Bürgermeister und berüchtigtes Schlitzohr Capt. E. T. Barnette wollte 1901 eigentlich weiter flussaufwärts am Tanana River einen Handelsposten gründen, doch der Raddampfer kam nicht so weit. Barnette musste im Nirgendwo an Land gehen – genau an der Stelle, an der das heutige Stadtzentrum liegt.

1902 fand man in der Gegend Gold, und der Goldrausch verwandelte Barnettes Handelsposten innerhalb von drei Jahren in eine blühende Stadt mit Elektrizität, einem dreistöckigen »Wolkenkratzer« und 33 Saloons auf einem vier Block großem Areal. Auch nach dem Goldrausch blieb Fairbanks die wichtigste Stadt in Zentralalaska.

FAIRBANKS
🄰 Karte S. 219
Besucherinformation
✉ Morris Thompson Cultural and
   Visitors Center, 101 Dunkel St.

☎ 907/459-3700 oder 800/
   327-5774
www.morristhompsoncenter.org

STADTKERN UND UMGEBUNG

Der Stadtrundgang beginnt am **Chena River** beim auffälligen **Morris Thompson Cultural and Visitors Center.** Seit 2009 dient die Einrichtung als Tor zu Land und Leuten Zentralalaskas. Es umfasst das Fairbanks Convention and Visitors Bureau, das Alaska Public Lands Information Center, die Tanana Chief Conference (die 42 Stämme und Dörfer Zentralalaskas vertritt), einen Bereich mit Kunsthandwerkern, ein Museum, ein Theater und eine renovierte Pionierhütte.

Im Stadtzentrum (Downtown) lässt es sich gut bummeln, zwischendurch laden die Restaurants auf der Flussterrasse zu einem Essen im Freien ein – jedenfalls an einem sonnigen Tag im Sommer. Ungemütlicher ist es an einem Februartag, wenn die Höchsttemperatur bei –34 °C liegt. Vom Besucherzentrum geht es zum benachbarten Golden Heart Park, eine Fußgängerbrücke überquert den Chena River. Alternativ bietet sich die First Avenue am Fluss entlang an. Wer die Stadt vom Wasser aus genießen will, leiht sich ein Kajak aus und paddelt durch Downtown Fairbanks.

Viele Besucher erkunden Fairbanks und den Chena River mit den Heckraddampfern *Discovery II* und *III* der Reederei **Riverboat Discovery.** Auf der dreistündigen Fahrt durch die Stadt und ihr Umland erlebt man etwa eine Schlittenhundevorführung, eine Buschfliegershow und das **Chena Indian Village.**

Skulpturen der World Ice Art Championships im gekühlten Fairbanks Ice Museum

===================== ☐ Erlebnis ======================

MIT SCHLITTENHUNDEN UNTERWEGS

Den meisten Menschen fällt zum Thema Schlittenhunde das Iditarod, Alaskas jährliches 1850 Kilometer langes Rennen, ein. Diese mörderische Prüfung für Hunde und Hundeführer ist ein faszinierendes Abenteuer, aber nicht für jeden geeignet. Doch Alaska liebt seine Hundeschlitten, und es gibt unzählige Angebote, damit Besucher auf einem Hundeschlitten mitfahren oder sogar selbst das Lenken lernen können.

Das größte Erlebnis ist eine Tour mit dem Hundeschlitten in die Wildnis, durch den Schnee der Berge und die schneebedeckten Wälder. Doch auch kürzere Touren, manche davon nur fünf Minuten lang, machen viel Spaß. Viele Hundeschlittenführer *(mushers)* werden Sie und Ihre Familie gern auf einen kurzen Trip mitnehmen, von Technik und Geschichte des Hundeschlittenführens erzählen und durch ihre Hundezwinger führen. Dabei bietet sich auch die Chance, mit den niedlichen Welpen zu spielen.

Eigentlich gehören Hundeschlitten in den Winter, doch viele *mushers* bringen im Sommer Räder an den Kufen an und unternehmen Fahrten. Andere bringen ihre Hunde und Schlitten zu den Gletschern und Eisfeldern, und Besucher können mit dem Helikopter anreisen. Infos bieten die Touristeninformationen, die **Alaska Dog Mushers Association**, in Fairbanks *(http://alaskadog mushers.com)* und regionale Organisationen. Auf der Website der Zeitschrift *Mushing (www.mushing.com)* finden Sie eine Liste mit Touren.

Der kälteste Ort der Stadt während der Sommermonate ist das **Fairbanks Ice Museum** *(500 2nd Ave., Tel. 907/451-8222, www.icemuseum.com, $$$)* mit einem auf –7 °C gekühlten Raum, in dem kreative Eisskulpturen zu sehen sind. Der Zuschauerbereich ist geheizt. Jedes Jahr im März trägt die Stadt die **World Ice Art Championships** *(www.icealaska.com)* aus, bei denen Künstler aus aller Welt realistische und abstrakte, teilweise über sechs Meter hohe Eisfiguren schaffen. Einige der Künstler kreieren in diesem Rahmen auch Skulpturen für das Ice Museum.

Westlich des Zentrums, am Südufer des Chena, liegt der **Pioneer Park** *(2300 Airport Way, Tel. 907/459-1087, www.co.fairbanks.ak.us/parksandre creation/pioneerpark)*. Der 18 Hektar große Park ist eine Mischung aus Geschichtsmuseum, Themenpark, Gemeindezentrum, Touristenfalle und Stadtpark. Das Alaska Native Village & Museum zeigt Exponate aus der Zeit der Athabasken. Für die Zeit der ersten Siedlungen stehen die Pioneer

RIVERBOAT DISCOVERY
✉ 1975 Discovery Dr.
☎ 0866/479-6673

🕐 Mitte Sept.–Mitte Mai geschl.
💲 $$$$$
www.riverboatdiscovery.com

☐ Tipp

Mieten Sie im Pioneer Park ein Fahrrad und radeln Sie durch die Stadt. Auf dem Campus gibt es tolle Mountainbike-Wege.

SARAH ROESKE
NATIONAL GEOGRAPHIC-FELDFORSCHERIN

Hall, das Wickersham House (Wohnhaus von Alaskas erstem Bezirksrichter), ein umgebauter Eisenbahnwagon (in dem einst Präsident Harding fuhr), das Pioneer Air Museum, das Alaska Native Museum, das Kitty Hensley House und das Tanana Valley Railroad Museum. Das Glanzstück aber ist der restaurierte Heckraddampfer *Nenana,* der 1935 bis 1955 den Yukon befuhr.

CREAMER'S FIELD MIGRATORY WATERFOWL REFUGE

Mitten in Fairbanks, zwischen Läden und Malls, liegt eine etwa 809 Hektar große Oase, das Creamer's Field Migratory Waterfowl Refuge. Auf ihren Frühlings- (April/Mai) und Herbstzügen (Aug./Sept.) rasten hier Enten, Gänse und Schwäne vor ihrem Weiterflug. Von den angelegten Wegen und Plattformen aus sowie durch ein Teleskop am Besucherzentrum lassen sich die Wasservögel beobachten. Auch die 1,20 Meter großen Kanadakraniche sieht man hier, vor allem beim jährlichen Tanana Valley Sandhill Crane Festival im August. Fünf Wanderwege, die unterschiedlich lang sind (0,4–3,2 km), führen tiefer ins Reservat hinein. Auf dem **Seasonal Wetlands Trail** sieht man Vögel und Waldfrösche, auf dem **Farm Road Trail** Waldmurmeltiere, Hudsonweihen (Greifvögel) und Buntfalken.

Der **Boreal Forest Trail** *(Broschüre im Besucherzentrum)* führt durch die Taiga. Zu sehen sind hier Hasen, Elche und viele Blumen, darunter Wildrosen, Kanadischer Hartriegel und die Orchidee *Calypso bulbosa.*

In Creamer's Field werden auch Veranstaltungen angeboten. So gibt es etwa eine »Muttertags-Froschwanderung« oder einen »Eulen-Abend«, bei dem man den nächtlichen Rufen dieser Raubvögel lauschen kann. »Leben unter dem Eis« zeigt, wie Bisamratten und Fächerfische die unerbittlichen Winter in Zentralalaska überleben.

UNIVERSITY OF ALASKA

Unter dem Dach der University of Alaska in Fairbanks finden sich einige Attraktionen wie das Museum of the North, ein botanischer Garten und Führungen durch Forschungseinrichtungen.

Museum of the North: Vom Eingang reicht der Blick an klaren Tagen bis zur Alaska Range am Horizont. Auffallend ist die weiß schimmernde gewellte Fassade. Die moderne Architektur erinnert an zerklüftete Berge mit Glet-

Der Raddampfer *Discovery II* fährt auf dem Chenan River an Fairbanks vorbei

schern und Nordlichtern und an den Schwanz eines Wals. Im erweiterten Innenbereich können nun auch lange in den Archiven liegende Schätze gezeigt werden. Die **Rose Berry Alaska Art Gallery** mit hoher Decke und geschwungenen Wänden wirkt wie eine Gletscherspalte. Hier werden Kunstwerke der Indianer und klassische Alaska-Landschaften präsentiert. Neu ist auch das **Arnold Espe Auditorium,** das Multimedia-Präsentationen zeigt, etwa *Dynamic Aurora* (über das Polarlicht) und *Northern Inua* (über Sportler bei den World Eskimo Indian Olympics). Auch die älteren Teile des Museums sind sehenswert: Die **Gallery of Alaska** zeigt am Eingang Otto, den 2,70 Meter großen, 560 Kilogramm schweren Braunbären. In der **Western & Arctic Coasts Gallery** steht ein Umiak der Inupiaq (ein Boot aus Walrosshaut), dazu wird ein Video über die Bootsjagd auf Wale vorgeführt. Daneben werden die »Dinosaurs of Alaska« gezeigt, die weltweit größte Sammlung von Dinosauriern und verwandten Wirbeltieren aus den nördlichen Breiten.

**CREARMER'S FIELD MIGRATO-
RY WATERFOWL REFUGE**
✉ Farmhouse Visitor Center, 1300 College Rd.
☎ 907/452-5162
www.creamersfield.org

MUSEUM OF THE NORTH
✉ 907 Yukon Dr.
☎ 907/474-7505
🕐 Juni–August tägl. 9–19, sonst Mo–Sa 9–17 Uhr, So geschl.
💲 $$$
www.uaf.edu/museum

Georgeson Botanical Garden: Auf dem Campus der Universität liegt auch der Georgeson Botanical Garden. Im nördlichsten botanischen Garten der Welt wird erklärt, wie sich Alaskas Pflanzen an die Bedingungen im Land der Mitternachtssonne und die bitterkalten Winter anpassen. Wer ab Mitte Juli durch den Garten wandert, kann dort 14 Kilogramm schwere Rüben, riesige Gurken und über 36 Kilogramm schwere Kohlköpfe bestaunen: Sie verdanken ihre Größe den täglichen 21 Sonnenstunden während des Polarsommers.

Geophysical Institute: Im Sommer bietet die Universität Führungen durch drei Forschungseinrichtungen des Geophysical Institute: das **Alaska Earthquake Information Center,** die **Alaska Satellite Facility** und das **Alaska Volcano Observatory.** Die meist mittwochs stattfindenden drei Führungen werden aufeinanderfolgend angeboten, sodass man sich mit Wissen geradezu vollstopfen kann.

Large Animal Research Station: Am beliebtesten ist die Führung durch die LARS, die Large Animal Research Station. Die Station hält – 320 Kilometer vom Polarkreis entfernt – Karibus, Rentiere und Moschusochsen. Besucher haben die einzigartige Möglichkeit, die faszinierenden Bewohner des hohen Nordens von Nahem zu betrachten. Sie lernen viele Details über die Tiere: dass Karibus und Rentiere artgleich sind, aber dass sich nach

Die in Fairbanks ansässige University of Alaska betreibt das Museum of the North

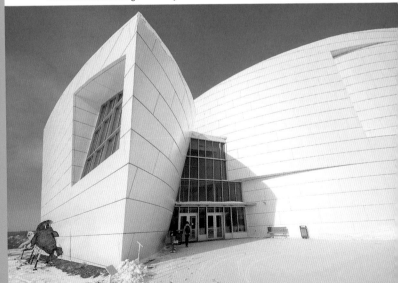

10 000 Jahren Trennung (die Karibu leben in Nordamerika, die Rentiere in Europa) Unterschiede herausgebildet haben. Das beim Laufen hörbare Klicken der ziehenden Hirsche verursacht eine Sehne, durch die sie auf langen Märschen Kraft sparen. Die Moschusochsenbullen der Station sind bis zu 315 Kilogramm schwer und sehr angriffslustig – zuweilen gehen sie sogar auf Jeeps los, weshalb die LARS-Mitarbeiter das Gehege nur mit einem großen Traktor befahren. Die kleinen Kälber sind hingegen niedlich wie alle Jungtiere. Die Muttertiere säugen ihren Nachwuchs noch als 90 Kilogramm schwere Einjährige. Das ist nicht ohne Risiko: Die Zitzen der Moschusochsenkuh liegen in tiefen Falten, und wenn ein stämmiger 180-Pfünder daran nuckelt, hebt er zuweilen die Hinterläufe seiner Mutter hoch.

> ## ☐ Tipp
>
> **Moschusochsen und Karibus gibt es in Alaskas Tundra. Beide Arten leben auch in der Large Animal Research Station in Fairbanks; dort können Sie Gemeinsamkeiten und Unterschiede der Tiere beobachten.**
>
> PAM GROVES
> UNIVERSITY OF ALASKA, PROFESSORIN

SCHLITTENHUNDE

Eine der besten Vorführungen mit Schlittenhunden bietet Mary Shields mit ihren Hunden. Das Programm nennt sie **Alaskan Tails of the Trail**. Shields beendete als erste Frau das 1850 Kilometer lange Schlittenhunderennen Iditarod und reiste mit ihren Hunden in Alaska und in Sibirien umher. Bis zu 20 Besucher führt sie jeweils durch die Zwinger und zu ihrem eigenen Holzhaus, wo sie mit den Gästen über die Schlittenhunde und ihre Leidenschaft plaudert. ■

GEORGESON BOTANICAL GARDEN
✉ 117 W. Tanana Dr., am Westende des UA-Campus
☎ 907/474-7222
🕐 Winter geschl.
💲 $
www.georgesonbg.org

GEOPHYSICAL INSTITUTE
✉ 903 Koyukuk Dr., am Westende des UA-Campus
☎ 907/474-7558
www.gi.alaska.edu

LARGE ANIMAL RESEARCH STATION
✉ 2220 Yankovich Rd., nördl. des UA-Campus
☎ 907/474-5724
💲 $$
www.uaf.edu/lars

ALASKAN TAILS OF THE TRAIL
✉ 2699 Waldheim Dr., etwa 14,5 km nördl. der University of Alaska, Fairbanks
☎ 844/200-8359
💲 $$$$$
www.maryshields.com

Die 91 Kilometer lange Chena Hot Springs Road führt durch einzigartige Landschaften mit vielen interessanten Tieren. Zwei weitere Gründe sprechen für die Straße: Die heißen Quellen am Ende des Highways mit dem Resort, das sich rund um die Quellen entwickelt hat, sind der eine.

Der andere ist die Chena River State Recreation Area: 102 870 Hektar Wald, Berge, Flüsse und Tundra, das die Autofahrer auf der Hälfte der Strecke begleitet. Die Chena Hot Springs Road zweigt nördlich von Fairbanks vom Steese Highway (siehe S. 240f) ab. Auf den ersten Kilometern sind Landhäuser, Farmen und Wälder zu sehen. Bei Meile 26,1 beginnt die **Chena River State Recreation Area**. 1,5 Kilometer weiter liegt der Rosehip State Campground, der erste von drei Campingplätzen in der Recreation Area. Auch wer hier nicht zelten will, sollte auf dem kurzen **Rosehip Campground Nature Trail** wandern: Infotafeln informieren über die Vegetationsabfolge im Wald und die Erosion.

Bei Meile 38, nahe der First Bridge, kommt ein Rastplatz. Hier lassen viele Wassersportler ihre Kajaks und Kanus zu Wasser. Doch auch an vielen anderen Plätzen bieten sich Gelegenheiten, eine Kanutour zu starten. Die oberen Abschnitte des Chena bieten Stromschnellen der Klasse II, dieser untere Abschnitt ist jedoch recht sanft. Dennoch muss man vorsichtig sein, da die Strömung heftig sein kann und das Wasser kalt ist.

Bei Meile 39, gleich hinter der Second Bridge, liegt der Tors Trail State Campground. Die Hauptattraktion hier ist der **Granite Tors Trail**. Konditionsstarke Wanderer bewältigen den mittelschweren bis schweren Rundweg (24 km) an einem Tag, viele übernachten aber unterwegs. Mancherorts ist der Weg nicht klar zu erkennen, man muss sich an Steinhaufen

Heiße Quellen erwarten müde Autofahrer am Ende der Straße

☐ Erlebnis

GOLDWASCHEN

Der Goldrausch hat in Alaska eine lange Geschichte. Sie begann im 1898 am Klondike und setzte sich 1899 in Nome fort. Sie können selbst dem Lockruf des Goldes folgen. Die Optionen reichen von touristisch bis professionell.

1. Versuchen Sie sich am Goldwaschen als Touristenattraktion. In einigen Goldminen oder verlassenen Aushüben (etwa entlang des **Steese Highway**, siehe S. 240f) erhalten Touristen Pfannen und können mit Wasser und Kies, der mit ein paar Goldkörnern versetzt wurde, ihr Glück versuchen.

2. Nehmen Sie an einem der offiziellen Claims eine Goldpfanne. Am beliebtesten ist wohl die **Crow Creek Mine** (siehe S. 121). Sie war einst die ergiebigste Mine im südlichen Zentralalaska, und es gibt immer noch Gold dort. Gegen eine geringe Gebühr können Sie eine Goldpfanne leihen und Ihr Glück versuchen. Vielleicht finden Sie etwas.

3. Meiden Sie die offiziellen Plätze und gehen Sie auf Staatsland *(public lands)* selbst auf die Suche. Für die Vorschriften setzen Sie sich mit den Alaska Public Lands Information Centers (siehe Kasten S. 20) in Verbindung.

---

orientieren, bei Nebel oder Regen ein Problem. Auf halber Strecke muss man die **Plain of Monuments** überqueren, eine Tundraebene voller Felstürme *(tors)*. Die Granitformationen sind bis zu 30 Meter hoch.

Nach dem Campingplatz folgt die Straße dem Fluss gen Norden, vorbei an Teichen und Sumpfland. Bei der Fourth Bridge (bei Meile 49) führt eine Seitenstraße zum Parkplatz des **Angel Rocks Trail**, einem schönen Rundweg (5,6 km) mit Felstürmen. Wer fit ist, biegt nach drei Kilometern auf den **Angel Rocks to Chena Hot Springs Trail** ab. Dieser führt zu einem Gebirgskamm und passiert Steinhaufen um Steinhaufen. Der Panoramablick ist fantastisch – wie auch die Aussicht auf das Ende des Weges im **Chena Hot Springs Resort**, wo man rasten kann.

Ein Bad im Rock Lake ist ein Muss, aber das Resort bietet auch Hütten, Zeltplätze, ein Restaurant, Hundeschlittenfahrten, Goldwaschen und das **Aurora Ice Museum**. Hier ist alles – Möbel, Trinkgläser, sogar der Tresen – aus Eis. Bei Meile 56,6 erreicht man die heißen Quellen. ■

CHENA RIVER STATE RECREATION AREA
🄰 Karte S. 219
✉ Mile 26.1 Chena Hot Springs Rd.
☎ 907/451-2705
🅂 $$ (tägl. Parkgebühr)
www.dnr.state.ak.us/parks/ units/chena

CHENA HOT SPRINGS RESORT
🄰 Karte S. 219
✉ Mile 56.6 Chena Hot Springs Rd.
☎ 907/451-8104
🅂 $$
www.chenahotsprings.com

Landschaften, Tiere, heiße Quellen – der Steese Highway, der von Fairbanks nach Circle verläuft, bietet viele Überraschungen. Die ersten 85 der 260 Kilometer sind geteert, die nächsten 117 meist geschottert, aber breit, die restlichen 56 schmal und kurvenreich. Auf 188 Kilometern gibt es keine Tankstelle, man sollte also in Central oder Circle noch volltanken.

Weit nach Mitternacht geht die Sonne über dem Steese Highway unter

Die Fahrt auf dem Steese durch Zentralalaska ist im Herbst, also Ende August bis Anfang September, besonders schön, wenn Tundra und Bäume sich gelb und rot färben. Nach dem ersten Stück in der Stadt liegt bei Meile 8 ein Parkplatz der **Trans-Alaska-Pipeline**, zu der man hochsteigen kann. Das Besucherzentrum ist nur im Sommer geöffnet. Eine Meile danach kommt die Ausfahrt zur **Gold Dredge No. 8**. Man erreicht sie über die Goldstream Road und den Old Steese Highway. Von 1928 bis 1959 kroch der 76 Meter lange, fünf Stockwerke hohe Bagger über den Boden, schuf sich seinen Kanal und holte aus dem Gestein 210 Millionen Gramm Gold. Eine Schmalspurbahn bringt Besucher nach 1,6 Kilometern zum Aushub. Hier können Sie sich auch im Goldschürfen versuchen.

⬛ Wissen

INFORMATIONEN ÜBER WANDERWEGE
Über Davidson Ditch, Nome Creek Valley Gold Panning und den Pinnell Mountain National Recreation Trail informiert das **Alaska Bureau of Land Management** *(Tel. 907/474-2200, www.blm.gov/ak).*

Bei Meile 28 liegt die **Chatanika Lodge** *(Tel. 907/389-2164)*, Motel, Restaurant und Saloon. Auf der anderen Seite des Highways führt ein Weg ein paar Tausend Meter weit zum Überrest des **Gold Dredge No. 3**. Er rostet zwischen Gesteinsmassen vor sich hin. Auf den folgenden Kilometern folgt die Straße dem schönen Chatanika River, einem beliebten Kanufluss (Klasse II) ohne Stromschnellen. Bei Meile 39 bietet die **Upper Chatanika River State Recreation Site** gute Möglichkeiten, die Boote zu Wasser zu lassen. Längere Kanutouren können weiter flussaufwärts beginnen; den Wasserstand gibt das Büro des Department of Natural Resources in Fairbanks bekannt.

Gräben sind eher selten Touristenattraktionen, doch die **Davidson Ditch Historical Site** bei Meile 57,3 ist einen Stopp wert. Der 1925 angelegte, 134 Kilometer lange Kanal versorgte die schwimmenden Goldschürfanlagen. Von der gleichen Abfahrt (U.S. Creek Road) können Allradwagen über steile Hügel hinweg zur elf Kilometer entfernten **Nome Creek Valley Gold Panning Area** fahren, wo sich jeder im Goldwaschen versuchen kann.

Wanderer gelangen bei Meile 85,5 über den 972 Meter hohen Twelvemile Summit Wayside zu einem der schönsten Wanderwege in ganz Alaska, dem **Pinnell Mountain National Recreation Trail**. 43 Kilometer lang führt er durch Tundra und über Bergkämme mit fantastischen Fernblicken auf die White Mountains sowie die Alaska und Brooks Range. Den Endpunkt markiert die Eagle Summit Wayside bei Meile 107,5 am **Eagle Summit**. Knapp 800 Meter von diesem Parkplatz entfernt, blühen in der Saison herrliche Wildblumen.

BEI ROAD'S END

Die Ortschaft **Central** (96 Einw.) bei Meile 127,5 versorgt den Bergbaubezirk ringsum, diese kleine Stadt sowie Reisende mit allem Notwendigen. Das dortige **Circle District Historical Society Museum** *(Tel. 907/520-1893, www.cdhs.us)* informiert über die Naturgeschichte sowie die einstigen und heutigen Bergbauaktivitäten.

Der Steese endet in **Circle** *(Visitor Information: HC Company Store, Tel. 907/773-1222)* am Westufer des Yukon, das so groß wie Central ist. Hier legen im Sommer Schiffe und Jetboote ab. Es gibt eine Benzinzapfsäule. ∎

GOLD DREDGE NO. 8
✉ 1803 Old Steese Hwy. N
☎ 0866/479-6673
💲 $$$$$
www.golddredge8.com

UPPER CHATANIKA RIVER STATE RECREATION SITE
🅰 Karte S. 219
☎ 907/451-2705 (Alaska Dept. of Natural Resources PIC, Fairbanks) oder 907/451-2695 (Northern Region Division of Parks and Outdoor Recreation)

Der Elliott Highway führt 245 Kilometer durch die Wildnis. Der Highway beginnt 18 Kilometer nördlich von Fairbanks an der Kreuzung mit dem Steese Highway nahe der Ortschaft Fox.

Die ersten 118 Kilometer bis zur Kreuzung mit dem Dalton Highway sind geteert, die restlichen 127 Kilometer präsentieren sich als eine schmale, kurvige Schotterstraße. Tanken kann man bei Meile Fox 66 und am Ende des Highways. Wie verlassen die Gegend ist, beweist etwa das Schild »Olnes City (1 Einw.)« bei Meile Fox 9.

Wer eine Wanderung unternehmen will, kann bei Meile Fox 27,7 zum **Wickersham Dome Trailhead** *(www.alaska.org/detail/wickersham-dome-trail-entrance)* abfahren. Der Pfad verläuft zum Wegenetz der **White Mountains National Recreation Area**. Ein 20-minütiger Spaziergang führt oberhalb der Baumgrenze zu einem herrlichen Ausblick.

Bei Meile Fox 66 liegt Livengood (13 Einw.), eine alte Bergbausiedlung. Elf Kilometer weiter zweigt der Dalton Highway gen Norden ab – der Elliott wendet sich in südwestliche Richtung. Hinter Meile Fox 85 öffnet sich die Landschaft: Der Blick fällt auf die White Mountains, den Tanana River, die Minto Flats und die Alaska Range. Am Ende der Straße liegt Manley Hot Springs (73 Einw.). In den heißen Quellen in der Nähe des Campingplatzes kann noch immer gebadet werden. Das Dorfleben spielt sich im alten **Manley Roadhouse** *(Tel. 907/672-3161)* ab. Hütten können zum Übernachten gemietet werden. ∎

▯ Wissen

WHITE MOUNTAINS NATIONAL RECREATION AREA

Die White Mountains National Recreation Area *(www.blm/ak/st/en/prog/nlcs/white_mtns.html)* bietet auf 400 000 Hektar Berge, Flüsse und Wanderwege. In den warmen Monaten waschen die Besucher Gold, wandern, fahren auf dem Floß und angeln. Im Winter gibt es Skilanglauf, Hundeschlitten, Schneeschuhwandern oder Fahrten mit dem Schneemobil. Ein Großteil der Gegend ist im Winter besser zugänglich als im Sommer, weil dann Loipen gespurt sind, während die Wege im Sommer sumpfig sein können. Einige Wege dürfen von Motorfahrzeugen befahren werden, andere nicht. In der White Mountains NRA gibt es ein Dutzend Hütten, eine am Elliott Highway, die anderen an Wegen elf bis 64 Kilometer abseits der Straße; sie sind nur zu Fuß, per Boot, Mountainbike, Geländewagen oder Flugzeug zu erreichen. Es muss reserviert werden, und Besucher dürfen nur drei Nächte bleiben (25 bis 30 $ pro Nacht). Die Ausstattung der Hütten besteht aus einem Herd (für den Propangas mitgebracht werden muss), bis zu drei Stockbetten, einem Tisch, einer Laterne. Es gibt kein fließendes Wasser.

CHICKEN

Hunderte von Kilometern tief in Alaskas Hinterland liegt Chicken, ein exzentrisches Dörfchen mit sieben Einwohnern. Im Sommer, wenn die Bergleute einfallen, steigt die Einwohnerzahl um ein Mehrfaches. Der Ort soll 1903 mit dem Namen Ptarmigan (»Schneehuhn«) gegründet worden sein, die Bewohner änderten den Namen jedoch in Chicken. Es gibt kein Telefon (schlechter Handyempfang) und keine Spültoiletten, aber ein Postamt, in das dienstags und freitags Post geliefert wird. Im **Chicken Mercantile** gibt es

Karibus sind nicht die einzige Spezies, deren Wanderrouten durch Zentralalaska führen

Sue Wirens Zimtbrötchen, Kuchen und – ja – Hühnersuppe. Zu den Sehenswürdigkeiten zählt die **Pedro Dredge No. 4**. Wem der Anfahrtsweg zu lang ist, der besucht Chickens Website *(www.chickenalaska.com); www.townofchicken.com* informiert über Ortsführungen und Unterkünfte.
▲ Karte S. 219

DENALI STATE PARK

Der 131 720 Hektar große Park steht zwar im Schatten seines berühmten Nachbarn im Norden, verdient aber durchaus Beachtung. Knapp 50 Kilometer des George Parks Highway (Rte. 3), der Hauptverbindung zwischen Anchorage und Fairbanks, führen durch den Park. An klaren Tagen bietet sich eine fabelhafte Sicht auf den Mount McKinley und die Alaska Range. Die Ausblicke auf die Berge von den Rastplätzen bei Meile 134,7 und 162,4 gelten als die schönsten. Durch den Park führen mehrere Wanderwege. Nur 3,2 Kilometer den **Little Coal Creek Trail** hinauf, der am Parkplatz bei Meile 163,8 des Highways beginnt, erreicht man Alpenwiesen. Eine Tageswanderung ist auch der 7,7 Kilometer lange **Byers Lakeshore Loop** vom Byers Lake Campground um den See herum. 400 Meter nördlich vom Byers Lake liegt die **Alaska Veterans Memorial/POW-MIA Rest Area** *(Meile 147,1 George Parks Hwy.)*, im Sommer mit Besucherzentrum. Im Park werden auch Hütten vermietet.

▲ Karte S. 219 ☒ Alaska State Parks, Mat-Su/CB Area, 7278 E. Bogard Rd., Wasilla AK 99654 ☎ 907/745-3975 **www.dnr.alaska.gov/parks/units/denali1.htm**

The Bush

‹ Auf dem Dalton Highway geht es schnurstracks
auf die Gebirgskette der Brooks Range zu

Reisende können im Denali tief in die Wildnis vordringen, abseits der Straßen erreichen sie an Bord staatlicher Fähren entlegene Orte in Südostalaska. Und mit dem Flugzeug fliegen sie in Ortschaften wie Unalaska auf den einsamen, 800 Kilometer vom Festland entfernt liegenden Aleuten.

Hogatza, die Kilbuck Mountains, Flat, Kogoluktuk River, Flat, Sleetmute, Marys Igloo, Platinum, Thunder Mountain, Olikok Point, Red Devil, Shaktoolik – das alles sind wildromantische Orte, von denen nur wenige jemals etwas gehört und die noch weniger jemals gesehen haben. In den meisten Siedlungen leben 200 bis 300 Ureinwohner und vielleicht eine Handvoll Zugezogener. Viele Bewohner des Bush sind Selbstversorger: Sie jagen Elche, Walrosse, Karibus, Gänse, Weißwale, Bären, Enten, Robben und Grönlandwale; sie fangen Biber, Nerze, Otter, Vielfraße und Hasen. Sie sammeln Beeren und wilde Zwiebeln, und sie angeln fast alles, was ihnen an den Haken kommt. Die Region besitzt keine natürlichen Grenzen: Sie umfasst grob die westliche Hälfte des Festlandes und den nordöstlichen Quadranten Alaskas und nimmt damit ungefähr drei Viertel Alaskas ein. Dieses riesige Hinterland setzt sich aus vielen Ökosystemen zusammen, die sich jedoch in zwei von Bergketten gesäumte Großlandschaften unterteilen lassen: Tundra und Taiga. Hinzu kommt die lang gestreckte Küste.
Dieser Teil Alaskas ist weder durch Straßen noch durch Eisenbahnen mit dem Rest des Landes verbunden. Eine Ausnahme bildet der Dalton Highway, der für die Versorgung der arktischen Ölfelder in der Prudhoe Bay gebaut wurde. Die Menschen fahren mit dem Boot die Küste entlang, über die Flüsse und durch die gewaltige Wasserfläche des Yukon-Kuskokwim-Deltas. Ansonsten sichern kleine Propellerflugzeuge die Verbindung zur Außenwelt.

Walrossversammlung im Walrus Islands State Game Sanctuary in Bristol Bay bei Dillingham

Reisende kommen in der Regel per Flugzeug: Täglich starten Flugzeuge von Anchorage in einige der größeren Ortschaften in Alaskas Outback. Die Autofahrt über den Dalton Highway oder das Flugzeug sind die preisgünstigsten Möglichkeiten, in den unzugänglichen Norden und Westen Alaskas vorzudringen. Viele Gebiete sind aber auch mit dem Boot zugänglich.

Die größeren Ortschaften bieten Unterkünfte, Restaurants und Lebensmittelgeschäfte und organisieren Ausflugtouren, die meistens auf Angler und Jäger zugeschnitten sind. ■

Zur Orientierung

Wer Fisch mag, für den ist Dillingham genau der richtige Ort. Hier befindet sich der Hafen für die kommerzielle Sockeye-Fischerei in der Bristol Bay. Dillingham bietet überdies ausgezeichnete Angebote für Sportfischer.

Die Stadt bietet aber auch Nichtanglern einiges, denn von hier aus lassen sich Exkursionen in die unberührte Natur unternehmen. Obwohl Dillingham zunächst einmal eine Arbeiterstadt ist, finden Reisende einfache Einrichtungen wie Hotels, Restaurants und Läden.

Der Ortsrundgang beginnt an der Bibliothek Ecke Seward und D Street. Im gleichen Gebäude befinden sich auch das Visitor Center und das **Sam Fox Museum** (Tel. 907/842-4831, So geschl.). Das kleine Museum zeigt Exponate zur Lokalgeschichte, vor allem der Yupik. Es dient auch als Kunstgalerie. In den Geschäften kann man Masken und Inuit-Puppen kaufen. Nur wenige Schritte sind es zum **Hafen,** der für das moderne Dillingham steht. Dort liegen Hunderte kleiner Fischerboote. Wer mehr über die Industrie vor Ort erfahren möchte, kann im Visitor Center nach einer Führung in einer der vielen **Lachskonservenfabriken** fragen.

WILDNIS

Diejenigen, die hinaus in die freie Natur möchten, sollten sich in das **Togiak National Wildlife Refuge** aufmachen. Das 1,9 Millionen Hektar große Tierschutzgebiet mit Seen, Flüssen, Bergen und Küste bietet Wildnis pur.

Die Ostgrenze des Areals befindet sich nur 4,8 Kilometer westlich der Stadt; die Westgrenze liegt dagegen 210 Kilometer entfernt. Raftingtouren starten oft auf Quellseen und dauern mehrere Tage.

Von Dillingham windet sich eine landschaftlich schöne Nebenstrecke (40 km) zum Dörfchen **Aleknagik** und zum Südende des **Lake Aleknagik.** 16 Kilometer oberhalb des Sees beginnt der **Wood-Tikchik State Park,** mit 647 500 Hektar der größte State Park des Landes. Besucher erreichen den Park per Charterboot von Aleknagik oder auf dem Wood River von Dillingham aus. Viele fliegen jedoch mit Wasserflugzeugen zu einem der großen Seen und schließen sich dann einer Floß-, Kanu- oder Kajaktour durch das Netz der Seen an, die durch Flüsse verbunden sind. Der Park liegt in einer Über-

Dillingham lebt vom Meer. Davon zeugt die kleine Flotte von Fischerbooten im Hafen

gangszone: Im Osten erstreckt sich bewaldetes und feuchtes Tiefland, während der Westen durch hohe Gipfel, alpine Täler und fjordähnliche Seen, die tief in die Bergwelt eindringen, geprägt wird. Hier kann man hervorragend Tiere beobachten, besonders wenn die Lachse wandern.

Round Island: Wer andere Tiere beobachten möchte, kann mit einem Wasserflugzeug oder einem Charterboot von Dillingham zur Round Island, dem Herzen des **Walrus Islands State Game Sancturay** im Norden der Bristol Bay, reisen. Tausende Walrossbullen versammeln sich jährlich an den Stränden. Hier trifft man auf rund 250 000 Seevögel, Hunderte von Stellerschen Seelöwen und Rotfüchse. Für diese Tour benötigt man allerdings eine spezielle Genehmigung *(permit)*. ∎

DILLINGHAM
▲ Karte S. 247
Besucherinformation
✉ Seward und D Sts.
☎ 907/842-5115
🕐 Sa–So geschl.
**www.dillinghamchamberof
commerce.org**

**TOGIAK NATIONAL WILDLIFE
REFUGE**
▲ Karte S. 247
✉ Information: 6 Main St.,
Kangiiqutaq Bldg.

☎ 907/842-1063
http://togiak.fws.gov

WOOD-TIKCHIK STATE PARK
▲ Karte S. 247
☎ Dillingham Ranger Station: 907/
842-2641
**www.dnr.alaska.gov/parks/units/
woodtik.htm**

**WALRUS ISLANDS STATE GAME
SANCTUARY**
☎ 907/842-2334 (Alaska Dept. of
Fish & Game, Div. of Wildlife
Conservation)

Besucher wundern sich oft über die Größe der Stadt – ihre Einwohnerzahl schwankt je nach Jahreszeit zwischen 6000 und 8000. Der Flughafen ist einer der am stärksten frequentierten Alaskas. Die Stadt ist Verkehrs- und Versorgungszentrum für große Teile Westalaskas.

Doch Bethel hat sich das Flair einer Outbacksiedlung bewahrt. Einige Bewohner der vorwiegend von Ureinwohnern bewohnten Stadt tragen noch immer die traditionelle Yupik-Kleidung, wie zum Beispiel Karibufell-Parkas und Mukluks aus Robbenfell. Dennoch ist Bethel auch eine moderne Stadt, in der Albaner, Filipinos und Koreaner leben, von denen viele hier als Taxifahrer arbeiten. Etwas überraschend angesichts der wenigen Straßenkilometer. Wer etwas über die Geschichte und die zeitgenössische Kultur der Yupik/Cupik und Dene erfahren möchte, besucht das **Yupiit Piciryarait Cultural Center & Museum.** Bethels größter Anziehungspunkt ist das riesige **Yukon Delta National Wildlife Refuge.** Dort hat Gletschermehl, das hier über Jahrmillionen von Yukon und Kuskokwim abgelagert wurde, das zweitgrößte Delta der USA gebildet. Der größte Teil des Schutzgebietes besteht aus Tundra, die von Tümpeln, Seen, Flüssen und Bächen durchsetzt ist. Karibus, Luchse, Bären, Wölfe, Eisbären (an der Küste), Moschusochsen (auf Nunivak Island) und Vögel leben im Reservat. ■

BETHEL
🅰 Karte S. 247
Besucherinformation
✉ 192 Alex Hately St.
☎ 907/543-2911
www.bethelakchamber.org

YUPIIT PICIRYARAIT CULTURAL CENTER & MUSEUM
✉ 420 Chief Eddie Hoffman Hwy.

☎ 907/543-4538
🕐 So, Mo geschl.
$ $

YUKON DELTA NATIONAL WILDLIFE REFUGE
🅰 Karte S. 247
☎ 907/543-3151
🕐 Geschl. So
http://yukon delta.fws.gov

Plüschkopfenten nisten im Yukon Delta National Wildlife Refuge

Anders als die meisten Städte im Nordwesten war Nome keine Siedlung von Ureinwohnern. Der Ort wuchs nach den Goldfunden 1898 und hieß ursprünglich Anvil City. Bis zum Sommer 1900 kamen 20 000 Menschen in die abgelegene Stadt auf der Seward Penisula am Rande des Beringmeeres. Der Goldabbau spielt bis heute eine wichtige Rolle. Die Bevölkerung hat sich bei 3700 Einwohnern eingependelt.

Von allen Bush-Gemeinden ist Nome das beste Reiseziel für Besucher, die weder Jäger noch Angler sind. Hier ziehen sich ungefähr 480 Kilometer guter Schotterstraßen entlang der Küste und hinauf in die von Tundra bedeckten Berge der Halbinsel. Wer gut vorbereitet ist, kann die Region mit einem Mietwagen erkunden. Ein guter Startpunkt ist das Visitor Center an der **Front Street**, die am Wasser verläuft. Hier bekommt man Infos zu Unterkünften, Restaurants und Führern. Wer

Eine riesige Goldpfanne heißt Besucher in Nome willkommen

allein umherreisen will, erhält Karten- und Infomaterial. Informativ ist die Karte mit einem Spaziergang zu den historischen Stätten des Ortes. Einige Schritte vom Visitor Center entfernt, ist im Untergeschoss der Bibliothek das **Carrie M. McLain Memorial Museum** untergebracht, das sich mit dem Leben der Inuit an der Beringstraße, dem Goldrausch und der Diphtherie-Epidemie 1925 beschäftigt. Erst ein aus dem 1050 Kilometer entfernten Nenana mit Hundeschlitten angeliefertes Serum konnte die Epidemie beenden. Aus dieser Schlittentour ging das Iditarod Sled Dog Race hervor. Nome ist ein guter Platz, um Kunsthandwerk zu kaufen, insbesondere geschnitztes Elfenbein, das eine Spezialität der Dörfer des Nordwestens ist. Das Alaska-Elfenbein stammt von den Stoßzähnen der Walrosse, die sich entlang der Küstengewässer Nordwestalaskas tummeln. Gute Läden dafür sind der

NOME
⊠ Karte S. 247
Besucherinformation
⊠ 301 Front St.
☎ 907/443-6555
🕐 Ende Mai–Ende Aug. tägl. geöffnet, sonst Sa–So geschl.
www.visitnomealaska.com

CARRIE M. MCLAIN MEMORIAL MUSEUM
⊠ 100 W. 7th Ave.
☎ 907/443-6630
🕐 Mitte Sept.–Ende Mai So, Mo geschl.

Wissen

EISBÄREN UND PACKEIS

Besucher denken bei Alaska zunächst eher an Grizzly- und Schwarzbären als an Eisbären – vielleicht, weil nur die wenigsten jemals einen zu Gesicht bekommen. Eisbären sind für Menschen weitaus gefährlicher als die anderen beiden Bärenarten. Einige Tausend Eisbären verbringen Teile des Winters an den Nordwest- und Nordküsten Alaskas bis hinunter zum Yukon-Kuskokwim-Delta. Im Sommer jedoch, wenn die meisten Touristen unterwegs sind, tummeln sie sich auf dem Packeis im äußersten Norden. Einige Wissenschaftler befürchten, dass die Eisbären zu den ersten Opfern der globalen Erwärmung gehören könnten, weil das Packeis, auf dem sie die meiste Zeit ihres Lebens verbringen, schmilzt.

Maruskiya's of Nome und der **Chukotka-Alaska Store.** Der russische Name erinnert daran, dass Nome nur 259 Kilometer von Sibirien entfernt ist.

THREE ROADS

Drei wichtige Verkehrsachsen führen durch die Wildnis der Seward Peninsula. Die 116 Kilometer lange **Council Road** verläuft 48 Kilometer Richtung Osten entlang der Beringsee und biegt dann nordöstlich zum Niukluk River ab. Bricht im Frühsommer das Eis auf, versammeln sich Meeressäuger und -vögel in den Wasserrinnen des Eises. 35 Kilometer von der Stadt entfernt, liegt der **Safety Sound,** ein guter Ort, um Vögel zu beobachten. Hütten aus der Zeit des Goldrausches künden das Ende der Straße an. Die 138 Kilometer lange **Kougarok Road** verläuft nördlich in die zerklüfteten Kigluaik Mountains, die zum Wandern einladen. Unterwegs stößt man auf Ruinen der Wild Goose Pipeline, die einst zur Wasserversorgung der Goldminen gebaut wurde. Nach Meile 80 wird die Straße schlechter. Die 116 Kilometer lange **Teller Road** verläuft nordwestlich auf das Dorf Teller zu, ein weiterer guter Platz für Vogelkundler. ■

Tipp

Wenn Sie im Winter herkommen, sollten Sie auf die Aurora-Vorhersage achten (*www.gi.alaska.edu/Aurora-Forecast*) und spätabends nach draußen gehen, um die Polarlichter zu bewundern.

PAM GROVES
PROFESSORIN, UNIVERSITY OF ALASKA

MARUSKIYA'S OF NOME
✉ 247 Front St.
☎ 907/304-1725

CHUKOTKA-ALASKA STORE
✉ 514 Lomen Ave.
☎ 907/443-4128

So wie extreme Wetterverhältnisse die Tundra formen, so hat das harte arktische Klima Kotzebue geprägt. Der Ort liegt auf einer 4,8 Kilometer langen Landzunge in der Chukchi Sea und muss mit harten Witterungsbedingungen kämpfen. Die große Mehrheit der 3300 Einwohner sind Inupiat.

Kotzebues Schönheit zeigt sich auf den zweiten Blick – bei den Menschen und in ihrer Kunst. Das **Northwest Arctic Heritage Center** dient sowohl als Museum, das die Naturgeschichte der Region und die Kultur der Inupiat-Eskimos beleuchtet, als auch als Hauptquartier für den National Park Service des abgelegenen Kobuk Valley National Park (siehe S. 258), des Noatak National Preserve, des Cape Krusenstern National Monument und des Bering Land Bridge National Preserve (siehe S. 265). Besucher können ausgestopfte Tiere wie einen Eisbär sehen, aber auch Harpunen, Kajaks, Hundeschlitten und andere Artefakte des traditionellen Inupiat-Lebens.

Eine besonders schöne Form, den **Noatak National Preserve** (2,5 Mio. ha) zu durchqueren, ist eine Floßfahrt auf dem Noatak River. Ein lokaler Führer ist in dieser einsamen Landschaft ein Muss. Die kahle Tundra und die Berge sind die Heimat von Grizzlybären, Wölfen und Schwänen.

Von Kotzebue sind es nur noch etwa 16 Kilometer per Flugzeug oder Boot zum schönen **Cape Krusenstern National Monument**. Hier befinden sich in Sand- und Kiesbänken entlang der Küste uralte Spuren menschlicher Kulturen aus rund 9000 Jahren. ∎

KOTZEBUE
▲ Karte S. 247
Besucherinformation
✉ 258A 3rd Ave.
☎ 907/442-3401
www.cityofkotzebue.com

NORTHWEST ARCTIC HERITAGE CENTER
✉ 154 2nd Ave.

☎ 907/442-3890
🕐 Juni–Sept. So, Okt.–Mai So–Mo geschl.

NOATAK NATIONAL PRESERVE
www.nps.gov/noat

CAPE KRUSENSTERN NATIONAL MONUMENT
www.nps.gov/cakr

Kotzebue ist Ausgangspunkt für Ausflüge in die Dünen des Kobuk Valley National Park

Die lange, teils holprige Straße, meist aus Schotter, führt durch die Taiga, über die Tundra und jenseits des Polarkreises zum North Slope und bis zum Nordpolarmeer. Die auch als Haul Road bekannte Straße wurde Mitte der 1970er-Jahre als Transportweg für den Bau des nördlichen Teils der Trans-Alaska-Pipeline angelegt. Ab Meile 73,1 auf dem Elliott Highway (135 km nördlich von Fairbanks) führt sie über 667 Kilometer bis nach Deadhorse.

Große, Schotter spritzende Trucks versorgen die Ölfelder noch immer über diesen Highway. Reisende sollten die Grundausstattung für Notfälle mitführen, auch ein Reservekanister ist sinnvoll, denn es gibt kaum Tankstellen an der Strecke. Wer sich die Fahrt allein nicht zutraut, kann auch an einer Geländewagentour auf dem Dalton *(Besucherinformation, Fairbanks Convention & Visitors Bureau, Tel. 907/456-5774, www.explorefairbanks.com)* teilnehmen. Der Weg nach Norden führt bei Meile 55,5 über die 698 Meter lange **Yukon River Bridge.** Informationen über die Pipeline und Alaskas längsten Fluss bietet die **Yukon Crossing Visitor Contact Station** *(Anf. Sept.–Ende Mai geschl.).*
Bei Meile 95 wechselt das Landschaftsbild von gemischtem Nadelwald zur mit Blumen übersäten Tundra. **Finger Mountain BLM Wayside** (Meile 98) ist ein guter Platz für einen Halt. Der Dalton Highway überquert den **Polarkreis** bei Meile 115. 26 Kilometer weiter liegt **Gobblers Knob**, wo die Sonne in der Mittsommernacht nicht untergeht. Bei Meile 175 bietet der Ort **Coldfoot** (11 Einw.) Benzin, Unterkunft, geführte Touren und Rundflüge. Das **Arctic Interagency Visitor Center** informiert über die Gegend.

Jenseits des Polarkreises führt der Dalton 480 Kilometer weiter bis ans Nordpolarmeer

Jenseits der Baumgrenze (Meilenstein 244,7) erreicht die Straße ihren höchsten Punkt, den 1463 Meter hohen **Atigun Pass** in der beeindruckenden Brooks Range. Die Straße führt in den mit Tundra bedeckten **North Slope** und endet in der Ölstadt Deadhorse. Da Unterkünfte sehr gefragt sind, muss man früh reservieren. Für die letzten paar Kilometer über die Ölfelder zum Nordpolarmeer muss man eine Führung buchen (siehe S. 254). ◼

DALTON HIGHWAY
🄰 Karte S. 247

BUREAU OF LAND MANAGEMENT NORTHERN FIELD OFFICE
✉ 1150 University Ave., Fairbanks, AK 99709

☎ 907/474-2200 oder 800/437-7021
www.blm.gov/ak

ARCTIC INTERAGENCY VISITOR CENTER
✉ Mile 175 Dalton Hwy., Coldfoot
☎ 907/678-5209
🕓 Anf. Sept.–Ende Mai geschl.

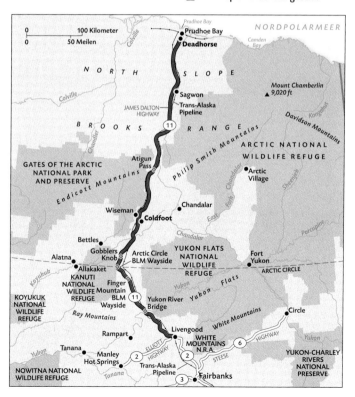

Mitunter stimmen die Klischees über die harten Winter in Alaska: Im Landesinneren fällt das Thermometer teilweise bis weit unter Null. In Fairbanks war es einmal so kalt, dass ein Autoreifen, der von einem Lastwagen fiel, am Boden zersplitterte. Am Golf von Alaska peitschen häufig orkanartige Winde und sintflutartige Regenfälle an die Küste.

Das überirdisch erscheinende Polarlicht ist ein Highlight für Winterbesucher

Hier herrscht Dunkelheit. Nördlich des Polarkreises, also in ungefähr einem Drittel Alaskas, geht die Sonne um die Zeit der Wintersonnenwende niemals auf, während die Gebiete etwas weiter südlich immerhin noch fünf bis sechs Stunden Tageslicht täglich bekommen.

Das Winterwetter ist in den meisten Teilen Alaskas erträglich. Zum Beispiel in Anchorage – im Februar beträgt die Durchschnittstemperatur -4 °C. Außerdem fällt in Anchorage im Winter geringerer Niederschlag als im Sommer. Das Gleiche gilt für das Landesinnere. Der Südosten Alaskas ist im Winter sehr feucht, doch sind die Temperaturen gemäßigt. Autofahrer sollten dem Winterwetter mit Respekt begegnen. Niemals darf man auf abgelegenen Straßen ohne ausreichend Benzin oder Proviant unterwegs sein – Stürme sind jederzeit möglich. Sand ist sehr hilfreich, falls man auf rutschiger Fahrbahn stecken bleibt. Wer doch einmal in einen Schneesturm gerät, sollte rechts an den Rand fahren und warten. Einmal pro Stunde kann man den Motor und die Heizung zehn Minuten laufen lassen – wichtig ist, dass der Auspuff schneefrei bleibt, da sonst eine Kohlenmonoxidvergiftung droht. Weitere Sicherheitstipps geben die Alaska Public Lands Information Centers (*www.alaskacenters.gov*).

WINTERAKTIVITÄTEN

Warum besuchen Touristen Alaska also trotz des unterträglichen Wetters im Winter? Viele kommen, um das Polarlicht zu sehen, das in sich ständig wandelnden Lichtbändern über den Nachthimmel flimmert (siehe Kasten). Andere lieben den Wintersport. Das größte Skigebiet ist Mount Alyeska, rund 64 Kilometer südlich von Anchorage, bei Girdwood. Fairbanks und Juneau verfügen ebenfalls über stadtnahe Skigebiete. Besonders beliebt ist der Langlauf auf präparierten Loipen in der Nähe der Städte. Führer und Helikopter bringen Skibegeisterte aber auch tief ins Hinterland.

Wenn Sie lieber andere für sich arbeiten lassen wollen, versuchen Sie es mit einer Hundeschlittentour. Landesweit gibt es genügend Hundezwinger voller Huskys. Interessant ist auch der Besuch eines Schlittenhunderennens, etwa des Iditarod, das über 1850 Kilometer von Anchorage nach Nome führt. Das Rennen findet am ersten Samstag im März statt.

Festivals: Die Einheimischen haben sich viele Aktivitäten ausgedacht, mit denen sie der Langeweile der kalten, dunklen Wintermonate begegnen. Dazu gehört Fairbanks berühmtes **Festival of Native Arts** im Februar oder März, das Tänzer, Musiker und Kunsthandwerker des ganzen Landes, aber auch aus Russland, Kanada und Japan anzieht. Ein weiteres Muss ist das **Fur Rendevouz** in Anchorage. Zu den Attraktionen dieses mehr als zweiwöchigen Ereignisses, das Ende Februar beginnt, gehören Schlittenhunderennen und eine Fellauktion.

Kleinere Gemeinden organisieren einfache Events, die oft zu größeren Ereignissen mutieren, weil rastlose Menschen aus den benachbarten Orten daran teilnehmen. Ein Beispiel ist das **Iceworm Festival** in Cordova am ersten Februarwochenende, an dem ein 30 Meter langer Eiswurm eine Parade anführt. Oder auch das **Bering Sea Ice Golf Classic** in Nome am dritten Samstag im März: Hier werden orangefarbene Leuchtgolfbälle und alte Patronenhülsen als Tees verwendet. Golfspieler in Parkas und Boots stapfen mühsam übers Eis, um den improvisierten Kurs zu bespielen. Am dritten Wochenende im Januar findet in Seward der **Polar Bear Jump Off** statt. Obwohl es dort auch so »normale Dinge« wie Meeresfrüchteessen und Basketballturniere gibt, finden beim Jump off Wettkämpfe in ungewöhnlichen Disziplinen statt, z. B. Austernwettschlürfen, Fischewerfen und das Hunde-Gewichtziehen, bei dem die Sieger gut eine Tonne über das Eis ziehen. Höhepunkt ist der Sprung einer Horde kostümierter Verrückter in das eisige Wasser der Resurrection Bay.

—————————————————————— ☐ **Wissen** ——————

POLARLICHT

Nordlichter entstehen, wenn der Sonnenwind mit geladenen Teilchen auf das Magnetfeld der Erde trifft, wo sie mit den Gasen der Atmosphäre reagieren und dabei dieses leuchtende Farbenspiel erzeugen. Zuschauer beobachten fasziniert, wie wellenförmige gelb-grüne Lichtstreifen plötzlich anschwellen und den ganzen Himmel bedecken. Manchmal tanzen blaue, purpur- und rosafarbene Lichter am Himmel. Die Gegend um Fairbanks ist der ideale Standort, um das Naturschauspiel zu beobachten. Einige Hotels und Veranstalter werben mit beheizten, verglasten Räumen, aus denen man das Polarlicht genießen kann.

Der 730 000 Hektar große Nationalpark ohne Straßen und Pfade liegt zwischen zwei Bergregionen und bietet Wildnis pur. Kobuk liegt nördlich des Polarkreises am Nordrand der Taiga, wo mickrige Fichten und Birken mitten in der endlosen Tundra überlebt haben. Besucher kommen selten hierher, aber die Einheimischen nutzen den Park zum Fischen und Jagen.

Die Great Kobuk Sand Dunes erheben sich zwischen Tundra und Taiga im Kobuk National Park

Den Nationalpark erreicht man mit einem gechartertem Flugzeug ab Kotzebue oder Nome oder per Linienflug in eines der vielen Inupiat-Dörfer am Kobuk River (z. B. Ambler oder Kiana). Von dort geht es mit dem Lufttaxi oder Boot weiter. Bei organisierten Touren fährt man einen Teil des **Kobuk River**, der Hauptverkehrsader des Parks, mit dem Floß entlang. Der Oberlauf hat turbulente Wildwasserabschnitte, aber auf dem unteren Flussabschnitt gleiten die Boote sanft dahin.

Eine 2,4 Kilometer lange Wanderung vom Fluss führt zu den **Great Kobuk Sand Dunes.** Die Mini-Sahara ist die Hauptattraktion des Parks: Die goldenen Dünen erheben sich bis zu 30 Meter, andere Dünen ragen sogar 152 Meter auf. Sie bestehen aus Gletschermehl, das von der Brooks Range zum Kobuk transportiert wurde. ◼

KOBUK VALLEY NATIONAL PARK
🅰 Karte S. 247

☎ 907/442-3890
www.nps.gov/kova

IN DIE WILDNIS, MIT ODER OHNE FÜHRER

Die kleine Cessna holpert über die relativ ebene Wiese, die als Landebahn dient. Nach dem Aussteigen beobachten Sie und Ihre Begleiter ängstlich, aber auch voller aufgeregter Vorfreude, wie das Geräusch der Motoren lauter wird und das kleine Flugzeug beschleunigt, um abzuheben. Wenig später kurvt das Flugzeug am grauen Himmel, der Pilot wackelt mit den Tragflächen einen Abschied, und das Flugzeug verschwindet hinter einem Hügel. Der Motorenlärm verklingt, und Sie hören nur noch den Wind, das Pfeifen eines Meisenhähers und das Plätschern eines Baches. Und bis die Cessna zurückkehrt, werden Sie und Ihre Begleiter in der einsamen Wildnis Alaskas nur die Geräusche der Natur hören.

Individualtour: Das ultimative Alaska-Erlebnis? Lassen Sie sich von einem Flugzeug mitten im Bush absetzen und lernen Sie die Wildnis kennen. Für die abgemilderte Variante wählen Sie eine entlegene Lodge, meist für Angler oder Jäger gedacht, als Unterkunft (siehe Reiseinformationen S. 276f). Pur wird der Wildnisaufenthalt in einer Hütte oder im Zelt. Ein paar Vorsichtsmaßnahmen sollten getroffen werden. Zunächst: Nicht jeder in Alaska, der ein Flugzeug besitzt, kann Passagiere sicher zu abgelegenen Zielen fliegen. Wählen Sie die Fluggesellschaft gut aus (siehe S. 268f). Auch nach der Landung gibt es Gefahren. Bären, Unterkühlung, Lawinen – diese Bedrohungen gibt es überall in Alaska, doch die Einsamkeit vergrößert das Risiko. Wenn Sie krank oder verletzt sind, können Sie nicht einfach die Notrufnummer wählen und fünf Minuten später ist ein Rettungswagen da. Selbst mit Satellitentelefon ausgestattete Besucher müssen sich im Klaren darüber sein, dass Hilfe erst nach einiger Zeit eintrifft. Wenn Sie nicht reichlich Erfahrung in der Wildnis besitzen, sollten Sie unbedingt einen Führer anheuern.

Begleitete Tour: Nicht wenige Ausrüster bieten neben Flügen auch gleich einen Führer an. Umso wichtiger ist es, ein zuverlässiges und im günstigsten Fall renommiertes Unternehmen auszuwählen. Gesunder Menschenverstand und gezielte Fragen sind bei der Wahl sehr hilfreich. Sie können Ihre Tour auch auf Staatsland planen; Ausrüster, die dort tätig sein dürfen, werden überprüft. Die Regierungsstellen, die das jeweilige Gebiet verwalten, können Auskunft über die entsprechenden Firmen geben. Ausrüster helfen auch bei der schwierigsten aller Fragen: Wohin? Allein auf Staatsland (es umfasst mehr als die Hälfte Alaskas) gibt es zehn Millionen Hektar ausgewiesener Wildnis. Zudem gibt es viele nicht ausgewiesene wilde Landschaften. Sind Sie an Tieren interessiert? Gletschern? Küste? Vulkanen? Möchten Sie angeln, Vögel beobachten, Kanu fahren, wandern, Floß oder Kajak fahren? Oder möchten Sie einfach die unvergleichliche Landschaft genießen? Was auch immer Sie wählen: Freuen Sie sich auf den Moment, wenn Ihr Herz schneller schlägt, weil Sie dem kleinen Flugzeug zum Abschied winken.

Für Reisende, die Alaskas große nördliche Wildnis erkunden möchten, ist der Nationalpark Gates of the Arctic die ideale Lösung. Der Park ist riesig und völlig unerschlossen. »Es scheint, als sei die Zeit um Millionen von Jahren zurückgedreht worden, und wir wären wieder in einer urzeitlichen Welt«, schrieb Robert Marshall in den 1930er-Jahren.

☐ Tipp

Nachdem sie erstmals in einer abgelegenen Wildnis wie Gates of the Arctic abgesetzt wurden und das laute Drönen der Flugzeugmotoren verhallt ist, finden die meisten Besucher eine Ruhe, wie sie sie nie zuvor erlebt haben.

JAY JESPERSON
BUSCHPILOT AUS ALASKA

Wer heute im Nationalpark unterwegs ist, trifft die gleichen gezackten Berge, die gleichen klaren Flüsse, das gleiche Aufgebot an Wölfen, Grizzlybären, Adlern, Bibern, Karibus und anderen Tieren. Doch dank der Umwandlung in einen Nationalpark ist Gates of the Arctic heute viel zugänglicher als zu Marshalls Zeiten. Trotzdem ist Gates of the Arctic eine raue, unberechenbare Wildnis, und nur erfahrene, fitte und vor allem gut ausgerüstete Outdoor-Sportler sollten die geplanten Wanderungen ohne Führer in Angriff nehmen.

Die meisten Besucher fliegen von Fairbanks oder Coldfoot (am Dalton Highway, siehe S. 254f) in die kleinen Parkgemeinden wie **Bettles,** wo sich auch ein Visitor Center befindet. Von hier aus bringen Flugzeuge die Gäste tiefer in den Park hinein. Wer ganz besonders abenteuerlustig ist, kann

☐ Wissen

LAWINENGEFAHR

Gelegentlich treffen Lawinen auch Wanderer, doch die meisten Opfer sind Ski- und Schneemobilfahrer in entlegenen Gegenden. Es gibt zwei Möglichkeiten, Lawinen auszuweichen: Entweder Sie vermeiden Lawinengebiete ganz, oder Sie gehen mit Erfahrung und entsprechender Ausrüstung dorthin und treffen die notwendigen Vorsichtsmaßnahmen. Laute Geräusche lösen selten Lawinen aus. Sie sollten die Überlebensregeln in Lawinen kennen: Versuchen Sie, auf den herabstürzenden Schneemassen zu bleiben. Wenn Sie begraben werden, räumen Sie einen Luftraum vor Ihrem Gesicht frei. Wenn Begleiter verschüttet werden, versuchen Sie rasch, sie zu retten, denn die Überlebenschancen sinken nach 30 Minuten auf unter 50 Prozent. Informationen erhalten Sie im Alaska Avalanche Information Center *(Tel. 907/255-2242, www.alaskasnow.org).*

zum Eingangsort am Anaktuvuk Pass fliegen und von dort in den Park hineinwandern.

FLUSSERKUNDUNG

Statt mühsam durch unwegsame Tundra zu wandern, ziehen es die meisten Besucher vor, den Nationalpark per Floß, Kanu oder Kajak auf einem seiner vielen Flüsse zu erkunden. Der **North Fork Koyuku** hat keine nennenswerten Stromschnellen. Ein Wasserflugzeug setzt Passagiere am **Summit Lake** oder an den Seen nahe dem **Redstar Creek** ab. Nach vier oder fünf Tagen und etwa 160 Flusskilometern ist Bettles erreicht.

Auch der **Alatna** ist ein wilder und malerischer Fluss, der die Südhänge der Brooks Range hinunterfließt. Die ersten Kilometer unterhalb des Quellgebiets sind voller Stromschnellen und *sweepers* (Bäume, deren Äste die Wasseroberfläche streifen) und sollten nur mit einem einheimischen Führer gewagt wer-

Typisch für den hohen Norden ist die baumlose Tundra

den. Wer stresslos durch üppige Tundra ins bewaldete Tiefland gleiten will, lässt das Boot erst weiter flussabwärts zu Wasser. Die Routenplanung – gegebenenfalls in Abstimmung mit dem Führer – erfolgt in Eigenregie. Die Ranger informieren jedoch gern über alle Aspekte des Nationalparks. Sie halten zudem eine Liste von für den Park zugelassenen Tourenanbietern und Führern bereit. ∎

GATES OF THE ARCTIC NATIONAL PARK AND PRESERVE
🅰 Karte S. 247 und 255
✉ Bettles Ranger Station/Visitor Center, Bettles
☎ 907/692-5495
www.nps.gov/gaar

ARCTIC INTERAGENCY VISITOR CENTER
✉ Meile 175 Dalton Hwy., Coldfoot
☎ 907/678-5209
🕐 Anf. Sept.–Ende Mai geschl.

Aufgrund der langjährigen Kontroverse über mögliche Ölbohrungen im Arctic National Wildlife Refuge (ANWR) ist das 7,8 Millionen Hektar große Gebiet im Nordosten Alaskas zum berühmtesten Naturschutzgebiet des Landes geworden. Doch nur wenige Menschen waren schon dort.

Die Anreise per Charterflugzeug zum ANWR, dem nördlichsten Naturschutzgebiet der Vereinigten Statten, ist schon ein Abenteuer an sich. Auch die Fortbewegung im Park ist abenteuerlich. Und da wären dann noch Moskitos, Nebel und Bären. Doch das Schutzgebiet bietet die größte Vielfalt an Flora und Fauna in der gesamten Arktis: Hier leben Wölfe, Elche, Moschusochsen und alle drei Bärenarten. Dazu kommen noch die berühmten Porcupine-Karibus – etwa 125 000 Exemplare – und insgesamt 201 Vogelarten mit Millionen Individuen. Zum Wandern eignet sich die **Brooks Range**, die den gesamten Park durchzieht und sich über 177 Kilometer von

Mit dem beginnenden Winter gefriert das Tundrawasser in den Teichen der Brooks Range

KARIBUHERDEN

Viele haben schon vom Porcupine-Karibu gehört, meist im Zusammenhang mit der Diskussion um die Ölbohrungen im ANWR. Würden solche Bohrungen die Karibuherde stören? Mit 125 000 Tieren lebt hier eine große Herde, wenn auch längst nicht die größte Alaskas. Diese Ehre gebührt einer westarktischen Herde mit rund 325 000 Tieren. Insgesamt sind es fast eine Million Karibus, die sich länger in Alaska aufhalten. Einige wandern für einige Monate nach Kanada – solche lange Wanderungen sind typisch für die Tiere. Ein mit einem Peilsender ausgestattetes Karibu legte in einem Jahr 4820 Kilometer zurück – die längste Wanderstrecke eines Landsäugetieres, die je gemessen wurde.

Norden nach Süden erstreckt. Wanderer lassen sich oft mit Führern an Flussufern oder trockenen Kämmen absetzen. Flusswandern wird immer

beliebter, besonders auf dem **Kongakut**, dem **Canning**, dem **Hulahula** und dem **Sheenjek**. Die ersten drei fließen nördlich der Brooks Range zum Nordpolarmeer, meist enden die Touren vor der Mündung ins Meer. Wer den Kongakut in der richtigen Jahreszeit befährt, trifft auf Karibuherden.

Der Sheenjek fließt von den höchsten Gipfeln der Region, die bis 2740 Meter aufragen, südwärts zum Porcupine River. Der Fluss, der sanft mit nur wenigen Stromschnellen (Klasse II) dahinströmt, passiert felsige Bergnadeln und flache Waldgebiete. ■

ARCTIC NATIONAL WILDLIFE REFUGE
🗺 Karte S. 247 und 255
Besucherinformation
✉ U.S. Fish & Wildlife Service, 101 12th Ave., Room 236, Fairbanks
☎ 907/456-0250 oder 800/ 362-4546
http://arctic.fws.gov

Barrow liegt vielleicht nicht am Ende der Welt, aber es liegt zweifellos am nördlichen Ende der USA – am Nordpolarmeer 600 Kilometer nördlich des Polarkreises. Im Land der Mitternachtssonne geht hier die Sonne vom 10. Mai bis zum 2. August nicht unter.

Bestaunen Sie in dieser abgelegenen Gegend zunächst die Walknochen, die an Häuserwänden lehnen, oder das Robbenfleisch, das auf Gestellen vor Häusern trocknet. Weniger erwartet man die Racquetballplätze und die 80 Millionen Dollar teure Highschool. Barrow mit 4300 Einwohnern, mehrheitlich Inupiat, steht zwischen Tradition und Moderne. Der Stadtrundgang beginnt parallel zur Stevenson Street am Strand des atemberaubenden **Nordpolarmeers** (das Meer vor Barrow ist zehn Monate im Jahr gefroren). Am Westende stehen noch Überreste einiger aus Walknochen gebauter und mit Grasplatten bedeckter Häuser – hier haben einst Inupiat gelebt. Sehenswert ist auch das **Inupiat Heritage Center,** das traditionelles Kunsthandwerk zeigt. Ein Schwerpunkt ist der Walfang. Der Museumsladen verkauft hochwertige Inupiat-Erzeugnisse wie Parkas und geätzte Walbarten. **Führungen** außerhalb des Ortes führen zu historischen Stätten, zu zeitgenössischer Kultur und in die Natur rund um Barrow. Millionen Vögel, darunter Schnee-Eulen, nisten und brüten hier; nicht selten sieht man Eisbären. ■

BARROW
◬ Karte S. 247
Besucherinformation
☎ 907/852-5211
www.cityofbarrow.org

INUPIAT HERITAGE CENTER
✉ 5421 North Star St.
☎ 907/852-0422
🕒 Sa–So geschl.
💲 $$
www.nps.gov/inup

Beobachtung des Sonnenuntergangs über dem Nordpolarmeer

BERING LAND BRIDGE NATIONAL PRESERVE

Vor 10 000 bis 30 000 Jahren begann hier an der westlichen Spitze der Seward Peninsula – 89 Kilometer östlich von Sibirien – die Besiedlung der westlichen Hemisphäre.

Der größte Teil des 1,1 Millionen Hektar großen Reservats besteht aus Feuchttundra, die vor Mücken wimmelt. Besucher sollten deshalb die sanften Hügel im Parkinneren zum Wandern wählen. Interessant sind die alten Lavaströme um den **Imuruk Lake** und die fünf Maare in der Gegend des **Devil Mountain-Cape Espenberg**.

Die Tundra an der Woolley Lagoon, südwestlich des Bering Land Bridge National Preserve

Fragen Sie im **Visitor Center** in Nome (siehe S. 251) nach möglichen Flugverbindungen in das Schutzgebiet. Dort werden auch Knochen und ein 2,1 Meter langer Stoßzahn eines Wollhaarmammuts gezeigt. Am beliebtesten ist **Serpentine Hot Springs**, in dessen Zentrum ein dampfendes Badehaus und eine Blockhütte stehen. Hier können bis zu 20 Personen nächtigen.

◪ Karte S. 247 ☎ 907/442-3890 **www.nps.gov/bela**

ST. LAWRENCE ISLAND

Wer an der Küste in der Stadt **Gambell** *(Besucherinformation: Sivuqaq Native Corporation, Tel. 907/985-5826)* steht, einem der beiden wichtigsten Orte auf St. Lawrence, und die Hand nach Westen ausstreckt, dringt fast schon in russischen Luftraum ein, denn Gambell liegt viel näher an Russland als an Alaska. An klaren Tagen kann man leicht über die 61 Kilometer breite Beringstraße nach Asien sehen. Kein Wunder, dass fast alle 1500 Inselbewohner – die Hälfte davon lebt in Gambell – sibirische Yupik sind.

Die Menschen auf der 153 Kilometer langen Insel leben vom Meer; die Bewohner benutzen traditionelle Umiakboote aus Walrosshaut für den Walross-, Wal- und Robbenfang. Bekannt wurden sie auch durch ihre feinen und kunstfertigen Elfenbeinschnitzereien, die man kaufen kann. Die rund 700 Bewohner, die in der etwa 63 Kilometer entfernt gelegenen Ortschaft **Savoonga** leben, halten bis zu 10 000 Rentiere. Wer sich für die Inselbewohner, die Tierwelt und die Landschaft interessiert, kann einen Flug ab Nome buchen.

◪ Karte S. 247

Reise-informationen

‹ Vom Kap Hoorn bis zum Ferry Office:
Wegpfeile im Städtchen Homer

REISEPLANUNG

REISEZEIT

Um dem arktischen Winter zu entgehen, bieten sich die Sommermonate als bevorzugte Reisezeit an. Zwischen Mitte September und Mitte Mai verkürzen viele Hotels, Restaurants und andere Touristenattraktionen ihre Öffnungszeiten bzw. schließen sogar ganz. Doch in den letzten Jahren ist die Zahl der Urlauber, die Alaska im Winter besuchen, immer weiter gestiegen.

Die Hochsaison dauert von Mitte Mai bis Mitte September. Aber das Wetter kann sich von Region zu Region sehr unterschiedlich zeigen: In Fairbanks sind der Juli und der August die regenreichsten Monate, während es in dieser Zeit im Südwesten ausgesprochen trocken ist.

Neben den Wettervorhersagen sollte man sich bei seiner Reiseplanung auch über die Moskitos und andere lästige Stechmücken informieren. Für die meisten Urlaubsregionen in Alaska gilt: Die beste Kombination aus angenehmen Temperaturen, geringem Niederschlag und erträglichem Insektenaufkommen bieten die Zeitspannen zwischen Mitte Mai und Anfang Juni und Mitte August und Anfang September.

Bei Reisen in den Südosten sollte man immer daran denken, dass die Inside Passage von zahlreichen Kreuzfahrtschiffen angelaufen wird und unzählige Touristen in die kleinen Hafenstädte strömen. Wer den Menschenmassen aus dem Weg gehen will, aber vernünftiges Wetter und lange Öffnungszeiten wünscht, der sollte zwischen Mitte Mai und Anfang Juni bzw. in der ersten Septemberhälfte in den Südosten Alaskas reisen.

EINREISEBESTIMMUNGEN

Für Deutsche, Österreicher und Schweizer gilt die *Visa-Waiver*-Regelung. Sie erlaubt die visafreie Einreise für einen Aufenthalt bis zu 90 Tagen. Dazu muss die Einreisegenehmigung schon vor Abreise online eingeholt werden, und zwar über das Electronic System for Travel Authorization (*Esta; https://esta.cbp.dhs.gov*). Auch wenn das System die Genehmigung in der Regel sofort erteilt, wird empfohlen, den Antrag spätestens drei Tage vor der Reise zu stellen.

NICHT VERGESSEN

Ein Aufenthalt im Hinterland Alaskas erfordert eine gute Planung und entsprechende Ausrüstung. Denken Sie dabei auch an Moskitonetze für den Kopf und robuste Lebensmittelbehälter (wegen der Bären). Gute Tipps und Hilfestellungen können die Mitarbeiter der Public Lands Offices vor Ort oder die Outdoor-Läden in Europa geben. Generell braucht man für alle Ausflüge in die Wildnis Alaskas leichte Regenbekleidung, wetterfeste Kopfbedeckung, Sonnenbrille und mehrlagige warme, atmungsaktive Kleidung. Wer eine Reise an die arktische Küste und zu den Aleuten oder einen Winteraufenthalt in Alaska plant, sollte an extra warme Winterkleidung denken. In den extrem feuchten Regionen Alaskas ist regenfestes Schuhwerk – Gummistiefel oder gute wasserdichte Wanderschuhe – unerlässlich. Zum Reisegepäck sollten im Sommer immer auch ein Insektenschutzmittel und Moskitonetze gehören – die Einheimischen kennen die besten Mittel.

Alaska ist zweifellos der Teil der USA, in dem am wenigsten formelle Kleidung erforderlich ist. In kleineren Städten kann ein Gast ein gutes Restaurant schon mal in Flanellhemd, Jeans und Gummistiefeln betreten. Vor allem in Anchorage gibt es aber sehr wohl auch Restaurants, Hotels, Bars, Resorts und Clubs, die eine gepflegte Kleidung, selten aber Abendgarderobe erwarten.

UNTERWEGS IN ALASKA

MIT DEM FLUGZEUG

Ted Stevens Anchorage International Airport ist Alaskas Luftfahrtkreuz (*Tel. 907/266-2526, www.dot.state.ak.us/anc*), der

Flughafen liegt rund fünf Kilometer südwestlich der Innenstadt. Andere wichtige Flughäfen sind **Fairbanks International Airport** *(Tel. 907/474-2500, www.dot.state. ak.us/faiiap)*, der knapp fünf Kilometer südwestlich des Stadtzentrums liegt, und **Juneau International Airport** *(Tel. 907/ 789-7821, www.juneau.org/airport)*, rund 14,5 Kilometer südwestlich der Innenstadt. Weil es in Alaska verhältnismäßig wenig Straßen gibt, haben die Flugzeuge – egal wie groß sie sind – einen besonderen Stellenwert im Transportwesen. Tägliche Flugverbindungen gibt es auch zu sehr abgelegenen Orten wie Kotzebue. Einwohner anderer Siedlungen wie beispielsweise Adak auf den Aleuten freuen sich über zwei Flugverbindungen pro Woche. Kleinere Fluggesellschaften fliegen regelmäßig auch Ortschaften an, die ansonsten völlig von der Außenwelt abgeschnitten sind. Reiseveranstalter, die lokalen Besucherinformationen oder Handelskammern geben Auskunft darüber, ob Flüge zu den gewünschten Destinationen angeboten werden.

Buschflugzeuge (bush planes)

Diese kleinen, meistens drei- oder sechssitzigen Propellermaschinen, die entweder mit normalen Reifen, Tundrareifen, mit Kufen oder mit Skiern ausgestattet sind, fliegen entweder nach Fahrplan oder im Charterbetrieb. Die *bush planes* können auf Seen, im kiesigen Flussbett, am Strand oder sogar auf Gletschern landen. Eines haben sie alle gemeinsam: Sie sind sehr teuer, für einen Flug muss man mit Kosten zwischen 200 und 600 Dollar pro Person und Stunde rechnen. Obwohl zuweilen auch erfahrene Piloten mit modernen Maschinen verunglücken, passieren doch die meisten Unfälle den Piloten von Reiseveranstaltern, die Schlechtwetterlagen falsch einschätzen oder die Maschinenwartung vernachlässigen.

Bei der Suche nach einer zuverlässigen Fluggesellschaft sind vor allem die zu empfehlen, die regelmäßig im Auftrag des National Park Service oder für Kreuzfahrtunternehmen fliegen. Eine sichere Wahl sind auch alle Fluggesellschaften, die vom örtlichen Chamber of Commerce empfohlen werden, schon länger im Geschäft sind und eine gute Sicherheitsbilanz aufweisen. Sicherheitsberichte der Fluggesellschaften sind auch auf der Webseite der National Transportation Safety Board abrufbar *(www.ntsb.gov)*. Sind die Wetterverhältnisse miserabel, sollte man den Piloten bitten, das Sicherheitsrisiko noch einmal abzuwägen. Wie bei jedem Flug sollte man die Sicherheitshinweise aufmerksam verfolgen und sich merken, wo sich die Rettungsausrüstung befindet. Auch warme Kleidung ist sinnvoll. Wer Bärenspray oder Gasflaschen für den Campingkocher dabei hat, sollte den Piloten bitten, diese sorgfältig zu verstauen. Bringen Sie die eigenen Ohrenschutz mit. Das Gepäck sollte nicht in Hartschalenkoffern, sondern in kleineren Taschen transportiert werden. Je kleiner die Flugzeuge, desto wichtiger erweist sich eine gute Austarierung des Gewichts von Passagieren und Gepäck.

MIT DEM SCHIFF

Die Zahl der Inseln und die Länge der Küstenlinie Alaskas liegen höher als die aller anderen US-amerikanischen Staaten zusammen. Auch viele schiffbare Flüsse bieten Zugang zu riesigen abgelegenen Gegenden. Kreuzfahrtschiffe mit 250 bis 3000 Passagieren sichern sich dabei den Löwenanteil am Kuchen: Jährlich besuchen so Tausende von Touristen Alaska. Dazu gesellen sich noch kleine Kreuzfahrtschiffe mit maximal 250 Passagieren.

Das **Alaska Marine Highway System** *(P.O. Box 112505, 6858 Glacier Hwy, Juneau, AK 99811-2505, Tel. 907/46539 41 oder 800/642-0066, www.dot.state.ak.us/amhs)* betreibt die staatlichen Fähren und bringt mit jährlich Zehntausenden Reisenden die meisten Personen zu den Küsten im Süden und Südosten sowie zu den Aleuten. Da die AMHS über 32 Anlaufhäfen verfügt, bietet sie mit ihren Schiffen eine gute Möglichleit, die Inside Passage zu erkunden.

Wer mit dem eigenen Auto aus dem Süden anreist, geht im Staat Washington oder im kanadischen British Columbia an Bord einer Fähre nach Prince Rupert, B.C., von dort fahren die Schiffe dann Richtung Norden.

Die sogenannten *water taxis* steuern auch Orte an, die weder von Kreuzfahrtschiffen noch von Fähren angelaufen werden. Einige richten sich zwar nach einem Fahrplan, fast alle kann man aber individuell mieten. Wenn das Wetter und die Gezeiten es erlauben, gelangt man so in kleine Fischerdörfer, zu den Startpunkten abgelegener Wanderwege oder zu einer der Alaska Public Cabins. Am häufigsten findet man Wassertaxis im Südosten und in der Kachemak Bay. Das örtliche Besucherzentrum oder die Chamber of Commerce kann diese organisieren.

MIT DEM BUS

Der öffentliche Nahverkehr ist in Alaska bescheiden, Tourbusse sind ein verbreitetes Verkehrsmittel. Eine Liste der Busgesellschaften haben die lokalen Besucherinformationen. Auch auf der sehr informativen Webseite der Alaska Travel Industry Association findet man entsprechende Adressen (*www.travelalaska.com*).

MIT DEM AUTO

Die meisten Autourlauber reisen über Kanada und den schier endlosen **Alaska Highway** (auch Alcan) nach Alaska. Der 2238 Kilometer lange Alaska Highway ist entlang der ganzen Strecke asphaltiert und bietet ausreichend Rastmöglichkeiten, obwohl er über weite Strecken von Dawson Creek, British Columbia, nach Delta Junction in Alaska durch die Wildnis führt.

Fahrtipps

Neben den üblichen Gefahrenquellen gibt es in Alaska auch einige ungewöhnliche Probleme. So verwandeln etwa Frostaufbrüche einige Highwayabschnitte in eine Achter-bahn. Die riesigen, durch Bodenfrost und Tau verursachten Bodenwellen sind besonders im Landesinneren verbreitet. Machen Sie sich stets auf Elche gefasst. Da sie größer und langbeiniger als Hirsche sind, überragen sie die Vorderseite eines üblichen Personenfahrzeugs, sodass sie bei einem Frontalaufprall nicht selten die Windschutzscheibe durchschlagen.

Die vorherrschende Gefahr beim Fahren in Alaska geht jedoch von der Abgelegenheit aus. In Südzentralalaska und in einigen Teilen Zentralalaskas gibt es im Gegensatz zum Rest des Landes ausreichend Straßen, die zudem meistens noch asphaltiert sind und durch schöne Landschaften führen. Doch immer ist man in einsamer Wildnis unterwegs, sodass die richtige Kleidung, ausreichend Lebensmittel, Wasser, Benzin, Ersatzreifen und Werkzeug überlebenswichtig sind. Straßenzustandsberichte erhalten Sie telefonisch (*Tel. 511*) oder im Internet (*http://511.alaska.gov.*).

Mietwagen

Autovermietungen gibt es an den größeren Flughäfen, doch teilweise sind die Preise außerhalb der Flughäfen günstiger. Für beliebte Regionen Alaskas sollte man schon Monate im Voraus ein Auto reservieren. Aber auch in Städten, die gar nicht über das öffentliche Straßennetz erreichbar sind, gibt es lokale Autovermietungen. Ein normaler Pkw ist für die Highways in der Regel ausreichend, für Schotterpisten und Nebenstrecken ist ein hochgelegtes Fahrzeug mit Allradantrieb empfehlenswerter.

MIT DEM ZUG

Die zwei bestehenden Zugstrecken in Alaska sind Panoramastrecken: Die **White Pass & Yukon Route** führt von Skagway über Fraser und Bennet Lake nach Whitehorse in Kanada und wird vor allem von Touristen genutzt (siehe S. 102f).

Die wichtigste Eisenbahngesellschaft ist die staatliche **Alaska Railroad** (*Tel. 907/265-*

2494 oder 800/544-0552, *www.alaskarail road.com* oder *www.akrr.com*). Im Sommer bietet sie tägliche Verbindungen zwischen **Anchorage**, **Fairbanks** und **Seward** an. Ein vier Kilometer langer Tunnel verbindet Portage mit Whittier *(siehe www.alaska.org/ detail/whittier-tunnel)*. Sowohl von der Alaska Railroad als auch von privaten Gesellschaften wird die Erste Klasse angeboten. Außerdem gibt es Spezialzüge wie den **Hurricane Turn Train**, der Talkeetna und Hurricane miteinander verbindet (ca. 90 km) und die meiste Zeit am Susitna River entlangfährt. Der Hurricane ist einer der letzten Flag-Stop-Züge: Sie können den Zug per Fahnenzeichen zum Halten auffordern und einsteigen.

PRAKTISCHE TIPPS

BESUCHERINFORMATIONEN

Die wichtigste Informationsquelle für den Alaskabesucher ist der Internetauftritt des Tourismusministeriums, **Travel Alaska** *(www.travelalaska.com)*. Hier können viele Unterlagen online bestellt und en route praktische Informationen eingeholt werden. Über das Internet kann der *Vacation Planner* geordert werden, der viele nützliche Informationen bereithält.

Eine gute Informationsquelle sind auch die **Alaska Public Lands Information Centers** *(www.alaskacenters.gov)*. Es gibt Center in Anchorage *(605 W. 4th Ave., Suite 105, Anchorage, Ak 99501, Tel. 907/644-3661)*, Fairbanks *(101 Dunkel St., Ste. 110, Fairbanks, Ak 99701, Tel. 907/459-3730)*, Ketchikan *(Southeast Alaska Discovery Center, 50 Main St., Ketchikan, AK 99901, Tel. 907/228-6220)* und Tok *(Milepost 1314 Alaska Hwy., Tok, AK 99780, Tel. 907/883-5667)*.

Bei der Hauptverwaltung des Alaska Public Lands Information Centers können Besucher aus einer Hand Informationen über staatliche und bundesstaatlich verwaltete öffentliche Gebiete sowie besondere Genehmigungen und Reservierungen für Hütten in der Wildnis einholen.

Die **Alaska Natural History Association** *(http://akgeo.org)* verkauft in jedem Center naturhistorische Bücher, Landkarten und Reiseführer für alle Teile Alaskas.

EINRICHTUNGEN FÜR BEHINDERTE

Wer mit großen Reiseunternehmen unterwegs ist oder staatliche Institutionen besucht, kann mit vernünftigen behindertengerechten Einrichtungen rechnen. In abgelegenen Orten können Behinderte aber auf viele Hindernisse stoßen. Nähere Informationen erteilt Access Alaska *(Tel. 907/248-4777 in Anchorage, 907/479-7940 in Fairbanks, 907/262-4955 in Soldotna oder Tel. 907/357-2588 in Wasilla, www.accessalaska.org)*

KARTEN

Landkarten und Stadtpläne sind in den Besucherinformationen und Visitor Centers erhältlich. Detailliertere Informationen liefert der *Alaska Atlas & Gazetteer* (von DeLorme Mapping). Für die öffentlich zugänglichen Gebiete gibt es umfangreiches Kartenmaterial – angefangen von einfachen Broschüren bis hin zu topografischen Detailkarten. Für weitere Infos stehen die Alaska Public Lands Information Centers *(www.alaskacenters.gov)* zur Verfügung.

SICHERHEIT

Obwohl Bären von den Urlaubern in Alaska in der Regel am meisten gefürchtet werden (siehe S. 152f), ist die Gefahr einer Unterkühlung groß. Ein Wanderausflug kann tödlich enden, wenn man im Frühling bei angenehmen 10 °C in T-Shirt und Shorts startet und dann in einen überraschenden Schneesturm gerät. Gleiches gilt für eine Kanufahrt, wenn Wind aufkommt und die Passagiere im eiskalten Wasser kentern. Umso wichtiger ist es, die Wetterverhältnisse genau zu studieren.

Über die Notfallnummer 911 sind die Polizei, der Notarzt und die Feuerwehr erreichbar. In manchen Landstrichen wählt man bei Notfällen nur eine 0. An einigen wenigen Straßen stehen Notruftelefone und sogenannte *contact stations*.

STEUERN UND TRINKGELD

Ebenso wie im Rest der Vereinigten Staaten bekommt die Bedienung 15–20 Prozent Trinkgeld, Taxifahrer erhalten 10–15 Prozent, und 1–5 Dollar pro Tag ist für das Hotelpersonal angemessen. Für Reiseführer oder -leiter gibt es keine allgemein gültigen Richtlinien. Nach einer kleinen, persönlichen Tour und bei gutem Service sind allerdings rund 10 Prozent Trinkgeld angebracht. In Alaska wird keine Mehrwertsteuer erhoben, dafür ziehen einige Gemeinden eigene Steuern ein.

ZEITUNTERSCHIED

Der Unterschied zwischen der MEZ und der Alaska Standard Time beträgt zehn Stunden. Auf den Aleuten und Saint Lawrence gilt dagegen die Hawaii-Aleutian Standard Time mit einem Unterschied von elf Stunden zur MEZ. Von April bis Oktober stellt Alaska auf Sommerzeit um.

JÄHRLICHE VERANSTALTUNGEN

JANUAR

Kuskokwim 300 Bethel, Mitte–Ende Jan., Tel. 907/545-3300, www.k300.org. Wichtigstes Mittelstrecken-Hunderennen.

Polar Bear Jump Off Seward, 3. Wochenende, Tel. 907/224-8051. Hauptereignis dieser Veranstaltung ist der Sprung kostümierter Wagemutiger in die eisige Resurrection Bay (Sa); weitere Ereignisse sind Fischweitwurf, Eisbowling und Hundeschlittenrennen.

Anchorage Folk Festival Anchorage, zwei Wochenenden Mitte–Ende Jan., www.anchoragefolkfestival.org. Mehr als 120 Auftritte.

FEBRUAR

Alaska Ski for Women Anchorage, Super Bowl, So Anfang Feb., Tel. 907/276-7609, www.anchoragenordicski.com/events/alaska-ski-for-women. Größtes Langlaufrennen für Frauen als Benefizveranstaltung. Die Teilnehmerinnen tragen dabei Hula-Röcke und Kleider.

Iceworm Festival Cordova, Anfang Feb., Tel. 907/424-7260, www.cordovachamber. com. Feuerwerk, Konzerte, Kulinarisches und Parade.

Tent City Days Wrangell, Anfang Feb., Tel. 907/874-3699 oder 800/367-9745, www. wrangell.com. In Erinnerung an die Goldsucher, die um 1900 hier eine Zeltstadt errichteten. Long-John-Wettbewerb, Wackelpudding-Wrestling, Bettenrennen und Geschichtenwettbewerbe.

Yukon Quest International Sled Dog Race Fairbanks (jedes Jahr) oder Whitehorse, Yukon Territory (ungerade Jahre), Mitte Feb., Tel. 907/452-7954 oder 867/668-4711 (Kanada), www.yukonquest.com. Ein 1000 Meilen langes Hundeschlittenrennen, das alten Goldrauschpfaden folgt.

Fur Rendezvous Anchorage, Mitte Feb.–Anfang März, Tel. 907/274-1177, www.furrondy.net. Alaskas größtes Winterfestival mit Pelzauktionen bis zur **World Ice Bowling Championship.**

MÄRZ

World Ice Art Championships Fairbanks, Ende Feb.–Ende März, Tel. 907/451-8250, www.icealaska.com. Die besten Künstler gestalten hier großartige Eisskulpturen.

Festival of Native Arts Fairbanks, Ende Feb. oder Anf. März, Tel. 907/474-6528. Aufführungen und Kunsthandwerk von Alaskas Ureinwohnern.

Iditarod Trail Sled Dog Race von Anchorage nach Nome, Start 1. Sa, Tel. 907/376-5155, www.iditarod. com. Erstes Hundeschlittenrennen.

Bering Sea Ice Golf Classic Nome, 3. Sa, Tel. 907/443-6663, www.nomealaska.org.

Eine Benefizveranstaltung auf einem provisorischen 6-Loch-Platz auf der zugefrorenen Beringsee. Die Golfer benutzen orangefarbene Bälle und Patronenhülsen als Tees.

Cama'i Dance Festival Bethel, Ende März, Tel. 907/543-2911, http://camai.org. Zwischen 400 und 500 Teilnehmer nehmen am Festival für traditionelle Tänze teil.

APRIL

Alaska Folk Festival Juneau, Anfang–Mitte April, Tel. 907/463-3316, http://akfolk fest.org. Einwöchiges Festival mit jährlich ca. 450 Musikern aus aller Welt. Freier Eintritt.

MAI

Copper River Delta Shorebird Festival Cordova, Anfang Mai, Tel. 907/424-7260, http://www.copperriverdeltashorebirdfes tival.com. Anlass ist die Ankunft von Millionen von Küstenvögeln am Copper River Delta. Im Angebot sind viele Workshops und Vogelexkursionen.

Kachemak Bay Shorebird Festival Homer, Anfang Mai, Tel. 907/226-4631, http://kachemakshorebird.org. Vogelliebhaber können 100 verschiedene Vogelarten beobachten. Workshops, Exkursionen, Boots- und Seekajaktouren.

Little Norway Festival Petersburg, Wochenende um den 17. Mai, Tel. 907/772-4636, www.petersburg.org/festivals-and-events/the-little-norway-festival. Die Einheimischen würdigen mit diesem Festival ihren norwegischen Ursprung, den Frühlingsbeginn, den U.S. Armed Forces Day und den Beginn des kommerziellen Fischfangs. Kulinarisches, Musik und eine große Parade in norwegischen Kostümen.

Juneau Jazz & Classics Juneau, Ende Mai, Tel. 907/463-3378, www.jazzandclassics. org. Neuntägiges Festival mit Weltklasse-Künstlern; auch Klassik.

Kodiak Crab Festival Kodiak, Ende Mai, Tel. 907/486-4782 oder 800/789-4782, www.kodiakchamber.org. Fünftägiges Festival, das der Krabben in jeder erdenklichen Form huldigt. Auch Tennis, Fechten und Tischtennis, Lyrik, Volkstänze und Kunsthandwerk.

JUNI

Sitka Summer Music Festival Sitka, Anfang Juni, Tel. 907/747-6774, http://alaska classics.org. Dreiwöchiges Kammermusikfestival mit Weltklassekünstlern.

Colony Days Palmer, Mitte– Ende Juni, Tel. 907/745-2880, www.palmerchamber.org. Mit einem Straßenumzug, Tanzveranstaltungen, Wagenrennen und anderem erinnert man an den Ursprung der Stadt als bäuerliche Kolonie.

Midnight Sun Baseball Game Fairbanks, 20.–22. Juni, Tel. 907/451-0095, http://goldpanners.pointstreaksites.com/view/goldpanners. Traditionell seit 1906 spielen die Fairbanks Goldpanners zur Sommersonnenwende gegen ein auswärtiges Team. Das Spiel geht – ohne künstliche Beleuchtung – von 22.30 bis 1.30 Uhr. Obwohl die Goldpanners eine reine Amateurmannschaft sind, ist das Spielniveau hoch, und viele der Spieler sind in die Majorleague aufgestiegen, etwa Stars wie Tom Seaver, Jason Giambi und Dave Winfield.

Yukon 800 Fairbanks, Ende Juni, Tel. 907/452-5377, www.yukon800.com. Während dieses längsten Speedboot-Rennens der Welt müssen die Teilnehmer an zwei Tagen 800 Meilen (1287 km) auf den Flüssen Chena, Tanana und dem Yukon zurücklegen.

JULI

Mount Marathon Race Seward, 4. Juli, Tel. 907/224-8051, http://mmr.seward. com. Seit 1915 starten die Läufer auf Meeresspiegelhöhe und laufen rund 2,5 Kilometer rauf und runter den 914 Meter hohen Berg hoch und wieder runter. Das Rennen zieht mehrere Zehntausend Zuschauer an.

World Eskimo-Indian Olympics Fairbanks, Mitte–Ende Juli, Tel. 907/452-6646, www.weio. org. Einheimische Athleten kommen für vier Tage zusammen, um traditionelle Wettkämpfe zu bestreiten. Ursprünglich waren diese Fertigkeiten in den Disziplinen überlebenswichtig. Der anspruchsvolle Wettbewerb umfasst das Tragen vierer erwachsener Männer (der Weitenrekord liegt bei über 610 Metern), Tauziehen unter Zuhilfenahme der Ohren und einen Kicksprung, bei dem die Teilnehmer in die Luft springen und den Fuß auf 2,7 Meter Höhe bringen.

Golden Days Fairbanks, Wochenende um den 22. Juli, Tel. 907/452-1105, www.fairbankschamber.org/golden-days. Fünftägige Feier mit großer Parade, Pancake Breakfast, einer Flussregatta, dem Rubber Duckie Race und historischen Aufführungen.

Southeast Alaska State Fair Haines, Ende Juli–Mitte August., Tel. 907/766-2476, www.seakfair.org.

AUGUST

Tanana Valley State Fair Fairbanks, Anfang Aug., Tel. 907/452-3750, www.tananavalleyfair.org.

Tanana Valley Sandhill Crane Festival Fairbanks, Mitte Aug., Tel. 907/452-5162, www.creamersfield.org/crane_festival.shtml. Anlass des Festivals ist die Ankunft der Kraniche auf dem Creamer's Field während ihrer Herbstwanderung.

Alaska State Fair Palmer, Ende Aug.–Anfang Sept., Tel. 907/745-4827, www.alaskastatefair.org. Die Messe wird begleitet von Fahrgeschäften, Wettbewerben und Liveauftritten und ist mit Hunderttausenden Gästen ein Besuchermagnet.

SEPTEMBER

Kodiak State Fair & Rodeo Kodiak, 1. Wochenende (Labour Day), Tel. 907/487-4440, www.kodiakrodeoandstatefair.

Alaska Airlines' Autumn Classics Anchorage, Mitte–Ende Sept., Tel. 907/263-2787, http://alaskaclassics.org/events/anchorage-concert-series. Als Teil des Sitka Summer Festivals finden hier an zwei Wochenenden Kammermusikkonzerte statt.

OKTOBER

Make It Alaskan Festival Anchorage, 1. Wochenende, Tel. 907/279-0618, www.makeitalaskanfestival.com. Einheimische Kunsthandwerker präsentieren ihre Produkte.

Alaska Day Festival Sitka, Mitte Okt., Tel. 907/747-5940, www.sitka.org. Anlass ist die Übergabe Alaskas von Russland an die USA am 18. Oktober 1867. Besichtigungstouren, russische Tänze und ein Festball.

Alaska Federation of Natives Convention Unterschiedliche Orte, Mitte–Ende Okt., Tel. 907/274-3611, www.nativefederation.org. Das größte Treffen von Ureinwohnern in Alaska mit 4000–5000 Delegierten. Einwöchiges Ereignis. Viele öffentliche Veranstaltungen.

NOVEMBER

WhaleFest Sitka, Anfang Nov., Tel. 907/747-8878, http://sitkawhalefest.org. Walbeobachtungsfahrten, Diashows und Workshops anlässlich der Rückkehr der Buckelwale in die nahe gelegenen Gewässer.

Alaska Bald Eagle Festival Haines, meist zweites Wochenende, Tel. 907/766-3094, https://baldeagles.org/alaska-bald-eagle-festival. Vogelexperten, Künstler und Entertainer zieht es für einige Tage zu Vorlesungen, Fotoworkshops und geführten Adlerbeobachtungstouren.

Athabaskan Fiddlers Festival Fairbanks, Mitte Nov., Tel. 907/456-5774, www.explorefairbanks.com. Foot-Stomping Festival mit der Fiedel im Mittelpunkt.

DEZEMBER

Winterfest Talkeetna, jedes Wochenende, Tel. 907/733-2330, www.talkeetnachamber.org. Kunst, Kulinarisches, Musik, aber auch Goofy Contests, Bachelor's Auction und Wilderness Women Contest.

Winter Solstice Celebration, Fairbanks, 21. Dez., Tel. 907/452-8671. Um die Gemüter am kürzesten Tag des Jahres zu erhellen, zieht es die Menschen in die Stadt zu Feuerwerk und Musik.

LITERATUR

Jährlich wird das Kompendium *The Milepost* aktualisiert *(www.themilepost.com)*. Auf fast 800 Seiten können Sie lesen, was es entlang der Straßen von Alaska alles zu sehen gibt – inklusive Hinweise auf Unterkünfte, Ausrüster und vieles mehr. Das Buch gibt die Entfernungen bis auf 160 Meter genau an und bietet praktische Informationen zum Straßenzustand, Veranstaltungen, Aktivitäten etc.

Im gleichen Verlag erscheint jährlich der *Alaska Wildernis Guide,* der abgelegene Dörfer und Siedlungen, National- und Staatsparks sowie Veranstaltungen und Aktivitäten beschreibt.

Zu den stets lesenswerten Klassikern gehört John Muir's *Travels in Alaska* (1915). Eine Generation später schrieb Adolph Murie *The Wolves of Mount McKinley* (1944). Im Jahr 1961 brachte er das noch ausführlichere *A Naturalist in Alaska* heraus. Von Margaret Murie stammt ein weiterer Klassiker, *Two in the Far North* (1968). Das wohl beste Buch über das Reisen in diesem riesigen Land schrieb im Jahr 1977 John McPhee: *Coming into the Country.*

Walter Borneman veröffentlichte 2003 mit *Alaska: Saga of a Bold Land* ebenso eine gute historische Abhandlung wie Stephen Haycox mit *Alaska: An American Colony (2002).* Viele Bücher befassen sich mit spezielleren Themen der Vergangenheit, wie etwa *Wager with the Wind: The Don Sheldon Story* (1982) von James Greiner mit Erzählungen über einen der ersten Buschpiloten. Tappan Adney beschrieb im Jahr 1994 in *The Klondike Stampede* den Goldrausch am Klondike. Erwähnenswert in Bezug auf die Geschichte der Ureinwohner Alaskas ist *The Epic of Qayaq: The Longest Story Ever Told by My People* (1995) von Lela Kiana Oman mit vielen traditionellen Geschichten der Inupiat.

Die Ureinwohner Alaskas haben zahlreiche faszinierende Berichte über das gegenwärtige Leben in Alaska geschrieben. Häufig haben sich die Autoren dabei der Prosa und der Poesie bedient, um das alltägliche Leben in Alaska zu beschreiben (siehe S. 55).

Alaskas Hotels und Restaurants sind, verglichen mit Angeboten in anderen US-Staaten, im Allgemeinen teurer. Viele haben nur in der Sommersaison von Mitte Mai bis Mitte September geöffnet. Wenn nicht über Monate, so sind viele Lokale doch wenigstens ein paar Wochen im Winter geschlossen. Die Öffnungszeiten von abgelegenen Hütten, Rafting-Anbietern oder Tourschiffen lassen sich nicht genau vorhersagen und richten sich häufig nach dem Wetter: Sie öffnen im Mai vielleicht später und schließen dafür später im September. Die Städte und ihre Sehenswürdigkeiten sind einigermaßen behindertengerecht angelegt, ländliche Gebiete lassen in diesem Punkt aber zu wünschen übrig. Erkundigen Sie sich sicherheitshalber vor Ort oder bei Access Alaska (*www.accessalaska.org*).

HOTELS

In Alaska gibt es feine Stadthotels und luxuriöse Lodges in der Wildnis, Mittelklassehotels in kleinen Orten, B & Bs oder Hostels und Hütten und in der Wildnis jede Menge Möglichkeiten zum Zelten. Bei der Beurteilung eines Hauses sollte man nie aus den Augen verlieren, unter welchen Bedingungen in Alaska gearbeitet wird: Das Klima ist rau, die Kosten hoch, und dazu kommt noch die Abgelegenheit. Die hier aufgeführten Unterkünfte liegen in der Nähe der Orte, die in diesem Reiseführer beschrieben werden, und sind oft selbst Teil einer Sehenswürdigkeit.

RESERVIERUNGEN

Für die Hochsaison sollte man frühzeitig reservieren, da einige Häuser schon Monate im Voraus ausgebucht sind. Auch für Gegenden mit geringer Hoteldichte sind Reservierungen ratsam.

HOTELKETTEN

In Alaska gibt es weniger Lodging Chains als in den restlichen USA, obwohl sich einige große Ketten hier schon angesiedelt haben. Meistens handelt es sich um gute, ja sogar besondere Häuser. Aber die Qualität ist sehr unterschiedlich. Die Besucherinformationen können bei der Auswahl helfen, dies gilt vor allem für Reisen in den Nordwesten (Alaskan Bush).

BED-AND-BREAKFAST (B & B)

Die B & Bs sind in Alaska weit verbreitet. Die besten Informationsquellen: **Bed & Breakfast Association of Alaska** (*www.alaskabba.com*), **Anchorage Alaska Bed & Breakfast Association** (*Tel. 907/272-5909 oder 0888/584-5147, www.anchorage-bnb.com*), **Fairbanks Association of Bed & Breakfasts** (*www.alaskabba.com/cities/display-city-14.php*), **Kenai Peninsula Bed & Breakfast Association** (*www.kenaipeninsulabba.com*) und **Mat-Su Bed & Breakfast Association** (*www.alaskabnbhosts.com*).

HOSTELS

In Alaska gibt es Dutzende Hostels, in denen Reisende jeden Alters und jeder Herkunft zu erschwinglichen Preisen Schlafplätze oder Zimmer finden. Allerdings sind sie teilweise tagsüber geschlossen und haben nach Geschlechtern getrennte Schlafräume und Sperrstunden. Eigenes Bettzeug oder Schlafsack wird empfohlen. Infos: *www.hostels.com*.

WILDERNESS LODGES

In Alaskas Hinterland gibt es Hunderte von Lodges, die das Übernachten in der Wildnis möglich machen. Manche sind nur per Flugzeug oder Boot zu erreichen. Viele Lodges richten sich zwar an Angler, aber inzwischen wächst die Klientel, die sich mehr für die Landschaft und die Tierwelt interessiert. Für diese Gäste werden Rundflüge, Wanderungen, Kanufahrten, Raftingtouren und verschiedene Winteraktivitäten angeboten. Weil viele Lodges so weit abgelegen liegen, häufig luxuriös ausgestattet sind und Gourmetküche bieten, sind die Übernachtungen hier oft sehr teuer (300 bis 500 US$ oder mehr pro Tag und Person). Die Preise verstehen sich dann mit Vollpension, Reiseleitung, Ausrüstung und manchmal auch mit der Anreise.

CAMPING

In Alaska gibt es – auch in den Nationalparks – relativ wenige offizielle Campingplätze. Wildes Campen ist dagegen weit verbreitet und sehr beliebt. Informationen erteilen die Alaska Public Lands Information Centers (*www.alaskacenters.gov*). Alternativ zum Campingplatz gibt es Hunderte kleiner Hütten, die meist über den Forest Service (*www.fs.usda.gov/activity/tongass/recreation/camping-cabins/*) und über die Alaska State Parks (*http://dnr.alaska.gov/parks*) gemietet werden können.

RESTAURANTS

Alaskas Lokale sind sehr vielfältig, und meistens geht es sehr locker zu. Die Portionen sind in der Regel sehr groß. Natürlich ist das Angebot an Fischgerichten immens. Und scheinbar gibt es nichts, zu dem man in Alaska keinen Heilbutt servieren könnte.

SORTIERUNG

Die im Folgenden vorgestellten Hotels und Restaurants sind zunächst nach Regionen, dann innerhalb der Preiskategorien alphabetisch sortiert. Preise, Telefonnummern, Öffnungszeiten usw. ändern sich schnell: Zur Sicherheit sollten die Informationen vor dem Besuch überprüft werden. Frühzeitige Reservierungen sind notwendig. Abkürzungen: M steht für mittags, A für abends.

PREISE

HOTELS

Preise für ein Doppelzimmer ohne Frühstück in der Hauptsaison werden durch $-Zeichen symbolisiert.

$$$$$	über 300 $
$$$$	200–300 $
$$$	120–200 $
$$	80–120 $
$	unter 80 $

RESTAURANTS

Preiskategorien für ein Drei-Gänge-Menü ohne Getränke werden durch $-Zeichen symbolisiert.

$$$$$	über 75 $
$$$$	50–75 $
$$$	35–50 $
$$	20–35 $
$	unter 20 $

KREDITKARTEN

Bei mindestens drei akzeptierten Kreditkarten bekommt ein Haus das Kreditkartensymbol. Akzeptiert es nur eine oder zwei, werden die folgenden Abkürzungen verwendet: AE (American Express), MC (Mastercard) oder V (Visa).

SÜDOSTALASKA

KETCHIKAN

🏨 CAPE FOX LODGE $$$–$$$$
🍴 800 Venetia Way
Tel. 907/225-8001 oder
866/225-8001
www.capefoxlodge.com

Ketchikans elegantestes Hotel unterstreicht seine Verbundenheit mit den Ureinwohnern des Nordwestens durch sechs Totempfähle vor dem Haus und viele Kunstwerke und Gegenstände der Tlingit und Haida in den Räumen. In der Lobby finden sich unter

🏨 Hotel 🍴 Restaurant 🛏 Zimmer 🪑 Sitzplätze 🅿 Parkplätze Ⓜ Metro 🕐 Geschlossen 🛗 Aufzug 📶 WLAN

massiven Holzbalken Polstersessel, eine Bibliothek und ein gemauerter Kamin. Die Zimmer sind großzügig und haben Blick auf die Tongass Narrows oder den Deer Mountain. Vom **Heen Kahidi Dining Room** hat man Panoramablicke auf die Stadt, während man Meeresfrüchte, Steaks, Pasta oder exotische Gerichte wie Rentierwurst verzehrt. ⓘ 72 Zimmer, 2 Suiten 🅿 🚭 🚭 Alle gängigen Karten

🏨 ALASKAN NANTUCKET HOUSE $$$

600 Front St.
Tel. 907/247-7117
www.alaskatravelers.com/ktn511.htm

Hoch auf einem Hügel in einer Wohnsiedlung über dem Stadtzentrum von Ketchikan gelegen, bietet dieses dreigeschössige Haus zwei geräumige Zimmer mit einem Blick aus der Vogelperspektive auf die Stadt, die Tongass Narrows und die umliegenden Berge und Wälder. Das historische Wohnhaus wurde im Inneren zeitgemäß lässig-elegant umgestaltet. Glanzpunkt sind die großen Fenster, die sich dem Panorama als würdig erweisen. Das Penthousezimmer belegt die gesamten 93 Quadratmeter des Obergeschosses. ⓘ 2 🚭 🚭 MC, V

🍴 ANNABELLE'S KEG & CHOWDER HOUSE $$$

326 Front St.
Tel. 907/225-6009

Das Restaurant im Erdgeschoss des Gilmore Hotel gibt es schon seit 1927. Annabelle lebt zwar längst nicht mehr, aber in ihrem viktorianischen Restaurant werden immer noch verschiedene Fischsuppen und Bier sowie Fischgerichte (probieren Sie Heilbutt »Olympia« oder Krabbenpuffer), Steaks, Prime Rib oder Hühnchen angeboten. Das Restaurant teilt sich in die bodenständige Lounge und einen etwas schickeren Salon auf. Beide sind beliebte Treffpunkte für Ein-

heimische mit freundlicher Atmosphäre. ⓘ 120 🚭 🚭 Alle gängigen Karten

WRANGELL

🏨 GRAND VIEW BED & BREAKFAST $$$

Tel. 907/874-3225
www.grandviewbnb.com

Dieses hoch aufragende Haus liegt so nah an der Zimovia Strait, dass die Gäste von ihrem Zimmer aus buchstäblich Steine auf dem Wasser hüpfen lassen können. Großzügige Fenster laden die Besucher zu einem Blick auf die eisigen Gewässer und die umliegenden Wälder und Berge ein. Oft erblickt man auch vorbeifahrende Schiffe oder Weißkopfseeadler und Raben, die auf dem am Strand angetriebenen Treibholz sitzen. Die aufgeschichteten Treibholzstämme dienen auch Strandbesuchern, die an kalten Abenden am Strand an einem Lagerfeuer Wärme suchen, als Rückenstütze. Daneben bietet das Bed & Breakfast auch eine große Sammlung an heimischen Kunstwerken und Büchern. ⓘ 3 🅿 🚭 🚭 Alle gängigen Karten

🏨 ALASKAN SOURDOUGH LODGE $$–$$$

1104 Peninsula Ave.
Tel. 907/874-3613 oder
800/874-3613
www.akgetaway.com

An den Docks gelegen ist diese Lodge, die aus dem Holz der alaskischen Rotzeder gefertigt wurde. Die Zimmer sind nicht gerade luxuriös zu nennen, dafür sind sie gemütlich und mit indianischer und Inuit-Kunst eingerichtet. Zudem hat man einen schönen Blick auf den Hafen. ⓘ 16 🚭 🚭 MC, V

PETERSBURG

🏨 SCANDIA HOUSE $$$

110 N. Nordic Dr.
Tel. 907/772-4281 oder
800/722-5006
www.scandiahousehotel.com

🚭 Nichtraucher 🅰 Klimaanlage 🏊 Pool im Haus 🏊 Pool im Freien 💪 Fitnessclub 💳 Kreditkarten

Dieses tadellose Hotel besteht seit 1905 im Stadtkern von Petersburg. Nach einem Brand im Jahr 1994 wurde es gänzlich neu errichtet. Das Rosemaling an der Außenseite erinnert an die norwegischen Ursprünge der Stadt. Weite Räume bieten eine helle, moderne Einrichtung.

☐ 33 🅿 🆂 🔧 🖳 Alle gängigen Karten

🍴 COASTAL COLD STORAGE $
306 N. Nordic Dr.
Tel. 907/772-4177 oder 877/257-4767 (von außerhalb Alaskas)

Petersburg ist eine Fischereistadt, und somit dreht sich auch im Coastal Cold Storage alles um den Fisch. Ursprünglich lieferten Angler hier ihren Fang zur Weiterverarbeitung ab. Im Laden können Heilbutt-Bierhäppchen, Fischsuppen, Muscheln, Krabben und andere Fischgerichte probiert werden.

🕐 So geschl. 🖳 Alle gängigen Karten

SITKA

🏨 OTTER'S COVE B & B $$$
3211 Halibut Point Rd.
Tel. 907/747-4529
www.ottercovebandb.com

Kleines, intimes und sehr freundliches B & B mit drei schönen, in hellen Farben eingerichteten Zimmer mit jeweils eigenem Bad/WC. Zwei Zimmer mit Blick auf den Sitka Sound und den schneebedeckten Mt. Edgecumbe. Gäste können die Abende im Hot Tub mit lodernder Feuerstelle auf der Terrasse verbringen und nach Orcas in der Bucht Ausschau halten.

☐ 3 🅿 🆂 🔧 🖳 Alle gängigen Karten

🏨 SITKA HOTEL $$$
118 Lincoln St.
Tel. 907/747-3288
www.sitkahotel.com

Das gemütliche alte Hotel ist zwar nicht perfekt, liegt aber mitten im Ort und trägt die Patina der vergangenen Jahrzehnte mit Charme und Würde. Sitkas Hauptattraktionen, die fotogene St. Michael's Cathedral und das Sheldon Jackson Museum, liegen nur ein paar Gehminuten entfernt. Die Zimmer nach hinten sind etwas größer und ruhiger, die Speisekarte des Restaurants präsentiert sich gediegen.

☐ 41 🅿 🆂 🔧 🖳 🖳 Alle gängigen Karten

🏨 CASCADE CREEK INN $$$
2035 Halibut Point Rd.
Tel. 907/747-6804
www.ccic.fish

Die moderne Herberge mutet eher wie ein einfaches Motel an, überzeugt jedoch als einzige Unterkunft am Ende der Stadt mit einem herrlichen Meeresblick. Die zehn Zimmer sind etwas spartanisch eingerichtet, aber sehr sauber und funktional. Freies WLAN, alle Zimmer mit Balkon, einige mit Kitchenette. Beliebt bei Anglern.

☐ 10 🅿 🆂 🖳 MC, V

🍴 LUDVIG'S BISTRO $$$–$$$$
256 Katlian St.
Tel. 907/966-3663
www.ludvigsbistro.com

Zweifellos das beste Restaurant in Sitka und eines der besten in ganz Alaska. Das Essen wird hervorragend und einfallsreich zubereitet: Auf der Karte stehen Alaska Paella mixta mit Safranreis, Garnelen, unterschiedlichen Muscheln, Calamari und Hühnchen, aber auch scharfe Chorizo-Würstchen mit Gemüse. Interessant ist dazu die Tageskarte, der Küchenchef entwickelt ständig neue Kreationen und verwendet dabei natürlich häufig frischen Fisch. Der mediterrane Akzent spiegelt sich in den warmen Gelb- und Kupfertönen dieses liebenswerten Bistros wider. Im Herbst und Winter ist das Restaurant länger geschlossen. Ein einfaches, aber schmackhaftes Mittagessen erhält man in den Sommermonaten am Suppenwagen des Ludvig's, der neben dem Sitka Sound Science Center parkt.

🔧 25 🆂 🕐 Geschl. So im Sommer, So–Di im Frühling und Winter 🖳 Alle gängigen Karten

---

🏨 Hotel 🍴 Restaurant ☐ Zimmer 🔧 Sitzplätze 🅿 Parkplätze 🚇 Metro 🕐 Geschlossen 🛗 Aufzug 🖳 WLAN

🍴 BACK DOOR CAFÉ $
104 Barracks St.
Tel. 907/747-8856

Von der Barracks Street geht es eine kleine Gasse hinunter zum Hintereingang des Hauses. Viele aus der Literatur- und Kunstszene kehren hier ein, die Stimmung ist lebendig und laut. Neben Bagels gibt es im Café verschiedene Kaffeegetränke und das berühmte Gebäck. Probieren Sie die Preiselbeer-Walnuss-Scones und den Mohnkuchen!

ℹ️ 25 🅿️ 🚭 🔑 Ausschließlich Barzahlung

JUNEAU

🏨 PEARSON'S POND LUXURY INN & ADVENTURE SPA $$$–$$$$$
4541 Sawa Circle
Tel. 907/789-3772 oder
888/658-6328
www.pearsonspond.com

Das exquisite Holzhaus liegt mitten im Wald an einem See unweit des Mendenhall Glacier – also nur ein paar Kilometer außerhalb der Stadt. Das Ambiente ist romantisch: Es gibt Kamine, Whirlpools für zwei Personen, Zimmerbrunnen und Blumen im ganzen Haus. Angeboten werden Masssagen, Fitnessgeräte und viele Aktivitäten (darunter Mountainbiken, Paddeln, Außensauna und Wintersport).

ℹ️ 5 Suiten, 2 Wohnungen im Nebenhaus
🅿️ 🏋️ 🔑 Alle gängigen Karten

🍴 WESTMARK BARANOF HOTEL
$$$–$$$$
127 N. Franklin St.
Tel. 907/586-2660 oder
800/544-0970
www.westmarkhotels.com/
destinations/juneau-hotel

Viel Holz, aufwendig gearbeitete Stühle und die Pracht in der Lobby lassen ahnen, welche Klientel hier angesprochen wird. Tatsächlich ist das Haus im Zentrum der Stadt schon immer ein Rückzugsort für Juristen, Lobbyisten und Geschäftsleute gewesen. Die Zimmer sind unterschiedlich gestaltet. Um dem Straßenlärm zu entgehen und einen besseren Blick zu haben, empfiehlt sich ein Zimmer in den oberen Stockwerken. Zum Hotel gehören ein bodenständiges und ein Restaurant für die großen Deals: Es heißt – nomen est omen – Gold Room.

ℹ️ 196 🅿️ 🚭 🏋️ 🔑 Alle gängigen Karten

🏨 ALASKA'S CAPITAL INN
$$$$–$$$$$
113 W. 5th St.
Tel. 907/586-6507 oder
888/588-6507
www.alaskacapitalinn.com

Das B & B ist über 100 Jahre alt und und zitiert in schimmerndem Lindgrün den allgegenwärtigen Regenwald. Das dreistöckige Haus wurde 1906 vom Goldrausch-Pionier John Olds auf einem Hügel erbaut und hat einen großartigen Ausblick auf das Wasser. Das historische Gebäude ist mit Antiquitäten ausgestattet (u. a. mit Betten in Form eines Schlittens oder einem aus Eiche gedrechselten Bett). Das Inn bietet aufwendige Frühstücke, Internetanschluss und ein Hot Tub im Freien. Im obersten Stock befindet sich ein einziges Zimmer, die Governor's Suite. Während des Sommers ist eine frühe Reservierung notwendig.

ℹ️ 7 🚭 🔑 Alle gängigen Karten

🏨 SENTINEL ISLAND LIGHTHOUSE
$$
Tel. 907/586-5338

Der zehn Meter hohe ehemalige Leuchtturm wird von der Gastineau Channel Historical Society betrieben und hat rustikale Zimmer. Die Lage ist einmalig, denn der Leuchtturm steht auf einer kleinen Insel rund 40 Kilometer vor der Stadt. Die Gäste können Wale beobachten oder einfach über die Insel spazieren. Es gibt sechs Schlafplätze, Zeltplätze sowie einfache Koch- und Waschgelegenheiten. Die Anfahrt erfolgt per Charterboot, Hubschrauber oder Seekajak – auf eigene Kosten.

ℹ️ 6 🔑 Ausschließlich Barzahlung

🚭 Nichtraucher ❄️ Klimaanlage 🏊 Pool im Haus 🏊 Pool im Freien 🏋️ Fitnessclub 🔑 Kreditkarten

🏨 HANGAR ON THE WHARF

$$–$$$$
2 Marine Way, No. 106
Tel. 907/586-5018
http://hangar.hangaronthe
wharf.com

Rund 15 Meter von der Eingangstür entfernt, starten noch immer die Wasserflugzeuge. Aber in den umgebauten Hangars der Alaska Airlines zieht es jetzt lebenslustige Leute, die vor allen Dingen die große Bierauswahl schätzen. Obwohl das Hangar einem Pub ähnelt, gibt es hier auch feinere Speisen wie z. B. Pfeffermuscheln, Jambalaya, Kokusnuss-Garnelen und Macadamia-Heilbutt. An sonnigen Tagen genießt man von der Terrasse aus den Blick über das Wasser.

🪑 175 🅿 ⊗ ♿ Alle gängigen Karten

🍴 TWISTED FISH COMPANY

$$–$$$$
550 S. Franklin St., Juneau
Tel. 907/463-5033
http://twistedfish.hangaronthe
wharf.com

Das Restaurant liegt natürlich direkt am Wasser, dort, wo die Kreuzfahrtschiffe anlegen. Und genauso selbstverständlich lautet das Motto dieses beliebten Lokals »A wild place for a wild fish«. Sie können hier die üblichen Fisch- und Meeresfrüchtegerichte bestellen, wie etwa ein Pfund einheimische Königskrabbenbeine oder eine Scheibe Lachs mit Soße. Das maritime Thema ist nahezu auf der gesamten Speisekarte zu finden: Versuchen Sie den Burger mit Wildbeeren und Heilbutt oder die Pizza mit Räucherlachs und Kaviar.

🪑 150 🅿 ⊗ ⊘ im Winter geschl.
♿ Alle gängigen Karten

🍴 GOLD CREEK SALMON BAKE

$$$
1061 Salmon Ln.
Tel. 907/789-0052

Hier kann man nicht nur Lachs frisch vom Grill genießen, manchmal sieht man auch Lachswanderungen im Flussarm außerhalb des Speisebereichs. Die Öffnungszeiten variieren je nach den Zeitplänen der Kreuzfahrtschiffe, daher empfiehlt sich eine Reservierung.

🪑 400 🅿 ⊘ Geschl. Mitte Sept.–Mitte Mai ♿ Alle gängigen Karten

🏨 THE HISTORIC SILVERBOW INN $

120 2nd St.
Tel. 907/586-4146 oder
800/586-4146
www.silverbowinn.com

Das Silverbow ist eines von Alaskas Institutionen. Zunächst steht es für die älteste Bäckerei des Landes: Das erste Sauerteigbrot wurde hier in den 1890er-Jahren gebacken. Neben frischem Brot stellt die Bäckerei auch leckeren Schokoladen-Käsekuchen her, Kuchen aus Erdnussbuttermousse und Bagels. Das Silverbow ist aber auch ein hervorragendes Lokal zum Frühstücken und Mittagessen. Es gibt fantasievolle Salate, Sandwiches und Suppen. Fast alles kann man mitnehmen, aber auch an einem der wenigen Tische drinnen oder draußen im Biergarten zu sich nehmen. Dazu kommen noch elf kleine, aber feine Gästezimmer. Und schließlich ist das Silverbow ein Veranstaltungsort mit einem großen Raum für Livemusik und Filmvorführungen.

🪑 20 🅿 ⊗ ♿ Alle gängigen Karten

🍴 PEL'MENI $

2 Marine Way
Tel. 907/586-0177

Das Angebot in diesem winzigen Restaurant reicht von Fleischklößen bis hin zu Kartoffelklößen. Das ist alles. Okay, es gibt auch noch etwas zu trinken und zu den Klößen noch etwas vom guten, alten russischen Brot (auf Russisch pel'men). Das ständig gleichbleibende Angebot an Vorspeisen reicht tatsächlich von A bis B. Dieses eigenwillige Lokal spricht insbesondere Gäste zwischen 20 und 30 an. Vor allen Dingen in den frühen Morgenstunden, wenn alle anderen Lokale schon geschlossen sind, kann es hier sehr voll werden. Und die Gäste können dann selbst auswählen, welche schwarzen Vinylscheiben aus der eigenwilligen Sammlung des Restaurants gespielt werden.

🔲 20 🅿 🚭 🪙 Ausschließlich Barzahlung

GLACIER BAY/GUSTAVUS

🏨 **BEAR TRACK INN $$$$$**
🍴 255 Rink Creek Rd.
Tel. 907/697-3017 oder
888/697-2284
www.beartrackinn.com

Luxuriöses Gästehaus aus Fichtenholz, das inmitten von Wäldern und Wildblumenwiesen mit Blick auf die Icy Strait liegt. In der neun Meter hohen Lobby stehen handgearbeitete Möbel, ein gemauerter Kamin und zwei Leuchter aus Elchgeweih. Die Zimmer sind geräumig und rustikal eingerichtet. Die Hotelgäste nehmen alle Mahlzeiten im Restaurant ein, auswärtige Gäste sind abends willkommen. Das große Angebot reicht von Steaks über Fischgerichte bis hin zu Karibu und Moschusochse. Das Inn bietet viele Ausflugsangebote an.

🔲 14 🅿 🕐 Winter geschl. 🚭
🪙 Alle gängigen Karten

🏨 **GLACIER BAY COUNTRY INN**
$$$$$
Tel. 480/725-3464
www.glacierbayalaska.com

Das Inn liegt inmitten eines 65 Hektar großen Areals mit Regenwald und Wiesen – rund sechs Kilometer außerhalb von Gustavus an der Straße nach Bartlett Cove. Das zweistöckige Gebäude mit vielen Gauben, Giebeln, Kuppeln und Veranden kann man nicht verfehlen. Um das Hauptgebäude herum stehen fünf Hütten und eine Gartenlaube. Aus diesem Garten stammen die ökologischen Produkte für die Küche. Das Haus hat fünf unterschiedlich gestaltete Zimmer, eine Bibliothek und ein Speisezimmer, wo kulinarische Köstlichkeiten wie Wildbeeren

aus dem nahen Wald, geräucherte Ente oder Lachs mit grüner Paprikasoße serviert werden. Das Hotel arrangiert eine Vielzahl unterschiedlicher Exkursionen, darunter Kajaktouren, Wanderungen, Whale Watching und Angeltouren. Vielleicht bekommen Sie dabei ja Ihr Abendessen an den Haken. Ihren Fang können Sie anschließend im Restaurant zubereiten lassen.

🔲 10 🅿 🕐 🚭 🪙 Alle gängigen Karten

🏨 **GUSTAVUS INN AT**
🍴 **GLACIER BAY $$$$**
One Mile Gustavus Rd.
Tel. 907/697-2254 oder
800/649-5220
www.gustavusinn.com

Nicht unbedingt die eleganteste Lodge und das stilvollste Restaurant an der Glacier Bay, aber viele behaupten, es sei das beste. Legeres Ambiente mit persönlicher Note. Die Familie des Besitzers hat das Haus vor rund 40 Jahren eröffnet. Sie wissen, wo es Walderdbeeren gibt und wo Sie einen Dolly Varden an den Haken bekommen. Die Besitzer fahren die Gäste zur Bartlett Cove und zum National Park Visitor Center. Auch das Essen für die Hotelgäste ist hervorragend, für Nicht-Hotelgäste gibt es ein Festpreis-Dinner ($$$). Die Zutaten dafür stammen zum größten Teil aus dem eigenen Garten oder aus der Natur.

🔲 11 🅿 🕐 Winter geschl. 🚭
🪙 Alle gängigen Karten

🏨 **ANNIE MAE LODGE**
$$$–$$$$
2 Grandpas Farm Rd.
Tel. 907/697-2346 oder
844/807-0702
www.anniemae.com

Eine der wenigen ganzjährig geöffneten Lodges an der Glacier Bay. Hübsches, einstöckiges Haus am Good River, fünf Gehminuten von der Küste entfernt. Von der Veranda aus fällt der Blick auf Wälder, Berge und den Fluss. Im Preis enthalten sind ein bis

---

🚭 Nichtraucher 🌀 Klimaanlage 🏊 Pool im Haus 🏊 Pool im Freien 💪 Fitnessclub 🪙 Kreditkarten

drei Mahlzeiten pro Tag sowie die Transportkosten. Fast jeder gewünschte Ausflug wird organisiert.

🛏 11 🅿 🚇 🛜 Alle gängigen Karten

🛏 GLACIER BAY LODGE $$$$
179 Bartlett Cove Rd.
Tel. 907/264-4600 oder
888/229-8687
www.visitglacierbay.com

Die aus massivem Holz gebaute Lodge ist die einzige im Glacier Bay National Park. Das Visitor Center des Parks hat seinen Sitz im Haus, sodass die Gäste an allen Angeboten problemlos teilnehmen können (geführte Wanderungen und Bootstouren sowie Kajakausflüge). Die rustikale Lodge liegt in einem alten Regenwaldgebiet, den Gästen stehen ein gutes Restaurant, eine beliebte Bar, ein Mountainbike- und Angelausrüstungsverleih sowie ein Souvenirshop mit Kunsthandwerk aus Alaska zur Verfügung. Am großen gemauerten Kamin trifft man sich nach einem erlebnisreichen Tag inmitten der Gletscherwelt der Glacier Bay.

🛏 50 🅿 🕐 Winter geschl. 🚇
🛜 Alle gängigen Karten

🛏 HOTEL HÄLSINGLAND $$
🍴 13 Fort Seward Dr.
Tel. 907/766-2000 oder
800/542-6363
www.hotelhalsingland.com

Das Hälsingland wurde in das National Register of Historic Places aufgenommen, weil es das Offiziersquartier des Fort Seward, einer alten Militärbasis, war. Unter gleichem Dach residiert auch eines der besten Lokale von Haines, das **Commander's Room Restaurant**, in dem Gemüse und Kräuter aus dem Garten des Kochs sowie frischer Fisch aus dem Chilkoot Inlet zu innovativen Gerichten verarbeitet werden.

🛏 60 🅿 🕐 Mitte Okt.–Anf. Mai geschl. (Restaurant ab Mitte Sept. geschl.)
🚇 🛜 Alle gängigen Karten

🛏 HISTORIC SKAGWAY INN
🍴 $$$–$$$$
655 Broadway Ecke 7th
Tel. 907/983-2289
www.skagwayinn.com

Das Gästehaus (1897) gehört zum Klondike Gold Rush National Historical Park. Es diente zunächst als Bordell, bis heute tragen die Zimmer die Namen der Frauen, die hier gearbeitet haben. 2004 wurde nach einer Renovierung der alte viktorianische Charme mit den eisernen Betten und den Antiquitäten wieder hergestellt. Frühstück gibt es in Olivia's Restaurant, das für andere Gäste erst ab Mittag geöffnet ist.

🛏 10 🅿 🕐 Winter geschl. 🚇
🛜 Alle gängigen Karten

🛏 THE WHITE HOUSE $$$
475 8th Ave. Ecke Main St.
Tel. 907/983-9000
www.atthewhitehouse.com

Das einstöckige, mit Schindeln gedeckte Haus wurde 1902 von einem Spieler und Saloonbesitzer erbaut, der offenbar mit beiden Leidenschaften Erfolg hatte. Es steht nur zwei Straßen vom Zentrum Skagways entfernt, ist in Schönheit alt geworden und zeigt auch heute noch viele viktorianische Holzarbeiten. In den Zimmern stehen Antiquitäten, und auf den Betten liegen schöne handgearbeitete Quilts.

🛏 11 🅿 🚇 🛜 Alle gängigen Karten

🍴 SKAGWAY FISH CO. $$
201 Congressway Ave.
Tel. 907/983-3474
http://skagwayshoretours.com/
skagway-fish-company

Frisches Seafood aus dem Nordpazifik vor der Haustür: In der einfachen Kantine am Hafen gibt es Heilbutt, Lachs, Austern, Krabben – und natürlich auch traditionelle US-Favoriten wie Ribeye Steak mit Püree.

🪑 40 🅿 🕐 ganzjährig geöffnet 🚇 🛜
Alle gängigen Karten

🛏 Hotel 🍴 Restaurant 🛏 Zimmer 🪑 Sitzplätze 🅿 Parkplätze 🚇 Metro 🕐 Geschlossen ⬆ Aufzug 🛜 WLAN

ANCHORAGE UND MAT-SU

ANCHORAGE

HOTEL CAPTAIN COOK $$–$$$$
939 W. 5Th Ave.
Tel. 907/276-6000 oder
800/843-1950
www.captaincook.com

Obwohl sich in Anchorage verstärkt nationale Hotelketten angesiedelt haben, ist dieses ehrwürdige Hotel mit seinen drei Türmen eines der besten. In Anlehnung an den Namen des Hotels sind viele Zimmer im nautischen Stil eingerichtet. Es gibt etwa ein Dutzend Läden, ein Fitness-Center, ein Business-Center und vier Restaurants. Das beste Lokal ist das Crows Nest Restaurant, das sich im obersten Stock des Gebäudes befindet und einen großartigen Blick auf die Chugach Mountains und den Cook Inlet bietet. Berühmt ist der rund 10 000 Flaschen umfassende Weinkeller.

547 Alle gängigen Karten

THE HISTORIC ANCHORAGE HOTEL $$$$
330 E. St.
Tel. 907/272-4553 oder
800/544-0988
www.historicanchoragehotel.com

Kleines Hotel in der Innenstadt mit großer Geschichte. Der beliebte Komiker Will Rogers und der Flugpionier Wiley Post übernachteten hier für zwei Tage, bevor sie bei einem Flugzeugabsturz nahe Barrow ums Leben kamen. Alaskas bekanntester Maler Sydney Laurence residierte hier einige Jahre lang und schuf während seines Aufenthaltes mehrere seiner Meisterwerke in einem Studio in der Lobby. Das 1916 errichtete Gebäude wurde hübsch renoviert, die Zimmer sind mit Möbeln aus dunklem Kirschbaum, aber auch mit einem kostenlosen WLAN-Anschluss und großformatigen digitalen Fernsehern ausgestattet.

26 Alle gängigen Karten

COPPER WHALE INN $$–$$$$
440 L St.
Tel. 907/258-7999 oder
866/258-7999
www.copperwhale.com

Das saubere kleine Gästehaus befindet sich in Hügellage am westlichen Ende der Innenstadt. Es ist ein gepflegtes, großes Haus aus dem Jahr 1939 mit original Parkettfußboden, einem mit Messing verzierten Kamin und einem üppigen Blumengarten. Der Blick reicht zum Cook Inlet, zur Alaska Range und zum Vulkan Mount Spurr. In jedem Zimmer liegt ein Fernglas! Damit können die Gäste die Robben oder Belugas beobachten. Der nahe gelegene Tony Knowles Trail fordert geradezu zu einer Fahrradtour heraus, und deshalb ist während des Sommers auch der Verleih Lifetime Adventures hier zu finden.

14 Alle gängigen Karten

INLET TOWER HOTEL & SUITES $$$–$$$$
1020 W. 12th Ave.
Tel. 907/276-0110 oder
800/544-0786
www.inlettower.com

1951 fertiggestellt, war das 13-stöckige Hochhaus am Rand der Innenstadt mit Blick auf den Cookinlet und die Chugach Mountains der erste Wolkenkratzer Alaskas. Nach umfangreicher Renovierung wirkt dieses Hotel jetzt leicht, sauber und modern. Geräumige Zimmer mit Großbildfernseher und hochwertiger Bettwäsche. Es beheimatet auch das Pubhouse, ein gutes Restaurant mit Bar und eleganter Atmosphäre.

180 100 Alle gängigen Karten

A WILDFLOWER INN $$$
1239 I St.
Tel. 907/274-1239 oder
877/693-1239
www.alaska-wildflower-inn.com

Mit seinem weißen Lattenzaun, der gepflegten Umgebung und einer sommerlichen

---

Blumenfülle präsentiert dieses Bed & Breakfast seinen untadeligen Zustand schon vor dem Betreten des zweistöckigen Kolonialhauses. Im Inneren wird der erste Eindruck schließlich bestätigt. Die Gemeinschaftsräume sind schön möbliert und die drei Gästezimmer – zwei davon Wohnzimmersuiten – sind mit Federbettdecken, einer Bibliothek mit Büchern und Spielen, Schreibtischen und allerlei sonstigem heimischem Komfort ausgestattet.

🛏 26 🅿 🚫 🔁 ♿ Alle gängigen Karten

🍴 MARX BROS. CAFÉ $$$$–$$$$$
627 W. 3rd Ave.
Tel. 907/278-2133
www.marxcafe.com

Die Besitzer des Restaurants in einem Fachwerkhaus von 1916 versprechen eine innovative, moderne Küche. Diese Beschreibung reicht aber kaum aus, um den Heilbutt in Macadamia-Kruste mit Kokosnuss-Curry-Soße und Mango-Chutney zu beschreiben. Die Desserts sind auch nicht zu verachten: Der White Chocolate Coffee Tower besteht aus Schokoladenkuchen mit weißer Espresso-Mousse, einer Schokoladenglasur und einer Amaretto-Crème Anglaise. Das Restaurant ist nur an fünf Abenden pro Woche für jeweils etwa 60 Gäste geöffnet.

🍴 46 🅿 🚫 ♿ Alle gängigen Karten

🍴 RISTORANTE ORSO $$$–$$$$
737 W. 5th Ave. at G St.
Tel. 907/222-3232
www.orsoalaska.com

Durch eine gut besuchte Bar hindurch führt der Weg in das Lokal mit vielen Orientteppichen, rot getünchten Wänden und einem mit Schiefer eingefassten Kamin. Zu diesem toskanischen Ambiente passen Osso Buco (geschmorte Beinscheiben) und Meeresfrüchte-Fusilli, reichlich versehen mit Muscheln, Garnelen, Calamari, Krabben und geräuchertem Lachs. Auf der Karte finden sich viele weitere traditionelle italienische Pastagerichte, manchmal aber auch typische

Alaskaspezialitäten. Reservierung ratsam.

🍽 120 🅿 🚫 ♿ Alle gängigen Karten

🏨 ARCTIC FOX INN $$–$$$
327 E 2nd Str.
Tel. 907/247-1239
www.arcticfoxinn.com

Sympathisches, modern eingerichtetes B & B mit 5 Zimmern und 5 Apartments im Stadtzentrum. Viele Sehenswürdigkeiten befinden sich in Fußgängernähe. Heimelig und einnehmend, ist dieses B & B zudem eine ideale Basis für die Erkundung der Umgebung von Anchorage.

🛏 10 🅿 🚫 ♿ Alle gängigen Karten

🍴 SACKS CAFÉ & RESTAURANT $$$–$$$$
328 G St.
Tel. 907/274-4022
www.sackscafe.com

Das korallenfarbene Äußere und die helle Southwestern-Inneneinrichtung lassen ahnen, dass das Essen hier kreativ gekocht wird. Aber das wird keinen Gast stören, wenn er Salat mit getrockneten Calamari und Spinat oder den Krabben- und Muschelkuchen probiert. Köstlich ist auch das Entrée aus gegrilltem Königslachs in Sashimi-Marinade und Soja-Ahorn-Glasur oder Garnelen-Linguine, gekrönt von Portobello-Pilzen, Poblano-Pfeffer, süßen Zwiebeln, Pistazien und einer herben Butter-Wein-Soße. Für Freunde spanischer Tapas gibt es eine Bar mit Selbstbedienung. Auch mittags sehr beliebt. Reservierung stets ratsam.

🍽 84 🚫 ♿ Alle gängigen Karten

🍴 MOOSE'S TOOTH PUB & PIZZERIA $$
3300 Old Seward Hwy.
Tel. 907/258-2537
www.moosestooth.net

Der Brauerei-Pub und die Pizzeria erfreuen sich bei den Bewohnern von Anchorage einer großen Beliebtheit. Das Pizzaangebot reicht von herkömmlich bis zu ausgefallen, wie etwa Gyros-Wurst. Die Vielfalt an Biersorten ist beeindruckend, auf der Karte finden sich z. B. auch das einheimische Polar Pale Ale, das Northern Light Amber und das Pipeline Stout.

✠ 180 🅿 🚭 🔶 Alle gängigen Karten

🍴 NEW SAGAYA'S CITY MARKET/ MIDTOWN MARKET $–$$
900 W. 13th Ave.
Tel. 907/274-6173
3700 Old Seward Hwy.
Tel. 907/561-5173 oder
800/764-1001
www.newsagaya.com

Auf zwei Stockwerken werden Lebensmittel aller Art verkauft, vor allem frischer Fisch und exotische Spezialitäten aus Thailand, Korea, China und Spanien. Vieles davon kann man an Tischen drinnen und draußen direkt probieren, oder man nimmt es mit: asiatische Gerichte, Feinschmecker-Sandwiches, ausgezeichnetes Gebäck, Salate und köstliche Fischgerichte.

🅿 🚭 🔶 Alle gängigen Karten

🍴 THAI KITCHEN $–$$
3405 E. Tudor
Tel. 907/561-0082
www.thaikitchenalaska.com

Die Einheimischen genießen hier echte thailändische Küche, z. B. Pad Thai und grünen Curry, aber auch eher Untypisches wie Jungle Beef. Wer sich angesichts der langen Speisekarte nicht entscheiden kann, sollte den Thai Kitchen Platter mit vielen unterschiedlichen Vorspeisen probieren.

✠ 60 🅿 🕐 Sa und So M geschl.
🔶 Alle gängigen Karten

🍴 SNOW CITY CAFÉ $
1034 W. 4th Ave.
Tel. 907/272-2489
www.snowcitycafe.com

Dieses helle, einladende Innenstadtcafé bietet gute Mittagessen an, doch das Frühstück ist überragend, denn gewöhnliche Gerichte werden hier ungewöhnlich gut zubereitet. Hierzu gehören etwa Blaubeerpfannkuchen, Eier Florentiner Art oder Omeletts mit Schwarzwaldschinken. Auf der Speisekarte stehen auch viele ansprechende heimische Gerichte wie Rotlachs-Küchlein und Eier Benedikt mit Königskrabben.

✠ 105 🚭 🔶 Alle gängigen Karten

TURNAGAIN ARM

🏨 ALYESKA PRINCE HOTEL
🍴 $$$$–$$$$$
1000 Arlberg Ave., Girdwood
Tel. 907/754-2111 oder
800/880-3880
www.alyeskaresort.com

Das Alyeska ist Alaskas luxuriösestes Resort. Jedes Zimmer verfügt über eine hochwertige Ausstattung mit beheizten Handtuchhaltern, flauschigen Morgenmänteln, einer Bar und einem Safe. Geradezu unvorstellbar sind die Extras in der 115 Quadratmeter großen Royal-Suite, für die man 1500 Dollar pro Nacht bezahlt. Ein unvergessliches Erlebnis bietet das Seven Glaciers Restaurant oberhalb der Skipisten, zu dem eine Gondel hinauffährt. Mit Blick auf die Gletscher genießen Sie hier z. B. Gelbflossen-Thunfisch in Senfkruste oder alaskischen Kohlenfisch mit Safran-Orangen-Sauce.

🛏 307 🅿 🚭 🔶 🚻 🏊 🔶 Alle gängigen Karten

🍴 DOUBLE MUSKY INN $$$–$$$$
Mile 0.3 Crow Creek Rd., Girdwood
Tel. 907/783-2822
www.doublemuskyinn.com

Eine eigenwillige Mischung aus feinem Restaurant und schäbiger Kneipe mit einem Hauch Cajun-Louisiana-Atmosphäre. Es ist häufig überfüllt und die Bedienung auch nicht die schnellste, aber die Stimmung ist relaxed. Auf den Tisch kommen Gerichte, die einem das Wasser im Mund, aber auch in den Augen zusammenlaufen lassen, weil sie extrem scharf sind. Probieren Sie Shrimps Étouffee oder Lobster-Kabobs.

🚭 Nichtraucher ❄ Klimaanlage 🏊 Pool im Haus 🏊 Pool im Freien 💪 Fitnessclub 🔶 Kreditkarten

Doch auch die Steaks (v. a. das Pfeffersteak) genießen einen landesweit guten Ruf.
🛏 85 🅿 🕑 Mo und 6 Wochen im Spätherbst geschl. 🚫 🗝 Alle gängigen Karten

MAT-SU

🏨 COLONY INN $$$
🍴 325 E. Elmwood Ave., Palmer
Tel. 907/745-3330

Lehrer, die während der großen Depression nach Mat-Su kamen, fanden im Colony Inn ein Dach überm Kopf. Seit seiner Renovierung erstrahlt es in neuem, wenn auch nicht luxuriösem Glanz mit so modernen Annehmlichkeiten wie WLAN und Whirlpools. Im Sommer serviert das gemütliche Restaurant, das für seine preisgekrönten Pies berühmt ist, montags bis freitags Frühstück und sonntags Brunch. Reservierung und Check-In über das nahe gelegene Valley Hotel (606 S. Alaska St.).
🛏 12 🅿 🚫 🗝 Alle gängigen Karten

🏨 HATCHER PASS LODGE $$$
🍴 Mile 17 Hatcher Pass Rd.
(Palmer-Fishhook Rd.)
Tel. 907/745-1200
www.hatcherpasslodge.com

Die Lodge steht unweit des Hatcher Pass an der Straße zum Independence Mine State Historical Park. Die einzelnen Hütten liegen eingebettet in eine Bergtundra und sind von Bergen umgeben. Die Gäste kommen zum Langlaufen oder Wandern hierher und genießen die grandiosen Ausblicke. Die Hütten haben fließend Wasser und chemische Toiletten, die Lodge ist mit Duschen ausgestattet. Ein Restaurant bietet Mittag- und Abendessen sowie Frühstück für die Hotelgäste.
🛏 12 🅿 🚫 🗝 Alle gängigen Karten

🏨 PIONEER RIDGE BED & BREAKFAST $$–$$$
2221 Yukon Dr., Wasilla
Tel. 907/376-7472 oder
800/478-7472
www.pioneerridge.com

Das Pioneer Ridge liegt auf dem Land außerhalb von Wasilla. Den Weg dorthin findet man nur mit der Wegbeschreibung der Besitzer oder über die Homepage. Das B & B wurde in eine 900 Quadratmeter große Scheune aus der Kolonialzeit integriert und ist im alten Alaska-Stil eingerichtet: Elchköpfe hängen an den Wänden und Geweihleuchter von den Decken. Die Zimmer stehen alle unter einem anderen Alaska-spezifischen Motto.
🛏 7 🅿 🚫 📺 🗝 Alle gängigen Karten

🍴 EVANGELO'S TRATTORIA
$$–$$$$
2530 E Parks Hwy., Wasilla
Tel. 907/376-1212

Im großzügigen und behaglichen Evangelo's wird man angenehm überrascht: feine Salatbar, gute Pizzen und aufwendige Gerichte wie Ahi-Thunfisch in Pfefferkruste. Es gibt auch verführerische Meeresfrüchtekombinationen wie Garnelen, Krabben und Hummer sautiert in Cajun-Gewürzen.
🛏 200 🅿 🚫 🗝 Alle gängigen Karten

🍴 COLONY KITCHEN/NOISY GOOSE CAFÉ $$–$$$
1890 Glenn Hwy., Palmer
Tel. 907/746-4600

Gegenüber vom Alaska State Fairground befindet sich dieses Familienrestaurant, das bekannt ist für seine verrückte Einrichtung und eine freundliche Bedienung sowie typisch amerikanische Küche: Hackbraten, Rippchen, paniertes Beefsteak usw. Die Einheimischen fahren meilenweit für die hausgemachten Kuchen, etwa Rhabarbar-Himbeer-Kuchen mit Walnusskruste.
🛏 80 🅿 🚫 🗝 D, MC, V

🍴 TURKEY RED $$–$$$
550 S. Alaska St., Palmer
Tel. 907/746-5544

Das Turkey Red in Alaskas Kornkammer Mat-Su serviert viele Gerichte, die auf ökologisch angebauten Zutaten basieren. Hier-

---

🏨 Hotel 🍴 Restaurant 🛏 Zimmer 🪑 Sitzplätze 🅿 Parkplätze 🚇 Metro 🕑 Geschlossen 🛗 Aufzug 📶 WLAN

zu gehören Pasta, Meeresfrüchte, Salate, Pizza, Steaks und einige griechische Gerichte wie Gyrokopita – Rinderhackfleisch mit Zimt und Ingwer in Blätterteig. Frisches Brot erhalten Sie in der vielgerühmten Backstube des Turkey Red.

🔲 55 🅿 🚭 🛋 D, MC, V

🍴 **VAGABOND BLUES** $
642 S. Alaska St., Palmer
Tel. 907/745-2233
www.vagblues.com

Ein Café wie dieses im Zentrum von Old Downtown Palmer würde man vielleicht eher inmitten von San Francisco erwarten. Zum vegetarischen Angebot gehören Pasta-Salate, Bagel-Sandwiches und große Portionen hausgemachter Suppe, serviert in den handbemalten Schalen eines ortsansässigen Künstlers. Die Desserts sind ein weiteres Highlight. An einigen Abenden spielen hier einheimische Interpreten.

🔲 70 🅿 🚭 🛋 MC, V

PREISE

HOTELS

Preise für ein Doppelzimmer ohne Frühstück in der Hauptsaison werden durch $-Zeichen symbolisiert.

$$$$$	über 300 $
$$$$	200–300 $
$$$	120–200 $
$$	80–120 $
$	unter 80 $

RESTAURANTS

Preiskategorien für ein Drei-Gänge-Menü ohne Getränke werden durch $-Zeichen symbolisiert.

$$$$$	über 75 $
$$$$	50–75 $
$$$	35–50 $
$$	20–35 $
$	unter 20 $

KENAI PENINSULA

SEWARD

🏨 **KENAI FJORDS WILDERNESS LODGE** $$$$$
Tel. 888/602-3323
www.kenaifjords.com

Die Lodge, die von Kenai Fjords Tours (siehe S. 83) vermietet wird, befindet sich auf Fox Island nahe der Mündung der Resurrection Bay, etwa 23 Kilometer von Seward entfernt. Im Preis eingeschlossen sind die einstündige Bootsfahrt zur Lodge, eine Nacht in einer Hütte auf einer schönen Insel in einer malerischen Bucht, eine Auswahl an Gerichten und Ausflügen wie Kajak-Trips, Touren zur Resurrection Bay und geführte Wanderungen. Wer will, darf natürlich auch gerne länger bleiben.

🛏 8 🕐 Winter geschl. 🛋 Alle gängigen Karten

🏨 **EDGEWATER HOTEL** $$$–$$$$
202 5th Ave.
Tel. 907/224-2700 oder
800/780-7234
www.hoteledgewater.com

Das modernste unter den Hotels in Seward hat Highspeed-Internetzugang, ein modernes Business-Center, Flachbild-Fernseher und DVD-Player in allen Zimmern. An die alten Zeiten erinnert ein Service wie der Gefrierschrank für den selbst gefangenen Fisch der Gäste. Seit Kurzem gehört es zur Best-Western-Gruppe.

🛏 76 🅿 🕐 Winter geschl. 🚭 🚭 🛋 Alle gängigen Karten

🏨 **HOTEL SEWARD** $$–$$$$
221 5th Ave.
Tel. 907/224-8001 oder
800/440-2444
www.hotelsewardalaska.com

Die historische Goldrausch-Atmosphäre, die schönen Zimmer, die wunderbare Lage in der gemütlichen Altstadt von Seward und vieles mehr tragen zum Charme des Hauses

bei. Direkt neben dem berühmten Alaska SeaLife Center (und damit nur eine Straße vom Meer entfernt) gelegen – mit wunderbarem Blick auf die Berge und auf die herrliche Resurrection Bay.
🛏 62 🅿 🔄 📶 📺 ♿ Alle gängigen Karten

🏨 VAN GILDER HOTEL $$$
308 Adams St.
Tel. 907/224-3079
www.vangilderhotel.com

Das Hotel aus dem Jahr 1916 verfügt zwar nicht über allen modernen Komfort, überzeut aber dafür mit viel viktorianischem Charme und einem guten Service. Abgesehen von den vier Suiten, sind die Zimmer klein, aber makellos und mit Messingbetten und Antiquitäten ausgestattet. In der Eingangshalle stehen ein Klavier und viele Bücher über Alaska, überall an den Wänden hängen alte Fotos mit informativen Erklärungen. Wer mutig ist, findet vielleicht an der Fanny's Ghost Suite Gefallen.
🛏 24 🅿 📶 ♿ Alle gängigen Karten

🍴 CHINOOKS BAR AND GRILL
$$$–$$$$
1404 4th Ave.
Tel. 907/224-2207
http://chinooksbar.com

Die tolle Aussicht auf den Hafen ist gleich geblieben, doch die neuen Besitzer des Chinooks haben die Speisekarte geändert – Teile davon wechseln das ganze Jahr über, da vor allem lokale, saisonale Produkte Verwendung finden. Vorherrschend sind Fisch und Meeresfrüchte wie Lachs, Heilbutt, Königskrabben, Schwarzer Zackenbarsch, Austern und andere leckere Fischgerichte. Teils werden sie in überraschender Weise zubereitet wie geräucherte Jakobsmuscheln mit Käsemaccaroni. Doch es gibt auch andere Gerichte wie Braciola (Rindsrouladen), Cajun-Corn-Dogs oder Carnitas-(Schweinefleisch-)Sandwiches.
🪑 160 🅿 📶 ♿ Alle gängigen Karten

🍴 THE COOKERY $$$
209 5th Ave.
Tel. 907/422-7459
www.cookeryseward.com

Wer perfekt zubereiteten Heilbutt und anderen Fisch aus dem Nordpazifik zu schätzen weiß, ist hier goldrichtig. Die stets ansehnliche Gästezahl – das eher sachlich eingerichtete Restaurant wird von Einheimischen und Reisenden besucht – spricht Bände: Nicht umsonst ist Besitzer und Chef Kevin Lane Lehrer des Alaska Culinary Institute und Gewinner diverser kulinarischer Wettbewerbe. Ganz oben auf seiner Speisekarte: fangfrischer Kabeljau und Heilbutt, aber auch Entenbrust und vegetarische Burger.
🪑 35 🕐 Mai–Sept. Mo geschl., sonst Dinner Fr, Sa, Lunch Di–Fr ♿ MC, V

🍴 RAY'S WATERFRONT $$–$$$$
1316 4th Ave.
Tel. 907/224-5606
www.rayswaterfrontak.com

Das Ray's ist aus Seward nicht mehr wegzudenken. Viele Jahre schon kehren die Sportangler nach einem Tag auf dem Meer hier ein. Es liegt wohl an den einfachen, aber sehr guten Fischgerichten (daher gibt es teils lange Wartezeiten). Spezialität des Hauses ist die Fischsuppe. Mit tollem Blick auf den Hafen.
🪑 175 🅿 🕐 Okt.–Mitte April geschl. 📶 ♿ Alle gängigen Karten

SOLDOTNA
🏨 ASPEN HOTEL $$$
326 Binkley Circle
Tel. 907/260-7736
www.aspenhotelsak.com

Das neue Hotel liegt an einem Steilhang mit Blick über den Kenai River, ein berühmtes Lachsrevier. Die Zimmer sind makellos sauber, hell, geräumig und gut ausgestattet (Kühlschrank, Mikrowelle, DVD-Player und WLAN). Die Tiefkühltruhe bietet viel Platz für jeden Lachs, den Sie angeln können.
🛏 63 🅿 🔄 📶 🚇 📺 ♿ Alle gängigen Karten

🏨 Hotel 🍴 Restaurant 🛏 Zimmer 🪑 Sitzplätze 🅿 Parkplätze 🚇 Metro 🕐 Geschlossen 🔄 Aufzug 📶 WLAN

🍴 DUCK INN $–$$$
43187 Kalifornsky Beach Rd.
Tel. 907/262-2656

Hier gibt es beinahe alles – außer Ente: von Steaks bis Fisch, von Hühnchen bis Pizza. Bekannt sind die kreativen Hamburger und der Heilbutt frisch vom Cook Inlet. Wer von einem ganztägigen Angelwettbewerb zurückkehrt, wird das sanfte Licht und die ruhige Musik genießen. Zum Inn gehören ein kleiner Pub und eine Lounge.

🔲 60 🅿 🚭 ⛱ Alle gängigen Karten

KENAI
🏨 THE CANNERY LODGE
🍴 $$$$–$$$$$
2101 Bowpicker Lane
Tel. 907/261-9499
www.thecannerylodge.com

Die ehemalige Konservenfabrik aus den 1920er-Jahren wurde während der letzten Jahre komplett runderneuert und im Sommer 2014 als Ferienresort eröffnet. Einige Zimmer sind eher klein und haben das Bad auf dem Flur des ehemaligen Frauen-Trakts, des sogenannten »Hen House«, daneben gibt es aber auch Drei-Zimmer-Cottages in den ehemaligen Schlafbaracken der Fischer. Die meisten Einrichtungsgegenstände wurden aus vorgefundenen Holzplanken recycelt. Angeschlossen ist ein Restaurant und es gibt einen Pier.

🛏 44 🅿 🚭 ⛱ Alle gängigen Karten

🍴 VERONICA'S COFFEE HOUSE $–$$
602 Petersen Way, Kenai
Tel. 907/283-2725

Sobald man durch die knarrende Tür gegangen ist, umgibt einen der Duft hausgemachter Suppen und Backwaren. Veronica's Coffee House, eine Institution in Kenai, ist ein urgemütlicher Treffpunkt der Einheimischen. Auf der Speisekarte stehen frische Salate, Sandwiches und Wraps – und »das Leben verändernde Desserts«.

🔲 40 🅿 🚭 ⛱ V, MC

🍴 CHARLOTTE'S BAKERY $
115 S. Willow St.
Tel. 907/283-2777

Von der hellen, ansprechenden Bäckerei können die Einheimischen nicht genug kriegen. Das Essen ist gut und abwechslungsreich, der Service ist freundlich, und die Preise sind vernünftig. Zum Tee werden Waldbeerengebäck, Kekse und andere süße Leckereien gereicht, und alles kann auch mitgenommen werden. Das köstliche, frisch duftende Brot für Charlottes ausgezeichnete Sandwiches ist natürlich hausgemacht. Auf der Karte stehen Salate, Suppen und Omeletts, auch Sauerteig-Pfannkuchen.

🔲 70 🅿 🚭 ⛱ Alle gängigen Karten

HOMER
🏨 ALASKA ADVENTURE CABINS
$$$$–$$$$$
2525 Sterling Hwy.
Tel. 907/223-6681
www.alaskaadventurecabins.com

Das Anwesen erstreckt sich über den Baycrest Hill nördlich von Homer – die Aussicht auf den Cook Inlet ist atemberaubend. Die sogenannten Hütten sind einzigartige, raffinierte Gebäude. Die Moose Caboose ist ein rund 16 Meter langer Pullman, der zwar lang und dünn ist, aber dennoch wundervoll mit Küche, Kamin, Parkettfußboden, Satelliten-TV, zwei Bädern, einem Panoramafenster und einer neun Meter langen Terrasse ausgestattet wurde. Der Double Eagle ist ein ehemaliger Krabbenkahn mit edlen Möbeln, zwei Schlafräumen, einem Aufenthaltsraum und zweieinhalb Bädern sowie drei Terrassen.

🛏 8 🅿 🚭 ⛱ Alle gängigen Karten

🏨 ALASKAN SUITES $$$$
3255 Sterling Highway
Tel. 907/235-1972 oder
888/239-1972
www.alaskansuites.com

Die fantastische Aussicht fällt den Gästen des Hotels auf den Hügeln westlich von Homer natürlich zuerst auf. Die allein stehenden Blockhütten (die größte für acht Personen) haben Terrassen, die nur rund zehn Meter vom Abhang entfernt angelegt wurden. Die Hütten für fünf Personen sind großzügig und luxuriös und haben viele Extras (z. B. gekacheltes Bad, kleiner Kühlschrank, Satelliten-TV).

🛏 6 🅿 🚼 🛗 Alle gängigen Karten

🏨 CHOCOLATE DROP LODGE $$$
57745 Taku Ave.
Tel. 907/235-3668
www.chocolatedroplodge.com

Das Chocolate Drop ist so gelegen, dass man von dort auf einen Großteil der weitläufigen Kachemak Bay, die Kenai Mountains, vier Gletscher und die Spitze des Chocolate Drop sehen kann, der dem Hotel den Namen gab. Die Zimmer sind groß, hell und schön möbliert. Die Gäste können entweder in einer Sauna schwitzen oder den Hot Tub auf der Terrasse genießen. Die Eigentümer sind für ihr Frühstück mit Rentierwürstchen und Fischomeletts bekannt. Halten Sie beim Spaziergang auf dem Grundstück nach Elchen Ausschau!

🛏 6 🅿 🚼 🛗 MC, V

🏨 OLD TOWN BED & BREAKFAST $$-$$$
106 W. Bunnell St.
Tel. 907/235-7558
www.oldtownbedandbreak
fast.com

Das B & B befindet sich im ersten Stock eines Hauses aus dem Jahr 1939. Über Jahrzehnte war hier die Post von Homer ansässig, heute liegt im Erdgeschoss die Bunnell Street Gallery, eine der schönsten in Homer (siehe S. 155). Das Haus liegt unweit des Strandes und hat ein Apartment für vier Personen. Die Betten sind aus Kirschbaumholz, dazu kommen Parkettfußboden, handgearbeitete Quilts mit Wildblumen aus Alaska und antike Stühle. Das Frühstück wird in einem benachbarten Café eingenommen.

🛏 3 🅿 🚼 🛗 MC, V

🍴 HOMESTEAD RESTAURANT $$$-$$$$
Mile 8.2 East End Rd.
Tel. 907/235-8723
www.homesteadrestaurant.net

Früher war es eher schäbig, jetzt werden hier auch raffinierte Gerichte gekocht. Der Raum steht voller Kunstgegenstände, doch die Wände sind noch die der alten Hütte. Auf den Tisch kommen Fisch, Steak, großartige Rippchen und Lammrücken, der Blick schweift über die Kachemak Bay hin zu den weiter entfernt liegenden Bergen und Gletschern. Reservierung empfohlen.

🍽 60 🅿 🚼 🛗 Alle gängigen Karten

🍴 CAFÉ CUPS $$-$$$
162 W. Pioneer Ave.
Tel. 907/235-8330
www.cafecupsofhomer.com

Ein etwas verrücktes Lokal mit vier riesigen Teetassen am Eingang. Das Essen ist ausgezeichnet. Der Schwerpunkt liegt auf einheimischen Fischgerichten.

🍽 30 🅿 🕐 So geschl. 🚼 🛗 MC, V

🍴 FAT OLIVES RESTAURANT $-$$
276 Olson Lane
Tel. 907/235-8488

Laut, lustig und unkompliziert: Hier herrscht die herzliche Atmosphäre eines italienischen Cafés. Die hochwertigen Gerichte umfassen etwa Holzofenpizza, frischen Fisch, gebratenes Hühnchen, Calzones, Salate, Rindfleisch und viele Kleinigkeiten.

🍽 60 🅿 🚼 🛗 Alle gängigen Karten

🍴 FRESH SOURDOUGH EXPRESS $-$$
1316 Ocean Dr.
Tel. 907/235-7571
www.freshsourdough
express.com

Für alle Mahlzeiten werden gesunde Zutaten verwendet, die häufig aus biologischem Anbau stammen. Die großen Portionen sind verhältnismäßig günstig. Probieren Sie Ge-

---

🏨 Hotel ┃ 🍴 Restaurant 🛏 Zimmer 🍽 Sitzplätze 🅿 Parkplätze 🚇 Metro 🕐 Geschlossen 🛗 Aufzug 📶 WLAN

grilltes vom Rentier, die Pizza oder das Heilbutt-Baguette. In der Bäckerei gibt es Karottenkuchen und Sauerteigbrot.

🔲 50 🅿️ 🚭 🚫 MC, V

JENSEITS DER KACHEMAK BAY

🏨 **TUTKA BAY WILDERNESS LODGE** $$$$$
Tutka Bay
Tel. 907/274-2710
http://withinthewild.com

Der Inbegriff eines rustikalen Luxuslebens: Hütten mit Panoramafenstern und edlen Möbeln; gutes Essen mit vielen Fischgerichten; Gartenlaube mit Hot Tub und Sauna. Der Wald, die Berge, die Bucht und die Seeotter vor den Fenstern machen den Aufenthalt unvergesslich. Organisation von Exkursionen (teilweise mit Zusatzkosten). Anreise per Schiff oder Flugzeug von Homer. Die große Dachterrasse ist gleichzeitig ein Hubschrauberlandeplatz. Rechtzeitige Reservierung erforderlich.

🛏️ 4 Hütten, 1 Suite 🕐 Mitte Sept.–Mitte Mai geschl. 🚭 🚫 Alle gängigen Karten

🏨 **KACHEMAK BAY WILDERNESS LODGE** $$$$$
China Poot Bay
Tel. 907/235-8910
www.alaskawildernesslodge.com

Maximal zwölf Gäste werden hier mit viel Aufmerksamkeit und außergewöhnlichem Luxus umsorgt. Die sehr naturverbundenen Besitzer fahren ihre Gäste zu Seeottern, Robben und Walen, sie führen sie durch Regenwald und über die Bergwiesen des angrenzenden State Parks, bieten Wattwanderungen in der Bucht an und fahren mit Kajaks zu den Nistplätzen von Seevögeln. Und was den rustikalen Luxus anbelangt: Neben den vier traumhaften Hütten (teilweise zwei Schlafräume) stehen für die Gäste eine Sauna, ein Hot Tub unter freiem Himmel und ein Wintergarten zur Verfügung. Das exquisite Essen rundet den Aufenthalt ab, oft kommen die Zutaten frisch

aus der Bucht oder dem Garten der Lodge. Reservieren Sie am besten frühzeitig.

🛏️ 4 Hütten 🕐 Okt.–April geschl.
🚭 🚫 Alle gängigen Karten

🏨 **CENTRAL SUITES OF SELDOVIA**
$$$–$$$$
253 Seldovia St., Seldovia
Tel. 907/234-3700
www.centralsuitesofseldovia.com

Neben einem oder zwei Schlafzimmern bieten die hellen Suiten geräumige Wohnzimmer und voll ausgestattete Küchen. Die Suiten belegen das zweite Stockwerk des zentral gelegenen alten Theatergebäudes. Die Fenster bieten Aussicht auf die Innenstadt, den Hafen und die umgebenden Berge und Wälder.

🛏️ 3 Suiten 🅿️ 🚭 🚫 D, MC, V

🏨 **PETERSON BAY LODGE** $$$
Peterson Bay
Tel. 907/235-7156
www.petersonbaylodge.com

Diese hübsche Lodge bietet eine große Palette an Naturausflügen: Kajak, Angeln, Wandern, Tierbeobachtungen. Und die Gäste bekommen einen guten Einblick in den Alltag in Alaskas Wildnis. Die Besitzer leben im Hauptgebäude und betreiben neben der Lodge auch eine Austernfarm. Einige Gäste finden das Mithelfen auf der Austernfarm interessanter als die Ausflüge. Die Holzhütten stehen am Hügel und haben eine grandiose Aussicht. Frühe Reservierung erforderlich.

🛏️ 4 Hütten 🚭 🕐 Winter geschl.
🚫 MC, V

🍽️ **THE SALTRY** $$$–$$$$
Halibut Cove
Tel. 907/226-2424
www.thesaltry.com

Der frisch gefangene Fisch, das hausgemachte Brot, das Gemüse direkt aus dem Garten, das aufwendige Sushi, das selbst gebraute Bier, die künstlerisch-kreativen Räu-

---

🚭 Nichtraucher ❄️ Klimaanlage 🏊 Pool im Haus 🏊 Pool im Freien 💪 Fitnessclub 🚫 Kreditkarten

me und den Schoko-Käsekuchen kann man nur als grandios bezeichnen. Tagesgäste kommen mit der »M.V. Danny J.« nach Halibut Cove. Die Reederei organisiert auch gleich die Reservierung.

🛏 50 🕐 Labor Day–Memorial Day geschl. 📶 MC, V

🏨 ACROSS THE BAY TENT AND BREAKFAST ADVENTURE CO. $–$$

Kasitsna Bay
Tel. 907/350-4636 (Sommer) oder 907/345-2571 (Winter)
www.tentandbreakfastalaska.com

Eingebettet in eine malerische Bucht an der Kachemak Bay, bietet dieses Haus seine Variante des traditionellen B & B. Die Betten befinden sich in den Zelten, die den Strand und die darüberliegenden Hügel schmücken. Es muss jedoch ein Schlafsack mitgebracht werden. Es gibt kein Badezimmer, doch die zwei Toilettenhäuschen sind nett und mit Buntglasfenstern ausgestattet. Wenn Sie nach dem Wandern, Fahrrad- oder Kajakfahren Hunger verspüren, können Sie sich zum hübschen Hauptgebäude begeben, wo Hausmannskost serviert wird. Am Wochenende finden Workshops statt, etwa über Flechtwerk aus Fischhaut.

🛏 5 Zelte, 2 Hütten 🅿 🕐 Geschl. im Winter. 📶 MC, V

ALASKA PENINSULA UND ALEUTIAN ISLANDS

KATMAI NATIONAL PARK AND PRESERVE

🏨 BROOKS LODGE $$$$$

Tel. 877/671-0751
www.katmailand.com/brooks-lodge

Abgelegener und wilder kann es im Katmai National Park nicht werden: Brooks Lodge besteht aus einem Haupthaus und 16 Hütten. Die meisten Leute kommen hierher, um den berühmten Braunbären beim Fischen im Brooks River zuzuschauen, andere wollen selber angeln gehen oder das Valley of Ten Thousand Smokes besichtigen. Die Hütten sind einfach und haben Toiletten, Heizung und Strom.

🛏 16 Hütten 📶 🕐 Mitte Sept.–Mai geschl. 📶 MC, V

🏨 HALLO BAY BEAR CAMP $$$$$

Katmai National Park
Tel. 907/235-2237 (Homer)
www.hallobay.com

Inmitten des Katmai National Park and Preserve ist die Hallo Bay einer der besten Plätze Alaskas, um Braunbären zu beobachten – aber die Zahl der Gäste wird zum Schutz der Bären bewusst gering gehalten. Besonderes Augenmerk wird darauf gelegt, dass sich die Bären nicht gestört fühlen, wenn sie zwischen den Menschen umherlaufen – ja, richtig gelesen! Es gab zwar noch nie Unfälle, aber es ist sicherlich auch nicht jedermanns Sache, das sollte man vor der Buchung wissen. Bis zu vier Personen schlafen in einer Art beheizter Wellblechhütte.

🛏 5 🕐 Mitte Sept.–Mai geschl. 📶 📶 Alle gängigen Karten

KODIAK

🏨 BEST WESTERN KODIAK INN 🍴 $$$–$$$$

236 W. Rezanof Dr.
Tel. 907/486-5712 oder 888/563-4254
www.kodiakinn.com

Dieses Hotel ist neu eingerichtet, liegt in der Innenstadt und bietet einen malerischen Blick auf den Hafen von St. Paul. In der Gartenlaube im Freien gibt es einen Wannen-Whirlpool. Das hauseigene Alaska's Bistro ist eines der besten Restaurants der Stadt und hat sich auf Fischgerichte und Steaks spezialisiert.

🛏 80 🅿 🔃 📺 📶 📶 Alle gängigen Karten

🍽 HENRY'S GREAT ALASKAN RESTAURANT $$–$$$$
512 W. Marine Way
Tel. 907/486-8444
www.henrysalaska.com

Schon seit dem Jahr 1957 treffen sich die Einheimischen im Henry's. Einen Block vom Hafen dieses Fischerorts entfernt, kommen hier vor allem Fisch und Meeresfrüchte auf den Teller. Meist sind es einfache Gerichte wie gegrillter Thunfisch oder ein Fisch-Muschel-Garnelen-Cocktail, doch auf der Speisekarte findet sich auch Überraschendes wie etwa Flusskrebs-Pie.

🔢 50 🅿 🚭 🔥 MC, V

🍽 THE OLD POWERHOUSE RESTAURANT $$–$$$
516 E. Marine Way
Tel. 907/481-1088

Lage und Ausblick dieses Restaurants in einem alten Kraftwerk am Wasser, das voller Fischerboote und Seelöwen ist, lassen eigentlich nur noch mittelmäßiges Essen erwarten. Weit gefehlt: Sowohl die Augen als auch der Gaumen und Magen werden in diesem auf Sushi spezialisierten Lokal auf ihre Kosten kommen.

🔢 100 🅿 🚭 🔥 MC, V

🍽 KING'S DINER $
1941 Mill Bay Rd.
Tel. 907/486-4100

Ein lebhaftes Lokal, in das sowohl Familien als auch Fischer in Arbeitskluft zum Frühstücken kommen. Die Spezialität des Hauses sind Sauerteig-Pfannkuchen. Mittags werden Cheeseburger und am Abend Fisch und Prime Rib serviert.

🔢 50 🅿 🚭 🔥 MC, V

ALEUTIAN ISLANDS

🏨 GRAND ALEUTIAN HOTEL $$$$
🍽 498 Salmon Way, Unalaska
Tel. 907/581-3844 oder
866/581-3844
www.grandaleutian.com

Das luxuriöse Hotel scheint in der abgelegenen Wildnis der Aleuten fehl am Platz. Helle, großzügige Zimmer mit aleutischen oder regionalen Kunstwerken, aber auch ein paar Extras wie z. B. Internetanschluss. Im Hotel befindet sich das Chart Room (siehe unten), ein Café, eine Lounge und ein Geschenkeshop, der einheimische Kunst und Kunsthandwerk verkauft.

🛏 114 🅿 🚭 🔥 Alle gängigen Karten

🍽 CHART ROOM $$$–$$$$
Grand Aleutian, 498 Salmon Way, Unalaska
Tel. 907/581-3844 oder
800/891-1194
www.grandaleutian.com

Das angenehme Chart Room des Grand Aleutian Hotels mit schönem Blick auf die Margaret Bay wird den umliegenden, zu den reichsten der Welt zählenden Fischgründen gerecht: Auf der Karte finden sich Lachs, Shrimps, Krabben und Heilbutt. Die Einheimischen lieben besonders die Spezialabende: Am Mittwoch lockt ein aufwendiges Fischbüfett, freitags wird ein großes Barbecue auf der Terrasse veranstaltet (im Sommer), sonntags gibt es einen opulenten Brunch. Reservierung empfehlenswert.

🔢 100 🅿 🔥 M geschl., außer beim Brunch am So 🚭 🔥 Alle gängigen Karten

PRINCE WILLIAM SOUND UND UMGEBUNG

VALDEZ

🏨 A PLACE ON COHO B & B $$$
1222 Coho Place
Tel. 907/835-2106

Vier urgemütliche Gästezimmer, wenige Minuten zu Fuß vom Zentrum entfernt. Die Besitzer sind Gastgeber im wahrsten Sinn des Wortes: freundlich, aufmerksam und rücksichtsvoll. Das am Morgen servierte Frühstück ist spektakulär.

🛏 4 🅿 🚭 📶

🚭 Nichtraucher 🔆 Klimaanlage 🏊 Pool im Haus ▢ Pool im Freien 🏋 Fitnessclub 🔥 Kreditkarten

🏨 **TOTEM INN & SUITES** $$–$$$
🍴 144 Egan Ave.
Tel. 888/808-4431
www.toteminn.com

Das 2017 renovierte Hotel liegt in der Nachbarschaft des Flughafens und ebenfalls nicht weit von Valdez Museum und Maxine and Jesse Whitney Museum entfernt. Die etwas altmodischen Zimmer bieten alle zeitgemäßen Annehmlichkeiten, hinzu kommen zwei Bars mit Lounge im Haus.

🛏 50 🅿 🔇 📶 🕶 MC, V

🍴 **THE FAT MERMAID** $$$
143 N Harbor Dr.
Tel. 907/835-3000
www.thefatmermaid.com

Bei gutem Wetter können die Gäste auch draußen sitzen und den wunderbaren Blick auf den Hafen und die gegenüberliegenden Berge genießen. Die »dicke Meerjungfrau« ist so, wie man sich Alaska vorstellt: etwas hemdsärmelig, jovial und freundlich. Es gibt Bier vom Fass und estaunlich viele Cocktails. Auf der Speisenkarte stehen Fisch, Steak, Calamari, Burger und knackige Salate ganz oben. In den Abendstunden ist nicht selten Livemusik zu hören!

🪑 100 🅿 🔇 🕶 Alle gängigen Karten

🍴 **MIKE'S PALACE** $$–$$$$
201 N. Harbor Dr.
Tel. 907/835-2365
www.mikespalace.com

Es überrascht nicht, dass das Mike's so beliebt ist: Blick auf den Hafen, abwechslungsreiches Essen, fröhliche Atmosphäre und gute Preise. Auf der Speisenkarte finden sich Lasagne, Enchiladas, Steak, Fisch, Gyros, Kalbfleisch und Pizza.

🪑 80 🔇 🕶 Alle gängigen Karten

CORDOVA

🏨 **CORDOVA ROSE LODGE** $$$
1315 Whitshed Rd.
Tel. 907/424-7673
www.cordovarose.com

Die Lodge wurde auf einem alten Kahn, der neben einem Leuchtturm an der Mündung des Odiak Slough ankert, gebaut. Die Gäste können Vögel und Otter im Slough beobachten oder die Aussicht über den Hafen zu den Bergen und Inseln am Horizont genießen. Kostenlose Benutzung der Sauna und der Bibliothek. Einige Zimmer haben Zugang zu einer Küche und einem Grillplatz auf der Terrasse. Die Lodge liegt nicht einmal einen Kilometer vom Zentrum entfernt.

🛏 10 🅿 🕓 Winter geschl. 🔇
🕶 MC, V

🏨 **NORTHERN NIGHTS INN** $$–$$$
500 3rd St.
Tel. 907/424-5356
www.northernnightsinn.com

Das zentral gelegene Haus von 1908 bietet große Zimmer mit Antiquitäten und Extras wie Küchen, eigene Eingänge und traumhaften Blick aufs Meer. Der freundliche Eigentümer weiß viel und kümmert sich intensiv um seine Gäste.

🛏 4 🅿 🔇 🕶 Alle gängigen Karten

🏨 **ORCA ADVENTURE LODGE**
$$–$$$
2 Meilen (3 km) nördl. der Stadt
Tel. 907/424-7249 oder
866/424-6722
www.orcaadventurelodge.com

Von der Lodge in einer renovierten Konservenfabrik am Orca Inlet ist man schnell in den Bergen, im Wald oder am Meer. Zu den geführten Ausflügen gehören eine Wildbeobachtungstour am Orca Inlet, eine Wanderung am Sheridan Glacier, Kajakfahrten, eine Braunbär-Fotosafari und eine Exkursion zum Childs Glacier. Wintertouristen können Heli-Skiing und Eisklettern ausprobieren.

🪑 40 🅿 🔇 🕶 Alle gängigen Karten

🍴 **BAJA TACO** $
Nicholoff St. (im Hafen)
Tel. 907/424-5599
www.bajatacoak.com

Jahrelang kam der Besitzer im Sommer aus Mexiko, um – sehr erfolgreich – aus einem alten Schulbus heraus einen Imbiss zu führen. Inzwischen führt er ein kleines Café mit schöner Terrasse – aber immer noch dient ein umgebauter Bus (allerdings ein größerer) als Küche. Probieren Sie die Fisch-Tacos – was gäbe es in einer Fischereistadt für eine bessere Wahl?

🛏 40 🅿 🕐 Okt.–Mitte April geschl.
🚭 🚫 ausschließlich Barzahlung

PRINCE WILLIAM SOUND

🏨 **PRINCE WILLIAM SOUND LODGE $$$$$**
Ellamar
Tel. 907/440-0909
www.princewilliamsound.us

Die abgelegenen kleinen Holzhütten verstecken sich in einer bewaldeten kleinen Bucht in den Tatitlek Narrows, rund 40 Kilometer von Valdez entfernt (Anreise per Wasserflugzeug). Die Lodge bietet Heilbutt-Angeln, Wandern, Besuche in den Dörfern der Ureinwohner, Walbeobachtung, Angeln und Vogelbeobachtung an. Die Zimmer sind hübsch, und das Essen ist exzellent. Wie wär's mit einer Meeresfrüchte-Paella (mit Muscheln direkt vom Strand), gefolgt von einem Rhabarber-Blaubeer-Crisp mit Zutaten aus dem Garten?

🛏 5 🕐 Sept.–April geschl. 🚭
🚫 Ausschließlich Barzahlung

WRANGELL-ST. ELIAS NATIONAL PARK

🏨 **ULTIMA THULE LODGE $$$$$**
Tel. 907/854-4500 (nur Mailbox)
www.ultimathulelodge.com

Gemütliche Lodge im Herzen des Wrangell-St. Elias National Park. Anreise mit dem Flugzeug mit mehreren Nächten Mindestaufenthalt. Angeboten werden Rundflüge, Wanderungen, Angelausflüge, Gletscherwanderungen und Naturbeobachtung.

🛏 6 🕐 Okt.–Mitte März geschl. 🚭
🚫 Ausschließlich Barzahlung

🏨 **COPPER RIVER PRINCESS WILDERNESS LODGE $$$**
1 Brenwick Craig Road (Copper Center)
Tel. 907/822-4000 (Sommer) oder 800/426-0500
www.princesslodges.com

Eines von mehreren Häusern einer Hotelkette, die sich die schönsten Plätze in Alaska ausgesucht hat. Von den Zimmern genießt man einen Blick auf den Zusammenfluss von Copper und Klutina River und über die Wrangell-St. Elias Mountains mit ihren hoch aufragenden Bergen.

🛏 85 🅿 🕐 Mitte Sept.–Mitte Mai geschl.
🚭 🚌 🚫 Alle gängigen Karten

MCCARTHY/KENNICOTT

🏨 **KENNICOTT GLACIER LODGE $$$–$$$$**
15 Kennicott Millsite
Tel. 907/258-2350 oder 800/582-5128
www.kennicottlodge.com

Im Herzen des Wrangell-St. Elias National Park erhebt sich der Nachbau eines historischen Minengebäudes mitten in einer »Geisterstadt« – der alten Kennecott Copper Mill. Die überdachte Terrasse gewährt einen Blick auf Berge, Wälder und Gletscher und zieht sich über die gesamte Länge des Hauses. Das Restaurant (reservieren!) bietet frisches, herzhaftes Essen und steht auch anderen Gästen offen.

🛏 35 🕐 Mitte Sept.–Mitte Mai geschl.
🚭 🚫 Alle gängigen Karten

🏨 **MCCARTHY LODGE $$$–$$$$**
Downtown McCarthy
Tel. 907/554-4402
www.mccarthylodge.com

Zum Angebot der Lodge gehört ein bescheidenes Backpacker-Hotel und auf der anderen Straßenseite das Ma Johnson's, ein hübsch restauriertes Gebäude von 1916, das historische Eleganz mit ein wenig Verrücktheit mischt. Zum Angebot gehören ein Res-

taurant, eine Bar und ein Shuttleserivce zur Goldmühle und zum Gletscher.
🛏 20 🚫 Winter geschl. 🅂 🅂 MC, V

ZENTRALALASKA

TALKEETNA

🏨 **TALKEETNA CABINS** **$$$–$$$$$**
22137 C St.
Tel. 907/733-2227 oder
888/733-9933
www.talkeetnacabins.org

Die neuen, selbst gebauten Hütten sind von außen sehr hübsch und innen sehr großzügig und gut eingerichtet. Jede Hütte hat eine Küche, einen Wohnbereich und ein Bad. Sie liegen unweit des Flusses am Rand des historischen Talkeetna. Zusätzlich wird ein Haus mit drei Schlafzimmern vermietet.
🛏 4 Hütten, 1 Haus 🅿 🅂 🅂 MC, V

🏨 **MAIN STREET SUITES** **$$$**
Nahe der Main St. & D St.
Tel. 907/733-2695
www.talkeetnasuites.com

Wenn Besucher durch die winzige historische Innenstadt von Talkeetna schlendern, kann es leicht passieren, dass sie die Main Street Suites übersehen. Sie werden aber vielleicht auf das gemütliche Blockhaus aufmerksam und auf das Wildflower Café im Erdgeschoss, insbesondere wenn ihnen der gegrillte Sesam-Lachs oder der mit Krabben gefüllte Heilbutt in die Nase steigt. Im ersten Stockwerk befinden sich, ein wenig versteckt, zwei große, gut ausgestattete Ferienwohnungen. Von der Glasveranda der North Suite aus bietet sich ein schöner Blick auf die belebte Main Street.
🛏 2 🅂 🅂 MC, V

🍽 **TWISTER CREEK RESTAURANT**
$$–$$$
13605 E. Main St.
Tel. 907/733-2537
www.denalibrewingcompany.com

Einer der lebhaftesten und am besten besuchten Plätze in der Stadt, teils aufgrund des exzellenten Essens, von dem vieles aus lokalem Anbau stammt. Die Speisekarte reicht von Nachos, Burgern und Salaten bis hin zu feinen Gerichten wie sautiertem Heilbutt mit Zitronen-Kapern-Soße und einem Thai-Kokosnuss-Shrimps-Curry. Laut einem Stammgast würden er und seine Freunde »wie Hunde um das geräucherte Truthahn-Sandwich kämpfen«. Der andere Grund für die Beliebtheit des Twister Creeks liegt nebenan: die Denali Brewing Company, der das Restaurant gehört, die nicht nur für Bier in Strömen sorgt, sondern auch für die typische Bier-Käse-Suppe verantwortlich ist.
🪑 150 🅿 🅂 🅂 Alle gängigen Karten

🍽 **TALKEETNA ROADHOUSE** **$–$$**
Main St. zwischen B St. & C St.
Tel. 907/733-1351
www.talkeetnaroadhouse.com

Die Bäckerei mit Café ist typisch für Talkeetna. Seit 1944 kommen Einheimische und Gäste wegen der herzhaften Gerichte, des starken Kaffees und der berühmten Zimtrollen hierher. Oben werden acht einfache Zimmer vermietet.
🪑 50 🅂 🅂 MC, V

DENALI NATIONAL PARK

🏨 **CAMP DENALI** **$$$$$**
Denali National Park
Tel. 907/683-2290
www.campdenali.com

Die Lodge befindet sich tief im Herzen des Denali National Park und Preserve. Die am Hügel verstreut liegenden Hütten sind zwar sehr gemütlich, und das Essen ist ausgezeichnet, aber nichts toppt den Nationalpark. Naturkundler begleiten die Exkursionen, und jeden Abend halten Experten Vorträge zu unterschiedlichen Aspekten des Parks. Camp Denali ist die einzige Park-Lodge mit Blick auf den »Great One«.
🛏 18 🚫 Mitte Sept.–Anfang Juni geschl.
🅂 🅂 Ausschließlich Barzahlung

🏨 Hotel 🍽 Restaurant 🛏 Zimmer 🪑 Sitzplätze 🅿 Parkplätze 🚇 Metro 🚫 Geschlossen 🛗 Aufzug 📶 WLAN

⊞ DENALI GRIZZLY BEAR RESORT
▯▮ $$$$$
Mile 231 Parks Hwy.
Tel. 907/683-2696 (Sommer) oder
866/583-2696
www.denaligrizzlybear.com

Am Eingang des Denali National Park and Preserve – mit Shuttleservice zum Besucherzentrum – erstreckt sich dieses Resort auf einem Grundstück mit 7 Hektar Fläche über dem rauschenden Nenana. Sie haben die Wahl zwischen rustikalen oder schicken Hütten bis hin zu Zimmern im neuen Cedar Hotel, allesamt mit Dachterrassen, die einen Blick auf den Fluss gewähren.

ⓘ 39 🅿 🕒 Anfang Sept.–Mitte Mai geschl. 🚭 🗠 MC, V

▮▮ THE PERCH $$–$$$
Mile 224 Parks Hwy.
Tel. 907/683-2523 oder
888/322-2523
www.denaliperchresort.com

Wie der Name andeutet, liegt das Perch 21 Kilometer südlich des Parks auf einer Gletschermoräne auf Höhe der Baumwipfel. Die Gäste genießen die herrliche Aussicht bei Rind, Fisch, vegetarischen Gerichten, Pasta und Wild (beispielsweise Karibumedaillons mit Portobello-Pilzen). Das Perch ist für sein Brot berühmt, das auch an andere Lokale geliefert wird.

🍴 50 🅿 🕒 Winter geschl. 🚭
🗠 Alle gängigen Karten

▮▮ MCKINLEY CREEKSIDE CAFÉ
$–$$
Mile 224 Parks Hwy.
Tel. 907/683-2277 oder
888/533-6254
www.mckinleycabins.com

Lässiges Lokal für die ganze Familie. Abwechslungsreiches, umfangreiches Frühstück und riesige Mittags- und Abendkarte (Chili, Heilbutt, Suppen, Sandwiches, Lachs, Hamburger, Salate, Steaks). Die Besitzer und Betreiber sind waschechte Alaskaner.

🍴 72 Zimmer, 28 Hütten 🅿 🕒 Winter geschl. 🚭 🗠 Alle gängigen Karten

FAIRBANKS

⊞ AURORA EXPRESS $$$–$$$$
1540 Chena Ridge Rd.
Tel. 907/474-0949 oder
800/221-0073
www.fairbanksalaskabedandbreakfast.com

Das B & B befindet sich in sieben Eisenbahnwaggons, die auf 231 Meter Gleis mitten im Wald gestellt wurden. Die Waggons (der älteste stammt von 1924) baute man in luxuriöse Unterkünfte um, die auch alten Eisenbahn-Magnaten gefallen hätten. Einer der Schlafwagen hat vier Suiten, während die anderen drei Waggons als Ganzes vermietet werden. Frühstück gibt es im Speisewagen.

ⓘ 7 🚭 🕒 Anf. Sept.–Ende Mai geschl.
🗠 MC, V

⊞ BRIDGEWATER HOTEL $$$–$$$$
723 1st Ave.
Tel. 907/456-3642 oder
800/528-4916
www.fountainheadhotels.com

Das ruhige, edle Boutiquehotel befindet sich am Chena River mitten im historischen Zentrum von Fairbanks. Es gehört wegen seines guten Services und des hervorragenden Managements zu den besten der Stadt. Am schönsten sind die Unterkünfte mit Blick auf den Fluss.

ⓘ 93 🅿 🕒 Winter geschl. 🚭 🚲 🗠 MC

⊞ RIVER'S EDGE RESORT $$$–$$$$
4200 Boat St.
Tel. 907/474-0286 oder
800/770-3343
www.riversedge.net

Dieses Resort in wunderschöner Landschaft erstreckt sich am Chena River. Das Restaurant und viele Cottages liegen direkt am mäandernden Fluss. Die Gäste werfen oft eine Angelschnur am Chena River aus, in der Hoffnung, eine Äsche fürs Abendessen an den

Haken zu bekommen. Aber keine Sorgen, wenn Sie mit leeren Händen zurückkommen: Das gute Restaurant des Resorts serviert allerlei Fisch- und Meeresfrüchtegerichte.

🏨 86 Cottages, 8 Suiten 🅿 🕐 Okt.–April geschl. 🚭 💳 💳 alle gängigen Karten

🏨 WEDGEWOOD RESORT
🍴 $$$–$$$$
212 Wedgewood Dr.
Tel. 907/456-3642 oder
800/528-4916
www.fountainheadhotels.com

Mit dem Creamer's Field Migratory Waterfowl Refuge in der Nachbarschaft kommt hier mitten in der Stadt eine ländliche Atmosphäre auf. Die geschmackvoll im Wedgewood-Stil eingerichteten Einzel- und Doppelzimmer haben Küche, Wohn- und Esszimmer. Im Resort befindet sich das hervorragende Antique Auto Museum. Zur Lodge gehört das **Bear Lodge Hotel** mit 157 großzügigen Zimmern (nur im Sommer).

🏨 306 🚭 💳 💳 Alle gängigen Karten

🍴 PIKE'S LANDING $$–$$$$
4438 Airport Way
Tel. 907/479-6500
http://pikes-landing.com

Das Pike's Landing ist aus Fairbanks nicht mehr wegzudenken: lebhaft und laut, so wie die Gäste es eben lieben. Im luxuriösen Teil können Sie Ihr Bedürfnis nach Steak und Hummer befriedigen und sich dann später zu den anderen Gästen auf die riesige Sommerterrasse gesellen. Sie bietet Platz für rund 400 Personen und verfügt über eine eigene Anlegestelle. Sehr beliebt sind die Desserts und der Samstagsbrunch.

🪑 530 🅿 🚭 💳 💳 Alle gängigen Karten

🍴 THE PUMP HOUSE $$–$$$$
796 Chena Pump Rd. (Mile 2)
Tel. 907/479-8452
www.pumphouse.com

Das Restaurant befindet sich in einer Minenpumpstation aus dem frühen 20. Jahr-

hundert und ist ein National Historic Monument. Auf dem Rasen und der Terrasse am Chena River lässt sich die Sommersonne genießen. Auf der langen Karte stehen sowohl Fischgerichte wie auch Rind, Schwein, Hühnchen, Pasta, Vegetarisches und Wild wie der Elchhackbraten.

🪑 220 🅿 🚭 💳 💳 Alle gängigen Karten

🍴 GAMBARDELLA'S PASTA BELLA
$$–$$$
706 2nd Ave.
Tel. 907/457-4992
www.gambardellas.com

Ein gemütliches Restaurant mit italienischem Ambiente und ebensolcher Speisekarte. Die italienische Wurst und das Brot sind hausgemacht; die Lasagne hat einen landesweit guten Ruf: zehn Lagen frische Pasta, Ricotta und die hausgemachte Wurst.

🪑 200 🅿 🕐 So M geschl. 🚭 💳 Alle gängigen Karten

🍴 BUN ON THE RUN $
3480 College Rd. (am Parkplatz von Beaver Sports)
Tel. 907/590-7114

Der Lkw-Anhänger in Weiß und Pink bietet schnelles, gutes und günstiges Essen. Das Lokal wird von zwei Schwestern geführt, die hervorragend backen. Zu den Angeboten gehören die Kokosnuss-Schnittchen, Muffins, Zimtrollen, Brownies und Calzones.

🅿 🕐 Sept.–Mai geschl. 💳 Ausschließlich Barzahlung

CHENA HOT SPRINGS ROAD
🏨 CHENA HOT SPRINGS RESORT
$–$$$
Mile 56.6 Chena Hot Springs Rd.
Tel. 907/451-8104
www.chenahotsprings.com

Das Resort am Ende der Straße hat sowohl ein Außen- als auch ein Innenbecken mit warmem Thermalwasser. Auf dem Programm stehen Wanderungen, Kanufahrten, Ausritte, Mountainbiketouren, Rundflüge,

---

🏨 Hotel 🍴 Restaurant 🏨 Zimmer 🪑 Sitzplätze 🅿 Parkplätze 🚇 Metro 🕐 Geschlossen 🛗 Aufzug 📶 WLAN

Geothermale-Energie-Touren, Goldschürfen mit dem Waschsieb, Hundeschlittenfahrten, ein Besuch des Ice Museums sowie der Ice-Bar und zahlreiche Wintersportarten. Die Unterkünfte variieren: Es gibt Zelte und Jurten, aber man kann auch rustikalprotzige Zimmer in der Lodge anmieten.

ⓘ 80 Zimmer, 7 Jurten 🅿 🅂
🅂 Alle gängigen Karten

🍴 **TWO RIVERS LODGE** $$$–$$$$
Mile 16 Chena Hot Springs Rd.
Tel. 907/488-6815
www.tworiverslodge.com

Der Chef im alten Holzhaus kocht hervorragende, zeitgemäße Gerichte. Die Speisekarte ist auf Klassikern aufgebaut: alaskische Königskrabben, New Yorker Pfeffersteak, gedünstete Muscheln und Marsalahuhn. An sonnigen Tagen werden im Holzofen eine ausgezeichnete Foccacia und Pizza gebacken.

➕ 90 🅿 🕐 M geschl. 🅂 🅂 Alle gängigen Karten

PREISE

HOTELS

Preise für ein Doppelzimmer ohne Frühstück in der Hauptsaison werden durch $-Zeichen symbolisiert.

$$$$$	über 300 $
$$$$	200–300 $
$$$	120–200 $
$$	80–120 $
$	unter 80 $

RESTAURANTS

Preiskategorien für ein Drei-Gänge-Menü ohne Getränke werden durch $-Zeichen symbolisiert.

$$$$$	über 75 $
$$$$	50–75 $
$$$	35–50 $
$$	20–35 $
$	unter 20 $

THE BUSH

DILLINGHAM

🏨 **THAI INN** $$$
119 E. St., W.
Tel. 907/842-7378

Dieses exotisch wirkende B & B bringt ein kleines Stück Thailand nach Alaska. Auf dem höchsten bewohnten Punkt von Dillingham gelegen, bietet das B & B einen großartigen Blick auf die Bucht und die Berge, Zimmer mit handgeschnitzten Möbeln sowie Kunst und Dekoration aus Thailand. Besonders groß und luxuriös ist die Royal Orchid Suite.

ⓘ 5 🅿 🅂 🚩 🅂 Alle gängigen Karten

BETHEL

🏨 **BENTLEY'S BED & BREAKFAST** $$$
624 1st Ave
Tel. 907/543-3552
www.bentleysbnb.com

Die Zimmer des großen, freundlichen B & Bs sind nach unterschiedlichen Themen eingerichtet, z. B. englischer Landhausstil oder afrikanisch. Empfehlenswert sind die Zimmer mit Blick auf den Kuskokwim River. Jeweils zwei Zimmer teilen sich ein Bad.

ⓘ 30 🅿 🅂 🅂 Alle gängigen Karten

NOME

🏨 **AURORA INN & SUITES** $$$$
302 E. Front St.
Tel. 907/443-3838 oder
800/354-4606
www.aurorainnome.com

Von einigen Zimmern fällt der Blick auf die Beringsee, während die Suiten Küche haben. Wem es kühl wird, der geht in die Sauna.

ⓘ 54 🅿 🅂 🔁 🅂 Alle gängigen Karten

🏨 **NOME NUGGET INN** $$–$$$
Front St. und Bering Ave.
Tel. 907/443-2323 oder
877/443-2323

Das Hotel liegt an der Beringsee und ist mit zahlreichen Erinnerungsstücken aus der Zeit des Goldrausches ausgestattet. Neben der Lobby befindet sich die Gold Dust Lounge, wo sich die Gäste mit einer Tasse Kaffee aufwärmen können.

🚪 47 🅿 🚾 ♿ Alle gängigen Karten

KOTZEBUE
🏨 **NULLAGVIK HOTEL** $$$$
🍴 308 Shore Ave.
Tel. 907/442-3331
www.nullagvik.com

Die Einrichtung spiegelt die Kultur der hier lebenden Inupiat wider. Im Restaurant können die Gäste Rentierwürstchen, aber auch Steaks und Fischgerichte bestellen. Frühe Reservierung nötig!

🚪 75 🚾 ♿ Alle gängigen Karten

DALTON HIGHWAY/DEADHORSE
🏨 **PRUDHOE BAY HOTEL** $$$$
🍴 Deadhorse
Tel. 907/659-2449
www.prudhoebayhotel.com

Hier am Nordpolarmeer in der Nähe des Endes des Dalton Highway arbeiten die Gäste meistens auf den Ölfeldern. Einige Zimmer sind eher spartanisch eingerichtet, andere haben TV und Telefon. Die Cafeteria gehört zu den wenigen Plätzen in Deadhorse, wo es etwas Anständiges zu essen gibt.

🚪 170 🅿 🚾 ♿ Alle Karten

GATES OF THE ARCTIC NATIONAL PARK AND PRESERVE
🏨 **INIAKUK LAKE WILDERNESS LODGE** $$$$$
Iniakuk Lake
Tel. 907/479-6354 oder
877/479-6354
www.gofarnorth.com

Exklusive Fly-In-Lodge mit rustikalem Luxus, zehn Kilometer vom Gates of the Arctic National Park and Preserve entfernt. Die Lodge hat – dank Sonnen- und Windenergie – sogar Strom und Warmwasser. Gäste können Kanu fahren, wandern, angeln, Tiere beobachten. Und wer es noch abgeschiedener

wünscht, wird zusammen mit einem Führer für Tagesausflüge oder Übernachtungen zu einer von zwei Hütten im Park geflogen.

🚪 5 Zimmer, 2 Hütten 🕐 🚾 Sept.–Feb., Mai–Mitte Juni geschl. 🚾 ♿ MC, V

PEACE OF SELBY WILDERNESS
🏨 **PEACE OF SELBY WILDERNESS** $$$$$
Selby Lake
Tel. 907/672-3206
www.alaskawilderness.net

Die einsame Lodge, umgeben vom Gates of the Arctic, bietet die Möglichkeit, dem Alltag zu entfliehen. Das hübsche Haupthaus wurde aus weißer Fichte errichtet. Das große und schön eingerichtete Loft wird als Ganzes vermietet. Außerdem gibt es vier rustikale, voneinander entfernt liegende Hütten.

🚪 1 Zimmer, 4 Hütten 🚾 ♿ Keine Kreditkarten

BARROW
🏨 **TOP OF THE WORLD HOTEL** $$$$
1200 Agvik St.
Tel. 907/852-3900
www.tundratoursinc.com

Alle Zimmer sind sauber und ordentlich, insbesondere diejenigen im Neubau. Schön sind die Zimmer mit Meerblick. Was man unternehmen kann: Wanderungen, Sightseeing-Exkursionen und die Teilnahme am Kulturangebot der Inupiat.

🚪 50 🅿 🚾 ♿ Alle gängigen Karten

🏨 **KING EIDER INN** $$$–$$$$
1752 Ahkovak St.
Tel. 907/852-4700
www.kingeider.net

Dieses moderne Hotel ist hier wirklich eine Überraschung. Große Zimmer mit hellen Kiefernholzmöbeln und allerlei Extras; die Hälfte der Zimmer besitzt eine Küchenzeile. Eine Suite hat darüber hinaus noch einen gemauerten Kamin, eine Küche, Kiefernholzbetten und ein Jacuzzi.

🚪 19 🚾 ♿ Alle gängigen Karten

🏨 Hotel 🍴 Restaurant 🚪 Zimmer ✚ Sitzplätze 🅿 Parkplätze 🚇 Metro 🕐 Geschlossen 🛗 Aufzug 📶 WLAN

Viele Kunsthandwerker Alaskas greifen bei ihrer Arbeit auf eine tief verwurzelte Verbundenheit mit der Natur zurück. Aber auch die hier hergestellte Bekleidung, die Buchveröffentlichungen und die Lebensmittel sind ein Ausdruck der Zugehörigkeit zum Land.

SÜDOSTALASKA

KUNSTHANDWERK UND GESCHENKE

Alaska Indian Arts Historic 13 Fort Seward Dr., Haines, Tel. 907/766-2160. Geschnitzte Totems, Drucke und andere Gegenstände der Nordwestküsten-Indianer.

Annie Kaill's 244 Front St., Juneau, Tel. 907/586-2880, www.anniekaills.com. Kunst und Kunsthandwerk von alaskischen Künstlern, darunter Glas- und Steinwaren, Gemälde, Schmuck, Töpferkunst, Drucke und sogar kunstvolle Bänke.

Juneau Artists Gallery 175 S. Franklin St., Juneau, Tel. 907/586-9891. Ortsansässige Künstler bieten traditionelle Arbeiten an, z. B. Quilts, Aquarelle, Glas, Keramik, Fotokunst und Perlenkunstwerke.

Sea Wolf Gallery Fort Seward Parade Grounds, Haines, Tel. 907/766-2540, www. tresham.com. Zu Tresham Greggs Werken gehören Totems, Bronzestatuen, Schmuck oder Wandskulpturen.

Soho Coho 5 Creek St., Ketchikan, Tel. 907/225-5954. Ray Troll stellt hier seine Kunstwerke aus, die alle etwas mit dem Meer zu tun haben, und verkauft sie auch. Er entwirft darüber hinaus lustige T-Shirts und Kalender.

BÜCHER UND LANDKARTEN

Hearthside Books Nugget Mall & Front Street, Juneau, Tel. 866/789-2750, www. hearthsidebooks.com. Juneaus ältester Buchladen beherbergt die größte Auswahl an Alaska-Büchern, Karten und Geschenkartikeln in der Stadt.

Old Harbor Books 201 Lincoln St., Sitka, Tel. 907/747-8808. Mit der Vielzahl an Büchern über Alaska ist dieser Buchladen eine richtige Institution in Sitka.

Parnassus Books 105 Stedman St., Ketchikan, Tel. 907/225-7690. Nahe der Creek Street bietet dieser Laden eine schöne Sammlung von Büchern zu den Themen Alaska, Kunst und Feminismus.

ESSEN

KetchiCandies 351 Mission St., Ketchikan, Tel. 907/225-0900, www.ketchicandies. com. In dieser Diät-Lasterhöhle finden Sie selbst gemachte Verführungen, darunter Klassiker (Florentiner und Karamellbonbons) und Spezielles (Ingwerwurzeln mit Schokoladenüberzug).

Taku Smokeries 550 S. Franklin St., Juneau, Tel. 800/582-5122, www.takustore. com. Hier können Besucher bei der Lachsräucherei zusehen und u. a. den Räucherlachs auch probieren.

ANCHORAGE UND MAT-SU

KUNSTHANDWERK UND GESCHENKE

Anchorage Museum 625 C St., Anchorage, Tel. 907/929-9200. Das große, ausgezeichnete Museum in der Innenstadt ist vermutlich das beste in Alaska, und der Museumsladen hat nicht unwesentlich Anteil an diesem guten Ruf. Ein guter Ort, um einige schöne Souvenirs zu kaufen.

Alaska Native Heritage Center 8800 Heritage Center Dr., Anchorage, Tel. 907/330-8000 oder 800/315-6608, www.alaskanative.net. Die wichtigste staatliche Institution zur Würdigung der Ureinwohner Alaskas. Der Museumsladen hat eine große Bandbreite authentischer Gegenstände in seinem Sortiment.

Alaska Native Medical Center 4315 Diplomacy Dr., Anchorage, Tel. 907/729-1122, www.anmc.org. Glücklicherweise ist es bei den meisten Touristen noch weitgehend unbekannt, dass es hier im Craft Shop erstklassiges einheimisches Kunsthandwerk zu zivilen Preisen gibt.

Aurora Fine Art 737 W. 5th Ave., Anchorage, Tel. 907/274-0234. Eine von vielen schönen und besuchenswerten Galerien in der Downtown von Anchorage.

BÜCHER

Rainy Retreat Books 113 Seward St., Juneau, Tel. 907/463-2665, www.juneau books.com. Dieser urgemütliche und schön altmodische Buchladen bietet eine große Auswahl an Autoren aus Alaska. Anspruchsvolle Secondhand-Auswahl.

Title Wave Books 1360 W. Northern Lights Blvd., Anchorage, Tel. 907/278-9283, www.wavebooks.com. Als größter unabhängiger Buchladen des ganzen Landes hat Title Wave ungefähr eine halbe Million Titel im Angebot.

KLEIDUNG

Octopus Ink Clothing 410 G St., Anchorage, Tel. 907/333-4657, http://octopus inkclothing.com. Die Designerin Shara Dorris kreiert kunstvolle, handbemalte Kleidung, viele davon mit Oktopusmotiv. Die Stoffe und Farben stammen aus nachhaltiger und chemiefreier Produktion.

Oomingmak 604 H St., Anchorage, Tel. 907/272-9225 oder 888/360-9665, www. qiviut.com. Mehr als 250 Frauen der Ureinwohner haben sich hier zusammengeschlossen und stellen aus Qiviut (Moschusochsenwolle) handgestrickte Hüte, Schals und Tuniken her.

MARKT

Saturday Market 3rd Ave. & E St., Anchorage, Tel. 907/272-5634. Trotz des Namens findet dieser Markt während der Sommermonate an Samstagen und Sonntagen statt. Die Verkäufer bieten Kunsthandwerk und Lebensmittel an.

KENAI PENINSULA

KUNSTHANDWERK UND GESCHENKE

Bunnell Street Arts Center 106 W. Bunnell St., Suite A, Homer, Tel. 907/235-2662, www.bunellarts.org. Das interessante, von außen ganz in Grün gehaltene Kunstzentrum beherbergt die Inlet Trading Post, wo man Arbeiten von über 60 Künstlern findet.

Experience Gallery Am Steg, Halibut Cove, Tel. 907/226-2424. Hier stellt eine Künstlergemeinschaft ihre Werke aus – das Sortiment reicht von Töpferarbeiten über Bilder bis zu Schmuck.

Fireweed Gallery 475 E. Pioneer Ave., Homer, Tel. 907/235-3411. Zur hochwertigen Auswahl alaskischer Kunst gehören z. B. Tierskulpturen aus versteinerten Walflossenknochen.

Inua – The Spirit of Alaska Cannery Row Boardwalk, Homer, Tel. 907/235-6644. Gutes Kunsthandwerk, insbesondere von abgelegenen Inupiat- und Yupikdörfern aus Westalaska, z. B. Schnitzereien aus versteinerten Kieferknochen von Walrossen, Barten-Körbe, Messer, Rentierfelle, Geweihschnitzereien und Totempfähle.

Kenai Fine Arts Center 816 Cook Dr., Kenai, Tel. 907/283-7040, www.kenaifinearts. com. Das Center beheimatet verschiedene Künstlerorganisationen und verkauft Bilder, Töpferwaren, Skulpturen, Textilkunst und andere Kunstwerke von Künstlern der zentralen Peninsula.

Resurrect Art Coffeehouse Gallery 320 3rd Ave., Seward, Tel. 907/224-7161, www. resurrectart.com. In dieser früheren Kirche befindet sich jetzt ein beliebter Treffpunkt. Als Beilage zum Espresso und Gebäck gibt es einheimische Kunst zu bewundern.

KLEIDUNG

Nomar 104 E. Pioneer Ave., Homer, Tel. 907/235-8363 oder 800/478-8364, www. nomaralaska.com. Für Urlauber, die hochwertige Alaska-taugliche Bekleidung und Ausrüstung suchen.

VERSCHIEDENES

The Homer Bookstore 332 E. Pioneer Ave., Homer, Tel. 907/235-7496, www.homerbookstore.com. Der größte unabhängige Buchladen auf der Kenai-Halbinsel ist eine Fundgrube für Liebhaber lokaler Autoren. Aber es gibt auch aktuelle Bestseller.

North Wind Collection 173 W. Pioneer Ave, Homer, Tel. 907/235-0766. In diesem Einrichtungsladen findet man Sofas, Betten, Uhren und Tische, aber auch Babykleidung, heimische Kunst und Eisbärfiguren.

ALASKA PENINSULA UND ALEUTIAN ISLANDS

KUNSTHANDWERK UND GESCHENKE

Alutiiq Museum & Archaeological Repository 215 Mission Rd., Kodiak, Tel. 844/425-8844. Der Museumsladen bietet Alutiiq-Kultur. Im Laden werden Puppen, Körbe, Elfenbeinschnitzereien und Masken als Kommissionsware verkauft.

Baranov Museum 101 Marine Way, Kodiak, Tel. 907/486-5920. Im Museumsladen werden russische Klassiker angeboten. Darunter befinden sich beispielsweise Ikonen, Samoware, bemalte Ostereier, Babuschkas und Lackarbeiten.

PRINCE WILLIAM SOUND UND UMGEBUNG

KUNSTHANDWERK UND GESCHENKE

Spirit Mountain Artworks Mile 33 Edgerton Hwy., Chitina, Tel. 907/823-2222, www.spiritmountainalaska.com. Trotz der Lage am Rand des Wrangell-St. Elias National Park and Preserve ist dies eine der besten Galerien Alaskas.

OUTDOOR-BEKLEIDUNG

Copper River Fleece 504 1st St., Cordova, Tel. 800/882-1707, www.copperriverfleece.com. Vor Ort groß gewordener Hersteller strapazierfähiger und zugleich modischer Freizeitkleidung.

ZENTRALALASKA

KUNSTHANDWERK UND GESCHENKE

Denali Images Art Gallery 22336 S. Talkeetna Spur Rd., Talkeetna, Tel. 907/733-2026, www.denaliimagesartgallery.com. Fotogalerie voller üppiger Bilder der Alaska Range, des Nordlichts und des Wildlebens.

Goose Lake Studio Mile 239 Parks Hwy. (Eingang Denali), Tel. 907/683-2904. Die Galerie zeigt Bilder, Quilts und Töpferwaren einheimischer Künstler, dazu Werke der Inhaberin Donna Gates King.

Judie Gumm Designs 3600 Main St., Ester (bei Fairbanks), Tel. 907/479-4568, www.judiegumm.com. Mit Silber und Perlen entwirft Julie Gumm Schmuckstücke, die Skulpturen gleichen.

Santa Claus House 101 St. Nicholas Dr., North Pole (bei Fairbanks), Tel. 907/488-2200, www.santaclaushouse.com. Hier gibt es alles, was mit Weihnachten zu tun hat.

THE BUSH

KUNSTHANDWERK UND GESCHENKE

Chukotka-Alaska 514 Lomen St., Nome, Tel. 907/443-4128. Kunsthandwerk der Beringstraße.

Maruskiya's of Nome 247 Front St., Nome, Tel. 907/443-2955. Dieser Laden ist auf Elfenbeinskulpturen aus Walrossstoßzähnen spezialisiert.

Moon Raven Totempfahl im Saxman Dorf bei Ketchikan

Die Bewohner von Alaska feiern im Sommer wie im Winter zahlreiche Feste, zu denen Reisende stets herzlich willkommen sind. Neben jährlich wiederkehrenden Events gibt es in den Städten verschiedene Angebote in den Sparten Musik, Theater, Tanz, Comedy u. a.

SÜDOSTALASKA

Days of '98 Show Eagles Hall, 6th und Broadway, Skagway, Tel. 907/983-2545, www.thedaysof98show.com. Seit mehr als 70 Jahren werden hier in einer Musikkomödie die letzten Tage des Gauners Soapy Smith erzählt.

New Archangel Dancers Harrigan Centennial Hall, Sitka Harbor, Tel. 907/747-5516, www.newarchangeldancers.com. Die hoch angesehene Gruppe aus lauter Damen führt regelmäßig traditionelle russische Tänze auf.

Perseverance Theatre 914 3rd St., Douglas (bei Juneau), Tel. 907/364-2421, www.perseverancetheatre.org. Als eines der besten Regionaltheater bietet dieses Haus klassische Stücke sowie Neuinszenierungen mit Schauspielern, die aus allen Volksstämmen Alaskas stammen.

Sheet'ka Kwaan Naa Kahidi Native Dancers 200 Katlian St., Sitka, Tel. 907/747-7137 oder 888/270-8687, www.sitka.org. In einem Gemeindezentrum, das Tlingit in Downtown Sitka gebaut haben, werden traditionelle Aufführungen mit Darstellern in prächtiger Tlingit-Tracht gezeigt.

ANCHORAGE UND MAT-SU

Alaska Dance Theatre 550 E. 33rd Ave., Anchorage, Tel. 907/277-9591, www.alaskadancetheatre.org. Alaskas beste Dance Company zeigt klassisches Ballett und modernen Tanz. In Zusammenarbeit mit großen Musikveranstaltern aus Alaska treten hier auch bekannte Tänzer auf.

Anchorage Opera 1507 Spar Ave., Anchorage, Tel. 907/279-2557, www.anchorage opera.org. Alaskas einziges professionelles Opernensemble wurde 1962 gegründet und gehört zu den besten der USA.

Anchorage Symphony Orchestra 400 D St., Anchorage, Tel. 907/274-8668, www.anchoragesymphony.org. Die mehr als 80 professionellen Musiker des Symphonieorchesters geben jedes Jahr mehrere Konzerte im Alaska Performing Arts Center, häufig begleitet von prominenten Gastmusikern.

Chilkoot Charlie's 2435 Spenard Rd., Anchorage, Tel. 907/272-1010, www.koots.com. Das wohl bekannteste Nachtlokal in Alaska hat elf verschiedene Bars, viele davon haben sich einem bestimmten Motto verschrieben, wie etwa der Russian Room mit zarisitischem Ambiente oder die Swing Bar, die mit Martinis, Fedoras und einem Schwarz-Weiß-Fernseher auf ironische Weise die 1940er-Jahre zum Leben erweckt.

KENAI PENINSULA

Pier One Theatre am Homer Spit, Homer, Tel. 907/226-2287, www.pieronetheatre.org. Durchweg verblüffende und überraschende Theater- und Musikaufführungen eines angesehenen Theaterhauses. Zum Programm gehört beispielsweise ein Jazz-Harfen-Trio oder eine Musikkomödie über Musik von Frauen.

ZENTRALALASKA

Blue Loon Mile 353.5 Parks Hwy., ca. 5 Kilometer südlich von Fairbanks, Tel. 907/457-5666, www.theblueloon.com. Das einzigartige, selbst ernannte kulturelle Epizentrum von Fairbanks bietet ausgezeichnetes

Essen, Konzerte landesweit bekannter Musiker, Comedy, Tanzveranstaltungen und aktuelle Kinofilme.

Fairbanks Goldpanners. Tel. 907/451-0095, http://goldpanners.pointstreaksites.com. Dieses legendäre Amateur-Baseball-Team hat seit über einem halben Jahrhundert das Feld in Fairbanks eingenommen. Ein Highlight ist das Mitternachtssonnenspiel, das ohne künstliche Beleuchtung von 22.30 bis 1.30 Uhr zur Sommersonnenwende ausgetragen wird.

Palace Theatre Am Airport Way und Peger Rd., Fairbanks, Tel. 907/452-7274, www.akvisit.com. Die Golden Heart Revue ist ein Rückblick auf bekannte Persönlichkeiten der großen Goldrausch-Vergangenheit von Fairbanks. Die Garderobe der Schauspieler gibt einen Einblick in die modische Geschmackswelt der Alaskaner.

In Alaska wartet ein riesiges Gebiet großartiger Natur darauf, entdeckt zu werden; aber auch kulturell hat das Land viel zu bieten. Deshalb ist es nicht verwunderlich, dass Hunderte, ja vielleicht sogar Tausende von Reiseveranstaltern hier ansässig sind. In diesem Kapitel können deshalb nur einige Anbieter exemplarisch genannt werden. Viele haben ein gutes, einige ein ausgezeichnetes Angebot. Gute Informationsquellen sind das jeweilige Chamber of Commerce, Visitor Center oder Alaska Public Lands Information Center.

SÜDOSTALASKA

BOOTS- UND SCHIFFSTOUREN

Breakaway Adventures P.O. Box 2107, Wrangell, AK 99929, Tel. 907/874-2488 oder 888/385-2488, www.breakawayad ventures.com. Die Mitarbeiter von Breakaway befahren seit dem Jahr 1989 in kleinen Gruppen den mächtigen Stikine River. Sie führen durch die Kanäle, zeigen Elche, Gletscher und Bären und halten an heißen Quellen entlang des Flusses. Außerdem Fahrten zum LeConte Glacier und zum Anan Bear Observatory.

Esther G Sea Taxi 215 Shotgun Alley, Sitka, Tel. 907/747-6481, www.puffinsandwhales. com. Capt. Davey Lubin ist ein ehemaliger Fischer, erfahrener Seemann, Biologe, Botaniker und Lehrmeister, der vieles über den Sitka Sound zu berichten weiß. Touren für maximal sechs Personen.

EXKURSIONEN

Alaska Nature Tours P.O. P.O. Box 491, Haines, AK 99827, Tel. 907/766-2876, www.alaskanaturetours.net. Die Touren mit Bus, Van, Schiff oder zu Fuß konzentrieren sich auf die Umgebung von Haines, insbesondere das Chilkat Bald Eagle Preserve, wo sich im Herbst mehr als 3000 Adler einfinden. Die Touren beginnen unten am Ufer, wo Wale, Robben und Seevögel beobachtet werden können, und gehen hinauf in die Tundra mit ihren Bären, Murmeltieren und Schneeziegen.

Chilkat Guides Ltd. P.O. Box 170, Haines, AK, 99827, Tel. 907/766-2491, www.chilkat

guides.com. Seit mehr als drei Jahrzehnten Anbieter von Rafting-Touren und Wanderungen durch das Arctic National Wildlife Refuge und entlang des Flusses der Tatshenshini-Alsek World Heritage Site. Hier steht nicht nur der Raftingsport im Vordergrund, sondern auch das Erlebnis Natur, das von kundigen Führern vermittelt wird.

RUNDFLÜGE

Southeast Aviation 1249 Tongass Ave., Ketchikan, Tel. 907/225-2900 oder 888/359-6478, www.southeastaviation.com. Die Piloten dieser Firma fliegen fast die gesamte Region ab. Das Unternehmen hat sich allerdings auf Flüge zum wunderschönen Misty Fjords National Monument in einem sechssitzigen Wasserflugzeug spezialisiert. Die Flugzeit kann zwischen 30 Minuten und 2,5 Stunden betragen.

WANDERN, RUCKSACKTOUREN, KAJAKFAHREN UND CO.

Above & Beyond Alaksa PO Box 211202, Auke Bay, AK 99821 (Juneau), Tel. 907/364-2333, www.beyondak.com. Dieses Unternehmen hat Abenteuertouren von einfachen Wanderungen bis hin zu Eisklettern in seinem Programm, doch besonders bekannt ist Above & Beyond Alaksa für Seekajakausflüge und Vorstöße auf den Mendenhall Glacier – einschließlich Übernachtungen auf dem Gletscher. Einige Kajakausflüge haben Bärenbeobachtungsplätze und Whale-Watching-Gebiete zum Ziel.

Gastineau Guiding 330 Eastaugh Way, Juneau, Tel. 907/586-8231, www.stepinto

alaska.com. Führt sowohl Passagiere von Kreuzfahrtschiffen als auch Individualreisende durch den Küstenwald, die Tundra oder zu Gletschern. Das Angebot wird durch Seekajak- und Walbeobachtungstouren sowie Fotosafaris ergänzt.

ANCHORAGE UND MAT-SU

MOTORSCHLITTEN-/QUADFAHREN
Alaska Backcountry Adventures P.O. Box 3820, Palmer, AK 99645, Tel. 907/745-2505 oder 800/478-2506, www.youralaskavacation.com. Dieser Veranstalter organisiert während der Sommermonate Quadfahrten und im verschneiten Winter Motorschlittenfahrten. Angeboten werden neben der Vermietung der Gefährte auch geführte Touren, einschließlich mehrtägiger Safaris im Hinterland.

RUNDFLÜGE
Rust's Flying Service Lake Hood P.O. Box 190867, Anchorage, AK 99519, Tel. 907/243-1595 oder 800/544-2299, www.flyrusts.com. Die Flüge starten vom belebten Wasserflugzeughafen Lake Hood. Das Unternehmen zeigt schon seit Jahrzehnten das zentrale und südliche Alaska aus der Vogelperspektive. Auch Bärenbeobachtungstouren und Flüge zu Jagd-, Angel- und Raftingabenteuern.

KENAI PENINSULA

BOOTSFAHRTEN
Kenai Fjords Tours Seward Tel. 800/478-8068, www.alaskaheritagetours.com. Bietet mehr als ein Dutzend unterschiedliche Bootsausflüge in die Resurrection Bay und den Kenai Fjords National Park an. Zu sehen sind Wale, Nistplätze von Seevögeln, Seeotter und Gletscherbrocken in Hausgröße, die sich mit einem lauten Knall lösen und in die See donnern.

KANUFAHREN
Alaska Canoe & Campground 35292 Sterling Hwy., Sterling, Tel. 907/262-2331, www.alaskacanoetrips.com. Vermietung von Booten und Ausrüstung; Shuttles. Die Firma hat ihren Sitz beim 810 000 Hektar großen Kenai National Wildlife Refuge mit dem Canoe Lakes Trails System.

WANDERN UND TREKKEN
Center for Alaskan Coastal Studies P.O. Box 2225, Homer, AK 99603, Tel. 907/235-6667, www.akcoastalstudies.org. Die Besucher erhalten hier Infos über die Kachemak Bay und das umliegende Gebiet. Die Tagestouren beginnen mit einer Bootsfahrt durch die Bucht, es folgen ein Aufenthalt in einem abgelegenen Forschungszentrum sowie eine Wanderung durch den Regenwald, und sie enden bei Gezeitenbecken.

ALASKA PENINSULA UND ALEUTIAN ISLANDS

BÄRENBEOBACHTUNG
Hallo Bay Katmai National Park P.O. Box 2904, Homer, AK 99603, Tel. 907/235-2237, www.hallobay.com. Maximal zwölf Personen transportiert das Flugzeug 190 Kilometer weit von Homer zu diesem abgelegenen Camp am Wasser mitten im Katmai National Park. Zwischen fünf Stunden und einer Woche dauert der Aufenthalt mit Braunbären in der Nähe.

Sea Hawk Air 506 Trident Way, Kodiak. Tel. 907/486-8282 oder 800/770-4295, www.seahawkair.com. Das Unternehmen zeigt seinen Gästen im Kodiak National Wildlife Refuge oder im Katmai National Park die Kodiakbären.

TOUREN INS HINTERLAND
Alaska Alpine Adventures 4605 N. Wolverine Rd., Palmer, AK 99645, Tel. 877/525-2577, www.alaskaalpineadventures.com. Spezialisierung auf die Erkundung des na-

hen Clark National Park and Preserve und anderer abgelegener Schutzgebiete.

PRINCE WILLIAM SOUND UND UMGEBUNG

BOOTSFAHRTEN

Stan Stephens Glacier & Wildlife Cruises 112 N. Harbor Dr., Valdez, Tel. 866/867-1297, www.stanstephenscruises.com. Die Familie Stephens fährt mit ihren Booten seit 1971 über den Prince William Sound. Auf dem Weg zum Columbia Glacier sieht man oft Seeotter, Papageitaucher und Seelöwen.

RUNDFLÜGE

Wrangell Mountain Air No. 25, P.O. Box MXY, McCarthy, AK 99588, Tel. 907/554-4411 oder 800/478-1160, www.wrangellmountainair.com. Die Piloten decken von ihrem Stützpunkt mitten im Park aus einen großen Teil des 5,3 Millionen Hektar großen Wrangell-St. Elias National Park and Preserve ab. Zu sehen sind das Bagley Icefield, die Gipfel der Wrangell Mountains, der Stairway Icefall und viele Wildtiere.

ZENTRALALASKA

KLETTERSCHULEN

Alaska Mountaineering School P.O. Box 566, 3rd St., Talkeetna, Tel. 907/733-1016, www.climbalaska.org. Viele Kletterkurse und Kletterexpeditionen im Denali National Park und anderswo.

OUTDOOR-ABENTEUER

1st Alaska Outdoor School 1800 College Rd., Fairbanks, Tel. 907/590-5900, www.1stalaskaoutdoorschool.com. Dieser Dienstleister bietet eine Reihe von Touren an – von Spaziergängen rund um Fairbanks bis zu einer dreitägigen Reise zum Arktischen Ozean. Im Winter umfassen die Ausflüge Hundeschlittenfahren, Eisfischen oder Nordlichtbeobachtung.

Denali Zipline Tours 13572 Main St., Talkeetna, Tel. 907/733-3988, www.denaliziplinetours.com. Auf einer dreistündigen Gleitfahrt von Plattform zu Plattform an Kabeln kann man den borealen Nadelwald aus der Vogelperspektive betrachten. Die Abschnitte der Seilrutsche sind zwischen 12 und 213 Meter lang, teilweise befinden sich die Teilnehmer 18 Meter über dem Boden. Die Führer kombinieren Umweltinformationen mit viel Spaß.

RUNDFLÜGE

Talkeetna Air Taxi 14212 E. 2nd St., Talkeetna. Tel. 907/733-2218 oder 800/533-2219, www.talkeetnaair.com. Kleine, mit Skiern ausgestattete Flugzeuge fliegen über die Alaska Range bis zum Denali (Mount McKinley, 6194 m). Manchmal landen sie auf einem Gletscher am Fuße des Berges.

THE BUSH

RUNDFAHRTEN

Northern Alaska Tour Company P.O. Box 882991W, Fairbanks, AK 99708, Northern Alaska Tour Company P.O. Box 8299IW, Fairbanks, AK 99708, Tel. 907/474-8600 oder 800/474-1986, www.northernalaska.com. Der einsame Dalton Highway macht die Arktis zugänglich. Im Van für zehn Personen oder im Bus für 25 Personen werden Tagesausflüge zum Polarkreis angeboten. Außerdem führen Touren nach Barrow, Nome und zu anderen Orten in der Arktis.

Nur für Wagemutige und Schwindelfreie: Kletterer in einem Eistunnel

IMPRESSUM

Verantwortlich: Alexandra Carsten
Übersetzung: Ole Helmhausen
Lektorat der aktualisierten Ausgabe: Ewald Tange für Bookwise GmbH, München
Satz: Ewald Tange für Bookwise GmbH, München
Grafisches Konzept (Innenteil): Alexandra Rusitscka
Grafisches Konzept (Umschlag): Helene Avtuschko
Herstellung: Alexander Knoll
Printed in Italy by Printer Trento

★ ★ ★ ★ ★

Sind Sie mit diesem Titel zufrieden? Dann würden wir uns über Ihre Weiterempfehlung freuen. Erzählen Sie es im Freundeskreis, berichten Sie Ihrem Buchhändler, oder bewerten Sie bei Onlinekauf. Und wenn Sie Kritik, Korrekturen, Aktualisierungen haben, freuen wir uns über Ihre Nachricht an NG Buchverlag, Postfach 40 02 09, D-80702 München oder per E-Mail an info@nationalgeographic-buch.de.

Unser komplettes Buchprogramm finden Sie unter: www.nationalgeographic-buch.de

Titel der Originalausgabe:
NATIONAL GEOGRAPHIC TRAVELER ALASKA
© 2013, 2018 National Geographic Partners, LLC

Die Deutsche Nationalbibliothek verzeichnet diese Publikation in der Deutschen Nationalbibliografie; detaillierte bibliografische Daten sind im Internet über http://dnb.d-nb.de abrufbar.

Deutsche Ausgabe veröffentlicht von: NG Buchverlag GmbH, München 2018
Lizenznehmer von: National Geographic Partners, LLC

ISBN 978-3-95559-239-4

Seit ihrer Gründung 1888 hat sich die National Geographic Society weltweit an mehr als 12 000 Expeditionen, Forschungs- und Schutzprojekten beteiligt. Die Gesellschaft erhält Fördermittel von National Geographic Partners LLC, unterstützt unter anderem durch Ihren Kauf. Ein Teil der Einnahmen dieses Buches hilft uns bei der lebenswichtigen Arbeit zur Bewahrung unserer Welt. Das legendäre NATIONAL GEOGRAPHIC-Magazin erscheint monatlich. Darin veröffentlichen namhafte Fotografen ihre Bilder und renommierte Autoren berichten aus nahezu allen Wissensgebieten der Welt. National Geographic im TV ist ein Premium Dokumentations-Sender, der ein informatives und unterhaltsames Programm rund um die Themen Wissenschaft, Technik, Geschichte und Weltkulturen bereithält. Falls Sie mehr über National Geographic wissen wollen, besuchen Sie unsere Website unter *www.nationalgeographic.de*.